海西求是文库

2006年度国家社会科学基金项目（项目批准号：06BJL070）

海西求是文库

国际产业转移的
结构传导与区域互动

基于中国承接国际产业转移的实证分析

THE
STRUCTURE
CONDUCTION and
REGIONAL
INTERACTION of
the INTERNATIONAL
INDUSTRIAL TRANSFER

陈明森 等 / 著

社会科学文献出版社
SOCIAL SCIENCES ACADEMIC PRESS (CHINA)

总　序

　　党校和行政学院是一个可以接地气、望星空的舞台。在这个舞台上的学人，坚守和弘扬理论联系实际的求是学风。他们既要敏锐地感知脚下这块土地发出的回响和社会跳动的脉搏，又要懂得用理论的望远镜高瞻远瞩、运筹帷幄。他们潜心钻研理论，但书斋里装的是丰富鲜活的社会现实；他们着眼于实际，但言说中彰显的是理论逻辑的魅力；他们既"力求让思想成为现实"，又"力求让现实趋向思想"。

　　求是，既是学风、文风，也包含着责任和使命。他们追求理论与现实的联系，不是用理论为现实作注，而是为了丰富观察现实的角度、加深理解现实的深度、提升把握现实的高度，最终让解释世界的理论转变为推动现实进步的物质力量，以理论的方式参与历史的创造。

　　中共福建省委党校、福建行政学院地处台湾海峡西岸。这里的学人的学术追求和理论探索除了延续着秉承多年的求是学风，还寄托着一份更深的海峡情怀。多年来，他们殚精竭虑所取得的学术业绩，既体现了马克思主义及其中国化成果实事求是、与时俱进的理论品格，又体现了海峡西岸这一地域特色和独特视角。为了鼓励中共福建省委党校、福建行政学院的广大学人继续传承和弘扬求是学风，扶持精品力作，经校委研究，决定编辑出版《海西求是文库》，以泽被科研先进，沾溉学术翘楚。

　　秉持"求是"精神，本文库坚持以学术为衡准，以创新为灵魂，要求入选著作能够发现新问题、运用新方法、使用新资料、提出新观点、进行新描述、形成新对策、构建新理论，并体现党校、行政学院学人坚持和发展中国特色社会主义的学术使命。

　　中国特色社会主义既无现成的书本作指导，也无现成的模式可遵循。

思想与实际结合，实践与理论互动，是继续开创中国特色社会主义新局面的必然选择。党校和行政学院是实践经验与理论规律的交换站、转换器。希望本文库的设立，能展示出中共福建省委党校和福建行政学院广大学人弘扬求是精神所取得的理论创新成果、决策咨询成果、课堂教学成果，以期成为党委政府的智库，又成为学术文化的武库。

马克思说："理论在一个国家实现的程度，总是取决于理论满足这个国家的需要的程度。"中共福建省委党校和福建行政学院的广大学人应树立"为天地立心、为生民立命、为往圣继绝学，为万世开太平"的人生境界和崇高使命，以学术为志业，以创新为己任，直面当代中国社会发展进步中所遇到的前所未有的现实问题、理论难题，直面福建实现科学发展跨越发展的种种现实课题，让现实因理论的指引而变得更美丽，让理论因观照现实而变得更美好，让生命因学术的魅力而变得更精彩。

中共福建省委党校 福建行政学院

《海西求是文库》编委会

序

  改革开放以来，我国国民经济获得连续30年高速增长，创造了举世瞩目的"中国奇迹"，迅速在世界各个经济体中确立了"经济大国"和"贸易大国"的地位。我国经济发展不仅得益于内生性制度创新与技术进步，也得益于大规模承接国际产业转移。改革开放30多年，随着我国开放度的不断提高与市场壁垒的不断降低，我国在充分发挥比较优势的基础上，已能够从更宽范围参与国际分工、从更高位置承接国际产业转移。截至2010年底，全国外商投资企业注册登记数达到60多万家，累计实际利用外资总额超过1万亿美元，当年外贸进出口总值接近3万亿美元，我国已成为世界第一大外资流入国和进出口贸易国，通过国际贸易和资本国际流动而实现的国际产业转移对我国经济增长的贡献率得以不断提升。随着中国承接国际产业转移不断向纵深发展，我国产业结构发生了重大变化，而产业分工深化衍生出的多重结构交汇、融合，又将释放出巨大能量，推动原有封闭隔绝的区域经济开始向区域经济一体化、准一体化转变。产业整合与区域互动两股潮流相互激荡、相互融合，将牵引和构造一种崭新的产业结构和区域分工格局。但中国在分享国际产业转移红利的同时也付出了一定的代价，结构失衡、全球价值链的低端锁定、区域鸿沟不断扩大以及资源环境过度消耗等，正是大规模承接国际制造业转移所带来的负面效应。

  未来十年是我国全面建成小康社会的关键时期，如何充分发挥国际产业转移对中国经济发展的积极作用，抑制其消极影响，从而在承接国际产业转移中，不断增强科技创新、产品创新、品牌创新、产业组织创新和商业模式创新的内生动力，推进产业结构转型升级，形成协调发展的区域分工格局，最终导致区域核心竞争力的提升和社会福祉的增进，成为中国对外开放领域的重大课题。中国是世界上人口最多、经济总量排位第二的国家，同时也是典型的发展中国家，立足中国国情进行实证研究，不但有利于拓宽外国直接投资理论、国际贸易理论和国际分工理论的研究视角，还有助于从更深层面理解制约我国产业升级和国际竞争力提升的内在机理，从而能够为我国产业发展提供战略指导，并为我国相关部门制定政策提供理论依据。

本书试图在系统探讨国际产业转移理论模型的基础上，以我国承接国际产业转移为实例，从规范分析与实证分析、理论演绎假说与数理模型、宏观分析与微观分析等多重视角，探讨国际产业转移中的结构传导效应和区域互动机制，以及二者之间相互影响的关系，深入研究承接国际产业转移对我国产业的横向波及效应和垂直升级效应，以及对地方产业集聚与FDI空间收敛的影响。本书在广泛吸收、借鉴既有研究成果的基础上，力图在以下几点有所创新与突破。

一是突破产业价值链垂直升级的传统观点（如将产业价值链的"微笑曲线"与"哭泣曲线"作为发达国家与发展中国家的主要特征），从统计学、概率论视角，提出价值链输出值的"微笑曲线"与期望值的"哭泣曲线"，探讨在承接全球产业转移中发展中国家低端锁定陷阱的形成机理。

二是突破传统产业划分方法，从产业开放度与承接国际产业转移的视角，将我国产业划分为外向型、准外向型和内向型三个产业梯度，进行投入产出分析，探讨国际产业转移中，我国产业结构传导由外向型产业向准外向型、内向型产业的波及路线，以及波及效应泄露与能量衰减的主要原因。

三是应用地理学第一定律的空间自相关理论，重点探讨我国FDI空间溢出效应，全方位分析我国FDI区域"俱乐部"分化与重组、发散和收敛等多重趋势并存的规律性。

四是针对当前理论界关于赶超战略与比较优势战略的争议，从我国实际国情出发，提出以扶持临界产业、促进产业垂直升级为重点的政府诱导型的比较优势战略。

五是针对不同研究对象和研究内容，分别采用数理模型分析、回归分析、投入产出分析、主成分分析、空间计量分析和概率论等方法，不仅增加了研究的深度与难度，而且在模型设计、数据收集与处理等方面亦有诸多独到之处。

本书为学术专著，以理论研究为主，但十分注重学术研究的应用价值，重视挖掘理论背后的政策含义，并在每个章节之后附有对策建议部分，将理论演绎、数理模式、计量模型所推导与验证的各种假说，进一步具体化、政策化，既重视政策的创新性，又注意政策的有效性和可操作性，力求对指导实际工作有所裨益。专著各部分均围绕我国承接国际产业转移的结构传导与区域互动这一主题环环相扣、逐步深入，但每一章节又有相对独立的问题，可以单独成文，部分前期研究成果已经发表在《中国工业经济》《经济管理》《东南学术》《亚太经济》等学术期刊上。

本书是本人承担国家社科基金项目《国际产业转移的结构传导与区域互动》的最终成果，虽称不上学术精品，却是多年心血的结晶。从事现代经济学研究不仅需要深厚的经济理论基础，需要掌握数学、统计学等基本研究工具，还必须具备丰富的经济活动经验，具有对现实经济的深刻洞察力，许多重要的假说和命题不仅是来源于单纯的理论演绎和逻辑推理，还来源于经济学家的经验与直觉，来源于对鲜活经济活动的长期观察和思考的沉淀。"为有源头活水来"，本书中许多理论观点、理论假说的提出正是得益于多年来大量参与社会调查和决策咨询活动的结果，丰富多彩的实践活动为经济研究提供了大量素材和创新灵感。这种来自理论演绎或实践经验的命题或假说还必须由统计数据、数学模型加以验证，或被证实或被证伪。如果观察、实验结果与科学假说一致，科学假说就得到证实，但这种被暂时证实的假说并不等同于永恒真理，它只能说明科学假说的过去，并不决定今后的命运。如果无法被证实，说明假说不成立，或者论证不严密、不周全。假说不能被证实也未必是坏事，理论假说与实验数据的矛盾，往往会成为新的发现的重要契机。

本人长期从事经济学教学工作，先后在福建师大、福州大学、厦门大学、厦门国家会计学院和福建省委党校等高校任教，教学对象既有一般本科生和研究生，也有来自实践第一线的企业管理人员和国家党政干部。教学过程是教与学的互动过程，不仅是老师向学生"传道、授业、解惑"，教师也可以从学生身上学到不少鲜活知识，特别是现在年轻人外语、计算机和数学基础较好，因此在本书写作过程中，在数据收集与整理，计量模型、投入产出模型、收敛模型等的设计与处理等方面，我所指导的福州大学管理学院的研究生发挥了重要作用；而学生也从中学到了不少有用的知识，提升了科研的实战能力。教寓于学，学有所教，教学相长，不亦乐乎。因此作为从事现代经济学研究的学者必须努力做到科研、决策咨询和教学三位一体，我们称之为现代经济学者的"铁三角"定律。这是本人 30 多年来从事经济学教学和科研的切身体会，但未必做得很好，特提出与同仁共勉。

是言志，是为序。

陈明森

2012 年 11 月 1 日

目　录
Contents

第一章

导论

一 问题提出

从 20 世纪 60 年代起，特别是 90 年代以来，以信息技术为代表的高技术产业的迅猛发展，交通通信成本的不断降低，有力地推动了经济全球化进程，极大扩展了国际产业转移的空间与规模。发达国家的跨国公司为增强产品的市场竞争力，在保留产业价值链核心环节的同时，纷纷将劳动密集型的加工生产环节分散到不同的发展中国家和地区，利用当地廉价的劳动力和资源进行生产来降低成本，推动了全球价值链的片断化（Fragment）和空间重组。这种超越国界的要素流动改变了传统价值链的地域分布，进而为承接产业转移的发展中国家提供了产业结构调整的机会。在国际产业转移浪潮中，韩国、新加坡、中国台湾、中国香港等新兴工业化国家和地区都是跨国公司这一扩张过程的受益者，是通过承接国际产业转移带动产业结构调整的具有代表意义的典型，产业结构沿着"日用消费品→电子消费品→装备制造业→现代服务业"的路径逐级上升，在不断的产业转移和产业升级过程中获得了经济的快速发展，逐步步入先进国家/地区的行列。

改革开放 30 多年来，国际产业转移对中国的经济社会发展也带来了巨大而深远的影响。正是通过经济体制创新和承接国际产业转移，中国创造了举世瞩目的国民经济连续 30 年高速增长的"中国奇迹"，在外向型经济发展模式这个巨大引擎的拉动下，迅速在世界各个经济体中确立了"经济大国"和"贸易大国"的地位。2009 年，我国出口贸易总额超越德国成为全球最大的出口国；2010 年，我国经济总量超过日本，成为仅次于美国的世界第二大经济体。

但中国在分享国际产业转移红利的同时也付出了一定的代价。我国成为"经济大国"和"贸易大国"，但还不是"经济强国"，无论是在技术先进性、产业结构高级化等方面，还是在企业国际竞争力、可持续发展等方面都存在诸多问题。主要体现在以下几个方面。

第一，跨国公司的产业转移主要以加工组装低端环节为主，一定程度上加剧了我国产业结构调整的路径偏差与外部依赖。中国作为贸易大国，目前还是加工贸易为主，许多关键设备、关键零部件和原材料主要依赖从发达国家进口，在国际产业分工中处于价值链低端环节。Koopman 等（2008）结合贸易统计数据和投入产出表，采用数学规划方法重新估算后发现，我国出口产品中的国外成分比率高达 50%，在电子设备行业甚至高达 80%，并且 2003 年以后中国向美国出口的高新技术产品有 90% 是外企生产的。根据联合国贸易与发展会议的统计资料，21 世纪初与 20 世纪 80 年代相比，发达国家的贸易条件改善了 5%，而发展中国家的贸易条件却恶化了 17%（UNCTAD，2004）。

第二，技术创新不足，技术水平与研发能力和世界先进水平相比还有较大差距。中国的经济增长主要表现为数量扩张，工业增长方式以外延为主，资源消耗巨大，环境破坏问题突出。在中国承接国际产业转移、享受经济发展产生的巨大利益的同时，粗放增长方式所带来的问题也日趋严重。同时跨国公司对外转移的产业和技术往往是发达国家产业结构调整中需要淘汰的产业和技术，至多是二流技术，以确保与发展中国家保持一定的产业级差，造成承接国部分行业出让了市场，却没有换回先进技术。

第三，在承接国际产业转移中区域互动乏力，区域间经济差距进一步拉大。在承接国际产业转移中，我国沿海地区得益于地理区位优势和开放优惠政策，成为我国承接国际产业转移的先锋和重要基地，吸引的外资占我国引进外资总量的 90% 左右，其加工贸易出口额占全国加工贸易出口总额的 97% 以上，形成了以国际代工为基本特征的外向型经济产业发展模式。但我国东部沿海地区的快速发展，却未能有力带动中西部地区的经济发展，中西部地区（特别是一些西部地区）在增长的相对位势上发生了普遍的"塌陷"。区域间经济发展的失衡和严重的地区差距现象，不仅对要素的流动和效率产生了严重的影响，而且已经成为中国经济可持续发展和构建和谐社会的重大障碍。

国际产业转移是在全球经济发展进程中，随着国际贸易、国际投资与技术转移的进展而发生的某些产业从一些国家或地区向另一些国家或地区移动的现象。其路径基本是由发达国家、地区向发展中国家、地区梯度转移。因此，绝大多数研究主要以发达国家或地区为对象，探讨国际产业转移的路径与转移特征。即便是研究国际产业转移对后发国家或地区产业与经济的影响，也主要集中在目前已经转型成功的区域，诸如亚洲"四小龙"等。然而与发达国家或地区作为国际产业转移的主体不同，也与其他承接国际产业转移的发展中国家有别，中国是幅员广阔、具有13亿人口的大国经济体，其要素禀赋、经济规模、发展水平、产业结构、政府政策乃至文化传统等与其他国家或地区相比亦有很大差别，其承接国际产业转移的运行特点、传导机制和转移效果也必然大不相同。因此，在中国承接国际产业转移、融入全球化进程中，如何准确判断我国在国际产业分工中的地位与影响？如何在承接国际产业转移的同时促进我国产业的转型升级？如何促进全球价值链与国内价值链的互动与融合？促进区域之间的协调、均衡发展？要正确回答这些问题，不能简单地对其他经济体（如亚洲"四小龙"）的成功经验加以复制、扩展，而需要立足我国实际情况，深入分析我国在承接国际产业转移过程中所面临的问题和机遇，具体分析承接国际产业转移对我国产业结构调整与区域发展的影响机理和内在规律。

国际产业转移是世界范围内产业升级与经济一体化的共同结果，也是世界经济发展历程中一种长期、动态的趋势，正在日益深刻地影响、改变着世界各个国家的产业结构和经济空间结构。改革开放以来，中国经济处于由内向型经济不断向外向型经济转变的过程之中，产业结构和经济空间结构的演变越来越多地受到外部因素的影响，与周边地区及全球的产业结构呈现多层次的开放与互动关系。因此我国产业结构的战略调整必须突破国内产业结构的局限，发挥中国产业的比较优势，从新一轮全球产业转移与产业分工重组的视角，全面提升中国产业的国际竞争力及其在世界分工中的定位。这不仅是我国承接国际产业的现实需要，也发展、丰富着发展经济学的重要命题。

二　国内外文献回顾与评述

1. 国际产业转移的演变趋势

产业分工与产业转移是一个有久远历史的古典话题。但对国际产业转移及其对世界各国经济结构影响的深入系统探讨却是在 20 世纪后半叶随着经济全球化而逐步勃兴的。西方经济学界最早对国际产业转移的研究，主要是结合跨国公司理论和外国直接投资理论、国际贸易理论进行的。而且早期的研究主要将视角放在发达国家和不发达国家的产业转移上，直到克鲁格曼（Krugman，1998）通过对 20 世纪 60 年代以来的国际贸易，特别是发达国家之间产业内贸易的研究，发现国际贸易大量发生在要素密集程度相似的同类产品之间和要素充裕程度相似的国家之间。对国际产业转移的考察主要沿三条主线展开。

第一条主线从宏观层面分析产业从发达国家向发展中国家梯度转移的过程，这些研究主要立足于区域及其比较优势。经典的如要素禀赋理论、雁阵模式理论、产品生命周期理论等。其中 Balassa（1979）从要素禀赋动态变化的角度提出了梯度比较优势理论，认为国家间的产业转移方向是由高梯度国家顺次向低梯度国家的梯次移动，这种国际产业转移主要有 FDI 和国际贸易两种路径。雁阵模式是日本经济学家赤松要（K. Akamatsu，1961）提出的，他使用比较成本理论阐述区域经济结构转型升级的发生机理，将产业发展划分为三个阶段：第一阶段为进口阶段，由于消费品进口而产生国内需求，即国内市场的产生阶段；第二阶段为进口替代阶段，用本国生产的消费品替代进口品，于是消费品进口开始减少，与此相应的是资本品进口开始增加；第三阶段为出口阶段，随着生产规模的扩大，国内生产供给超过国内市场需求，于是开始出口，拓展海外市场；同时对进口的设备、技术开始模仿、消化，进入资本品进口替代时期。这三个阶段相继更替、顺序演进，类似雁阵飞翔，被称为雁行模式（Flying Geese Model）。产品生命周期理论系由弗农（R. Vernon，1966）提出，他将产品生命周期划分为产生、发展、成熟和衰退等阶段。随着产业逐渐走向成熟，同类产品厂商不断加入，市场竞争日益激烈，企业为了开拓新市场，降低生产成本，就会转移到更具比较优势的地区生产。

第二条主线从产业层面分析产业国际转移的传导过程。这些研究仍主要立足于区域及其比较优势，但是从产业和企业等更微观的层面进行分析，如垄断优势理论、边际产业扩张理论、内部化理论、国际生产折中理论等。其中 1977 年 Dunning 提出的跨国资本国际流动折中理论，将一般跨国公司的对外投资动因归纳为三种类型，即寻求效率型、寻求资源型和寻求市场型。日本学者小岛清（K. Kojima，1987）提出的边际产业扩张论则认为，对外直接投资应该从本国（投资国）已经处于或趋于比较劣势的边际产业依次进行。投资国已经处于或趋于比较劣势的产业正好是资本输入国正处于或趋于比较优势的产业，这种边际扩张的产业转移，会带来投资国和投资对象国的双赢。

第三条主线从产品层面分析产品内分工所引发的国际产业转移过程，即特定产品生产过程的不同工序或区段通过空间分散化展开成跨区或跨国性的生产链条或体系，主要以国际外包与全球价值链模式为主。国际外包过程并不意味着 FDI 和国际贸易活动的减弱，可以说国际外包还是以 FDI 和国际贸易为基本模式的。

以上这些研究的一个共同点是，立足发达国家的产业发展视角，通过对产业转出区与产业转入区的成本比较（包括生产成本和运输成本），分析产业的国际转移动因及其对承接国产业的传导作用。而立足于发展中国家视角，分析国际产业转移在东道国内部行业间的传导机制，分析承接国际产业转移所引发的区域互动机制，目前还是研究的薄弱环节。实际上，国际产业转移在东道国内部所引发的结构传导和区域互动，是国际产业转移在承接国内的延续，是东道国对国际产业转移的结构性反应，反过来也会影响国际产业转移的进程。这点从图 1-1 可以直观地看出。

从现有的文献中可以发现一个有意思的现象，与我国国内众多学者对国际产业转移进行大量研究形成鲜明对比的是，在西方发达国家中除了发展经济学理论从一般规律进行零星的介绍外，研究的侧重点主要还是:国际贸易、国际投资与技术转移、国际外包等具体问题，这些问题虽然是国际产业转移的主要体现与内容，但研究的层面还是有一定区别的。这也从一个侧面说明了国际产业转移对发展中国家产业与经济发展的重要性。

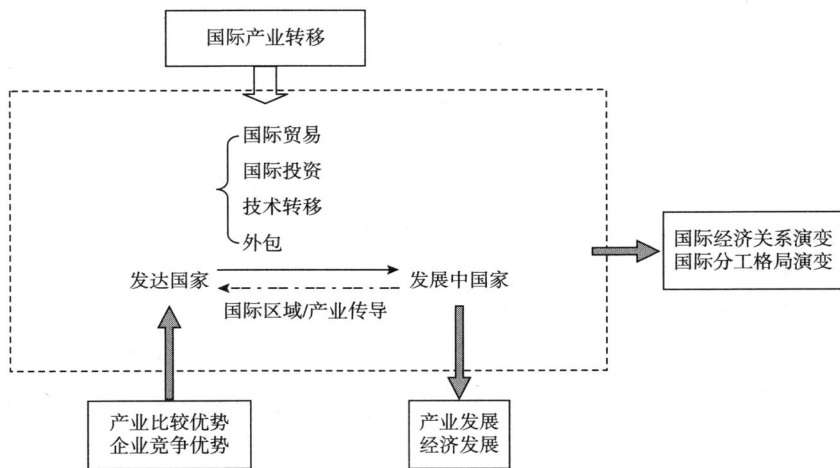

图 1-1　现有的国际产业转移研究框架

2. 国际贸易和国际直接投资：国际产业转移的基本路径

国际产业转移是一个具有时间和空间维度的动态过程，源于国际贸易和国际投资两种基本路径，是上述两种活动的长期积累而导致的国际分工深化和国际产业结构转化的必然结果。但是国际贸易主要基于比较优势，是受到国际比较利益机制诱导而产生国际分工，进而间接实现产业双向转移的；而国际直接投资是基于绝对优势，是资本、技术由处于竞争优势的发达国家向处于竞争劣势的欠发达国家的单向转移（大山道广，1990）。同时两者在产业转移各阶段的特点也是有差别的，在产业转移过程中，一方面国际贸易要先于国际直接投资，国际投资往往成为国际贸易的延续与深化；另一方面二者之间存在交替关系，跨国公司的 FDI 是其为获得规模经济所采取的接近客户或集中生产的一种交替选择（Balasubramanyam et al.，1996）。

尽管国际贸易和国际直接投资同属于国际产业转移的主要路径，但传统上人们仍将国际贸易和国际直接投资分别进行研究，对二者的分析建立在完全不同的分析框架之内。

传统的国际贸易理论建立在理想的新古典分析框架之内，不论是亚当·斯密的"绝对优势理论"和大卫·李嘉图的"比较优势论"，还是赫克歇尔—俄林的"要素禀赋理论"，都假定市场是完全竞争的，许多具有重要意义的影响变量被其严格的前提假定省略了。国际贸易根源于要素禀赋差异基础上的比较优势，要素禀赋的不同导致各国生产要素价格的相对差异，各国生产和出口密集使用本国充裕要素的产品，进口密集使用本国稀缺要素的产品，最终形成有效率的国际分工体系，同时也实现了产业的国际转移。国际分工的格局也就由各国的要素禀赋优势所决定，因而国际贸易是一个企业或一个国家最明智的选择，对外直接投资既无必要，也无可能。

现代跨国企业对外直接投资理论的产生和发展，恰好否定了传统国际贸易理论的前提假设，即完全自由竞争导致的完美市场结构。海默（S. Hymer，1960）和金德尔伯格（C. P. Kindleberger，1958）等将不完全竞争理论引入了国际直接投资领域。根据他们的垄断优势理论，企业对外直接投资的必要条件是它对当地企业具有某种优势足以抵消投资所引发的额外成本，而且这种优势是与该企业所有权相联系的、不容易丧失的有形资产或无形资产的优势。垄断优势来源于市场、生产要素和规模经济等。只有在市场不完全竞争条件下，企业才可能拥有这种垄断优势。特别是当企业在外国市场上具有的垄断优势大于在本国市场上具有的垄断优势时，它将会优先考虑对外直接投资。可见，这一分析框架与传统的国际贸易理论分析框架是完全不相容的。

但是，随着世界经济自由化和全球化趋势的日益加深，贸易和投资相融趋势日渐明显，特别是在国际产业转移实践中，直接投资作为一种国际生产要素流动，不仅没有取代国际贸易，反而极大地促进了国际贸易的发展，并在地区格局、产品结构和内部机制等方面对国际贸易产生了重大影响，二者呈现出日益融合的态势。但是在贸易和投资相互关系的研究中，理论界却存在截然不同的结论，也即贸易和投资之间到底是替代还是互补关系。

蒙代尔（R. A. Mundell，1957）基于 H—O 模型，认为在存在国际贸易壁垒的情况下，如果直接投资厂商始终沿着特定的轨迹实施跨国直接投资，那么这种跨国直接投资就能够在相对最佳的效率或最低的生产要素转移成本基础上，实现对商品贸易的替代。Brainard（1997）以及 Markusen & Venables（1998）等进一步指出，母国市场与国外市场条件的相似度越高，企业用投资替代贸易的可能性就会越大。

"边际产业扩张论"则认为，建立在比较优势基础上的国际直接投资，可以增强东道国的比较优势，可以扩大两国间的比较成本差距，从而扩大两国的贸易量、增强两国的经济福利。由此可见，国际直接投资并不是对国际贸易的简单替代，而是存在着一定程度上的互补关系，在许多情况下，国际直接投资也可以创造和扩大对外贸易。小岛清的理论与蒙代尔模型最大的不同是把传统模型中的劳动和资本要素用劳动和经营资源来替代，由此国际直接投资已不再是简单的资本流动，而是包括资本、技术、经营管理和人力资本的总体转移。

Markuson & Svensson（1985）基于要素比例模型的分析表明，贸易和投资并不必然为替代或互补关系的一种，贸易与投资之间的关系表现为替代性还是互补性，依赖于贸易和非贸易要素之间是"合作"还是"非合作"。如果贸易和非贸易要素是合作的，那么商品贸易和生产要素的流动将互相促进，从而表现为一种互补关系；如果两者之间是非合作的，则商品贸易和非贸易要素的流动就会表现为一种替代关系。

20 世纪 80 年代以来，有关贸易和直接投资关系的实证研究也有了很大发展。Lipsey & Weiss（1981）、Hurbauer（1994）、Gramham（1996）等学者采用美国的数据进行实证研究，发现美国的 FDI 与同期的对外贸易之间存在显著的正相关。其他学者对于日本、德国等的研究也得出了类似的结论。Grahamt & Krugman（1993）的总量研究和分行业研究表明，外国投资对东道国出口具有显著的带动作用，外国直接投资和东道国出口存在强相关性。与此同时，Hill（1990）通过对外国直接投资与东道国进口相互关系的研究发现，外国投资与进口的相关性不如与出口的关联密切，但由于外国直接投资企业从母公司进口中间产品、资本品及劳务的倾向较强，因而外国直接投资可增加东道国进口。

近年来，其他学者也从不同的角度对贸易和直接投资的关系进行了多方面的有益探索。Patrie（1994）根据不同的投资动机将直接投资划分为市场导向型、生产导向型和贸易促进型三大类。他在对大量数据进行研究后发现，只有市场导向型直接投资容易成为贸易的替代，而生产导向型和贸易促进型直接投资则一般可以增加投资国和引资国之间的国际贸易。1996年的世界投资报告指出，投资与贸易的关系因行业而异。在制造业中，企业一般遵循出口、许可、在国外设立贸易分支机构和直接投资的线性先后次序寻求市场开拓，因此制造业的对外直接投资可被认为是替代贸易的经济活动。在自然资源部门，投资和贸易的相互关系也主要是线性的，但投资又具有贸易创造效应，会导致东道国的出口扩大，因此自然资源部门的投资与贸易一般表现为相互促进的关系。服务行业的情况比较特殊，服务企业不可能通过渐进的线性发展方式进入国际市场，它必须直接在当地生产，因此一般而言，服务业对外直接投资对东道国出口的直接影响相对较小。Bhagwati（1978）等人的研究指出，东道国严格的投资与贸易保护政策，会导致直接投资对于贸易的替代效应，而东道国较为宽松自由的投资贸易政策，则会促进贸易与投资之间的积极关系。

总之，根据上述研究可以发现，贸易和投资的关系还会受到诸如投资动机、行业特征以及东道国开放政策的影响，不同行业在不同国家的投资项目，往往会产生不同的贸易效应。在特定项目的不同阶段，既会有投资与贸易的替代关系，也会有投资与贸易的互补关系，这两种现象存在交替产生的可能性。在分析投资与贸易的关系问题时，可将研究范畴锁定在特定区域或特定行业，阐明国际产业转移两种路径的转换和互动机制，客观评价两者之间是否存在替代或者互补关系，以及这种替代或者互补关系的大小。

3. 国际产业转移对承接国的产业传导效应

国际产业转移对承接国的结构传导效应，主要途径有技术转移效应、技术溢出效应、产业关联效应和市场竞争效应等。以 Kim 为代表的技术追赶理论认为，在开放经济条件下，在技术扩散过程中通过模仿与干中学，落后国家产业的技术和人力资本积累将提高其创新能力，实现技术跨越式追赶（Elkan，1996）。Nelson 和 Winter（1997）、Gereffi（1999，2005）以组织学习为核心的产业动态演化理论认为，企业通过组织学习，改变学习曲线的形状，可以改进其在国际分工中的地位。而"雁行形态发展模式"则揭示了后发国家或地区参与国际分工实现产业结构高度化的途径，指出其产业结构调整受制于投资国或"领头雁"的产业层次。"边际产业扩张理论"认为投资国从具有比较劣势的产业开始对外直接投资，可使承接国因缺少资本、技术、经营技能等而未能显现的潜在比较优势显现出来或增强起来，其结果不仅促进投资国国内产业结构更加合理，而且还有利于东道国产业的调整，促进东道国劳动密集型行业的发展，形成双赢格局。随着国际分工进入产品内分工层面，国际产业转移已深入到生产过程中的工序和工艺环节的片段化转移，因此学术界除了从 FDI 和国际贸易层面分析国际产业转移对承接国产业结构升级的影响效应，还从契约层面分析了发展中国家以承接外包方式承接国际产业转移的产业升级效应。

基于 FDI 路径的国际产业转移结构传导。Markusen 和 Venables（1999）认为，FDI 对东道国经济的影响主要来自以下几个方面，一是联系效应（linkage effect），FDI 通过投入产出传导，可以影响产业结构的改革。二是技术溢出效应，包括学习模仿、人力资本流动等；三是产品竞争效应，技术较为先进的 FDI，会迫使本土企业在竞争压力下提升技术或在竞争失败后退出市场。而具体到产业结构传导效应，理论界主要从以下几个方面展开分析。

首先，由于发达国家的跨国公司拥有更先进的知识，对发展中国家来说，随着外资的进入，其资本结构会直接得到提升，使资本及技术密集型行业的增长速度超过劳动密集型行业。同时，资本结构中外资比重的增加，会带动东道国外向型产业的发展，其所引发的进口贸易和对东道国企业的出口带动效应，会促进东道国的贸易增长和贸易结构优化（Hunya, 2002；Greenaway et al., 2004）。文东伟等（2009）的实证分析表明，FDI 推动了中国的产业结构升级，并显著提升了中国的出口竞争力。其次，FDI 的产业关联效应会对承接国的产业结构发展带来积极效应。Rodriguez – Clare（1996）认为最终产品的生产需要多样化的中间投入品，这样就构成了相应的前向联系和后向联系，FDI 通过前向联系和后向联系能够对发展中国家的技术进步和经济发展起到相应的促进作用。进一步地，Markusen 和 Venables（1999）在 Rodriguez – Clare（1996）的基础上进一步发挥了联系效应的概念，直接指出 FDI 是发展中国家产业发展的催化剂。Grabber（1993）认为跨国公司的研发和设计等主要增值部分集中在母公司，而进入集群区域的子公司往往因技术含量较低、产业关联较弱而难以对本地企业技术升级产生明显的带动作用。

关于 FDI 的技术溢出效应对承接国产业升级的影响是学术界的研究热点之一。根据技术溢出理论，跨国公司的进驻往往能直接或间接地向本土企业转移、溢出技术，从而促进本土企业技术能力的提高（Elkan, 1996）。其中具有开创性的是 Caves（1974）对 FDI 水平溢出（产业内溢出）的计量分析，Kugler（2000）对 FDI 垂直溢出（产业间溢出）的计量分析。近年来，从国家层面的宏观数据所进行的实证分析表明，在不同的东道国内跨国公司的竞争效应和溢出效应差异较大，多数研究怀疑发展中国家是否真正从 FDI 获得了水平溢出效应（如 Damijan et al.，2001；Aitken & Harrison，1999）。对中国实证分析的结果也并不一致。徐涛（2003）、王红领等（2006）分别利用行业数据直接分析 FDI 对中国本土企业科技研发的影响，他们的实证研究结果均表明，FDI 对中国企业自主创新能力的提升具有促进作用。平新乔等（2007）的研究却表明，FDI 进入妨碍了中国本土企业通过研发自主创新缩小与国际先进水平之间距离的努力。张海洋（2005）用行业数据直接分析 FDI 对中国工业部门的高科技行业研发的影响，研究表明，由于与外资企业技术差距较大，本土企业 R&D 吸收能力较低，没能吸收外资先进技术，产生了逆向技术扩散。关于实证结果不一致的现象，Moran（2001）指出，FDI 的技术溢出更有可能通过垂直方式而不是水平方式。Javorcik（2004）进一步认为，由于 FDI 能从其中间产品供应商改进的绩效中获益，因此其一般会愿意把知识转移给本土供应商，则 FDI 溢出效应更可能通过后向关联方式发生。不少研究采用企业层面的数据进行 GMM 分析或面板数据分析，且多数研究如 Blalock（2008）对印度尼西亚、Javorcik（2004）对立陶宛的企业层面数据分析结果所表明的，FDI 对东道国企业存在正的垂直溢出效应。在这些研究中，均用到了投入产出系数进行计量回归。

FDI 对东道国企业的竞争效应，会影响其产业发展。正如王红领等（2006）所指出的，以往发达国家为经济结构合理化不断进行的产业转移，客观上为发展中国家提供了经济发展的机遇。但是，当发展中国家的经济发展达到一定水平并希望实现产业升级和产业独立时，就会与发达国家进行产业竞争。Aitken 等（1999）甚至把外资企业通过引入新的差异化产品或工艺创新而降低产品价格，导致本土企业成本增加，从而抢占本土企业市场份额的行为，称为市场窃取（market stealing）。蒋殿春等（2005）对包括装备制造业在内的中国高科技行业的计量分析发现，国内企业作为技术上的追随者的确从 FDI 在国内的研发活动中获益匪浅，但 FDI 引发的竞争加剧不仅没有激发国内企业的创新动力，反而因吞噬后者的市场空间而打击了它们的创新积极性。

基于国际贸易路径的国际产业转移结构传导。基于国际贸易路径的国际产业转移对承接国的结构传导效应主要基于两个层面。一是进口对东道国的影响效应；二是通过承接国际产业转移促进出口贸易所带来的影响效应。具体的影响途径一是国际贸易直接促进了进出口部门的快速增长，尤其使出口部门的增长速度快于非出口部门，直接带来了产业结构的调整，二是国际贸易带来技术溢出效应，带动相关产业发展，推动产业结构升级。

以克鲁格曼为代表的新贸易理论为国际贸易和技术进步关系的研究奠定了理论基础。Rivera-Batiz & Romer（1991）构建模型进行的分析表明，追求利润最大化的创新者进行 R&D 投资，R&D 投资导致新的中间产品的产生，新的中间产品的产生意味着技术的进步。通过进口，国内可以增加中间产品种类并导致技术进步。Coe & Helpman（1995）最早实证分析了进口贸易的两种技术溢出效应：一是进口种类效应，即一个国家从技术水平越高的国家进口，其技术进步的增长速度可能就越快；二是进口数量效应，即在给定进口构成的情况下，一个国家进口的数量越大，其技术进步的增长速度就可能越快。Wang & Olarreage（2002）、Blyde（2004）等的研究也都指出，进口贸易对进口国的技术进步存在正向的促进作用。Awokuse（2007）以三个转型国家为例的最新实证结果表明，出口、进口都促进了产业发展。毛其淋（2010）的实证分析表明，进口贸易对我国技术创新能力的提升有显著的促进作用。

通过承接国际产业转移，承接国成为出口国，通过进口或出口能对承接国带来各种效益，典型的如中国承接国际产业转移的主要模式之一是加工贸易。还有，Farrell 等（2001）对 1984~1998 年进入日本的 FDI 产业流向的分析，发现 FDI 对东道国的出口结构变化会产生积极影响。还有江小涓（2002）和王洪庆等（2005）的分析也表明，进入中国的 FDI 对中国出口部门发展和出口结构优化起到了积极的作用。Crossman & Helpman（1991）的研究认为，出口贸易能使出口者从外国消费者处获得许多信息，如改进制造工艺、产品设计和产品质量的各种建议，从而有利于技术进步。Coe 等（1997）则首次实证分析表明，发展中国家与发达国家的国际贸易促进了发展中国家的技术进步。Hakura & Jaumotte（1999）划分了引发技术扩散的产业内和产业间贸易，认为产业内贸易比产业间贸易产生了更大的国际技术转移，原因是国内生产和出口部门更容易吸收同行业的国际转移技术。李小平和朱钟棣（2004）的实证分析表明，中国国际贸易的技术溢出是需要一定条件的；李小平和朱钟棣（2006）利用国际 R&D 溢出回归分析，发现国际 R&D 投资通过国际贸易途径促进了中国的生产率增长。

基于国际外包路径的国际产业转移结构传导。 20 世纪 90 年代以来，承接外包订单即国际代工（international subcontracting）是发展中国家承接国际产业转移的主要模式。卢锋（2004）指出，国际代工就是发达国家品牌商按照一定的设计要求向国外制造商下订单，后者依照产品设计要求自行生产，或者把生产过程进一步分解为不同环节，分包给不同企业，产品完成后加贴企业品牌出售。可以说这是一种基于合同生产、许可经营、贴牌生产等契约路径下产业从发达国家向发展中国家的转移。

Hobday（1995）对亚洲四小龙电子产业发展的研究发现，这些国家和地区在为日本和美国等发达国家代工过程中掌握了技术诀窍和产品、工艺技能，而且通过学习和消化、吸收，获得了一定的创新能力。为此他提出，发展中国家的企业升级一般遵循的路径是 OEM → ODM → OBM。Amighini（2005）对中国 ICT 产业的分析表明，中国在这类产业的国际垂直分工中从低端起步，从技术扩散中获益，对整个国家的产业升级都产生了积极影响。还有众多对发展中国家的国际代工和地方产业升级问题的研究，如 Gereffi 和 Korzeniewicz（1994）、Ernst（2001）和 Gibbon（2001）对非洲服装业，Giuliani 等（2005）对拉丁美洲产业集群升级，Bazan 和 Navas – Aleman（2003）对巴西 Sinos Valley 制鞋业的研究等，研究普遍认为，通过承接国际外包，发展中国家能实现"工艺升级→产品升级→功能升级→部门间升级"次序的升级路径，并且 OEM→ODM→OBM 的转换被视为产业升级的主要路径。

Gereffi（1999）甚至乐观地认为，发展中国家在参与购买者驱动价值链过程中，存在快速升级的自动传递过程：组装进口零配件→进行全生产过程→设计自主产品→在国内外市场销售自主品牌产品。发展中国家要实现产业升级，加入全球价值链是必要条件，因为这使企业处于动态学习曲线中。然而，不少研究却表明，通过代工方式参与全球价值链，企业升级并不顺利。一方面，正如 Branstetter & Lardy（2006）所分析的，跨国公司和外资企业更多的是将资本及技术密集型行业的劳动力密集的生产环节，如加工、装配、组装等转移到中国，而需要大量资本和复杂技术的制造、设计以及研发等资本和技术密集的生产环节仍保留在母国。另一方面如 Schmitz（2004）所分析的，发展中国家的企业参与的是俘获型的价值链，发达国家的领导型企业能凭借其市场势力阻止发展中国家企业获得功能升级与链的升级所需要的新能力，以避免发展中国家企业与其共享核心能力，对其垄断势力与既得利益构成威胁。这从 Giuliani 等（2005）对拉丁美洲复杂产品如汽车等产业的升级研究中得到了验证，他们发现，全球价值链中的领导型企业对当地供应商应用技术标准等方面所提供的帮助非常有限。Pack 等（2001）的研究认为，通过非核心环节外包，跨国公司的技术的确会外溢到发展中国家的接包方中，而且这些技术还会在发展中国家的其他企业中进一步扩散。但技术在发展中国家更多企业间扩散，更多企业获得了这些技术后，会涌到该代工环节，代工企业数量增多，会加剧竞争，这样发达国家的跨国公司可以以更低的价格进行外包，而发展中国家企业只能分配到更低的收益。一些案例研究表明，这种竞争格局使发展中国家的产业无法实现更高层次的升级，被"锁定"在低附加值的制造、加工环节（Schmitz，1999；Bazan & Navas - Aleman，2001）。

一些学者认为随着经济全球化的发展，发展中国家产业发展的机会更小。Nolan 等（2008）的分析表明，随着经济全球化，许多行业的全球价值链变得越来越复杂，发达国家的跨国公司通过与大量供应商形成分工协作的系统集成，集中了大量的知识和资源；同时，核心企业的整合过程向整个价值链扩展，其资源和压力通过分工网络向各级供应商传递，从而形成瀑布效应（cascade effect），不仅全球价值链的核心企业成为市场主导者，其各级供应商也成为各自子价值链的主导者。这种基于分工网络所形成的集成创新增强了跨国公司的国际竞争力，同时也使发展中国家的企业赶超面临更大困难。Dicken（2003）的分析也表明，多数产业都显现出向发达国家跨国公司集中的趋势，这使得发展中国家的产业处于一个不平等竞争的环境中。因此，发展中国家的本土企业在从全球竞争中取得立足点之前，很可能已经被外来的、更高效的竞争对手摧毁了。

我国国内学者的研发发现，承接国际外包对中国技术创新的影响具有行业差异。胡昭玲（2007）从产品内国际分工的角度来考察外包的生产率效应，研究指出产品内国际分工对生产率的影响程度取决于行业特性，行业的资本密集度和外向度是影响产品内国际分工对生产率作用程度的重要因素。在我国资本密集度高的行业规模经济效应明显，而出口密集度高的行业拥有较高竞争力的中间投入渠道，产品内国际分工促进生产率提高的作用更为显著。张小蒂与孙景蔚（2006）就垂直专业化分工对中国产业国际竞争力动态变化的影响做了经验分析，也揭示了垂直专业化分工的影响在不同产业中的差异性。文章分析总结认为，通过承接发达国家的技术（资本）密集型产业的劳动密集型生产环节的国际转移获得良好的发展机遇，垂直专业化分工对中国技术密集型产业国际竞争力的提升产生了良好的静态效应和动态效应。但垂直专业化分工对中国劳动密集型产业国际竞争力的积极作用不明显。从动态看，垂直专业化分工程度的提高有利于全员劳动生产率的增进，因此总体上有利于中国产业国际竞争力的提升。王中华和代中强（2009）运用1997年与2002年的投入产出表分别计算了以我国为本位的工业行业物品外包、服务外包比率，并对两种外包的行业生产率效应进行了实证检验和比较分析。结果显示：物品外包、服务外包的发展均有效地提升了我国工业行业的生产率水平，而且服务外包对工业行业生产率的促进效应要远远大于物品外包；当考虑行业要素密集度差异时，研究发现无论是物品外包还是服务外包在资本相对密集的行业都要比劳动密集型行业的生产率效应更强，同时这种行业差异在服务外包中更为显著。

4. 国际产业转移对承接国区域经济发展的影响

相比于国际产业转移的产业结构影响效应，关于国际产业转移的区域互动效应的研究文献要少得多，主要从以下几个层面进行分析。

一是基于FDI的区位选择理论。在解释FDI区域分布的理论中，Hymer（1960）作出了开创性的研究，认为跨国公司的投资行为是寡头行为，FDI被认为是在全球竞争下作出的一种利润最大化的投资决定。此后经过Dunning（1974）、Caves（1982）等人的不断补充和完善，关于FDI的主流理论体系得以确立。Arthur（1994）认为产业的空间模式是由偶然性（小概率的随机事件）和必然性（集聚内在规律性）共同决定的。在早期阶段，每个地区都处于同等发展水平，经过一段时期的演化调整之后，某个地区在偶然事件的影响下取得了产业的领先位置，由于企业聚集给该地区带来了额外的优势（更好的基础设施、更专业化的服务等），在越过区位门槛（一地区集中必要的企业数量）之后，领先地区逐渐变得更具吸引力，潜在企业的定位概率开始依赖于各地区企业数量的比重，产业的空间模式最终趋于稳定。最近国内外学者将研究对象更为细化，深入探讨 FDI 在东道国境内各地区之间分布的决定因素。Coughlin（1991）以美国各州的 FDI 为研究对象，发现各州的土地面积、人均收入、产业集聚程度、劳动力市场条件等因素决定了 FDI 的区域分布状况。Head 等（1995）的研究验证了，集聚效应、信息成本、基础设施、地理优势等对 FDI 区位选择影响巨大。王剑等（2004）对江苏省数据的分析发现，由于成本因素、聚集经济的外部性和路径依赖作用在空间演化过程中起到了决定性的作用，FDI 在传统行业由最初的聚集逐渐向扩散演化，而在新兴行业则由最初的随机分布逐渐向聚集演化。

二是基于国际产业转移的产业集聚效应。Kimura 等（2005）认为国际产业转移至少能通过两种渠道在承接国产生集聚，一是服务关联（service Link）的报酬递增性质，即能够降低服务关联成本的区位将会吸引大量企业进入，从而形成集聚；二是正外部性，即企业地理上的接近可以更便利地获得中间品及技术外溢等外部性收益。Fritsch &Franke（2000）对德国三个地区的创新活动中的知识外溢和 R&D 合作的影响研究发现，R&D 的外溢限制在一定的地区范围之内，并接近于相应的资源。由于技术竞争的加剧和知识外溢的空间约束特性，厂商最优的区位选择策略就是与其他竞争者聚集在同一技术外溢空间内。特别是知识密集型企业往往在一定的地理空间形成集聚。显然这种集聚有利于区域内企业间的相互学习，但对区域外的企业造成阻隔效应，即会阻碍区域间的互动。梁琦（2004）的研究表明，产业集群的循环累积过程有滚雪球般的效果，导致产业长时期地锁定在某个地区。但是，预期和自我实现机制可以使产业集聚中心发生转移或产生新的中心。张少军等（2009）指出，通过产业集群在当地形成完整的产业链和供应链体系，本土企业可以提高生产率，增加自己在全球价值链中的竞争力；而集群中企业竞争力的提升反过来又会导致价值链不同环节的进一步转移。

三是承接国内部的区域间互动效应。现代经济学对经济空间布局问题研究的重要线索是新经济独立理论。Krugman（1991）运用 DS 模型（Dixit and Stiglitz，1977）构造了一个在垄断竞争条件下基于中心—外围结构的空间模型。该模型以严密的数学方式重新表述了由 Myrdal（1957）提出的累积因果循环效应。Krugman 证明了，中心—外围模型存在着多重均衡，而经济空间集聚究竟会发生在哪些均衡点，取决于偶然因素和初始条件。而外资在某一区域的进入，作为初始的偶然因素，往往要对该区域的经济空间结构产生路径依赖影响。Poncet（2001）的研究表明，1987～1997 年，中国各省国内贸易在不断减少，而国际贸易却在不断增长，并且主要集中在沿海地区。他指出这是造成中国地区间经济发展差异的重要原因。Rey（1999）在 β 收敛模型中通过加入空间权重矩阵来构建空间计量模型，发现相邻地区的经济增长存在显著的空间依赖性，地区间资金和劳动力的流动、商品流通、技术扩散等都会使地区间尤其是相邻地区间的经济增长互相联系。Giuseppe Arbia（2006）的研究发现，由于空间依赖性与空间自相关性的存在，欧盟和意大利的地区经济收敛速度明显下降。刘志彪等（2008）指出，中国承接全球价值链模式产业转移的地区主要集中在东部沿海，这种某一区域率先加入全球价值链低端环节的发展模式，给中国带来了产业升级和区域协调发展的双重挑战。张少军等（2009）也指出，中国东部地区利用自身优势率先加入全球价值链，但东部地区在全球价值链中的低端定位却在某种程度上把中西部地区压制在了低端要素供应商的地位，导致了地区差距的扩大。邹璇（2010）认为，在规模收益递增的条件下，劳动力、资本和产业是同向转移的。对于发达地区而言，其不仅得益于要素转入导致的要素投入的扩大，而且还得益于生产技术升级导致的生产函数的改进，产出得以以更大比例增长。但对欠发达地区而言，不仅要素流出会导致要素投入量减少，而且知识溢出缺乏会导致生产技术水平的相对下降，进一步减弱欠发达地区经济的增长势头。因此要素与产业转移对发达地区与欠发达地区的影响正好相反，区际差距将会进一步扩大。

5. 对现有文献的简要评述

从以上文献综述可见，目前探讨国际产业转移对承接国影响的文献较多，但在此研究领域中仍有许多空白和肤浅之处，存在诸多可以深入挖掘的理论空间。

首先，在探讨国际产业转移规律时，侧重于两国、两产业简单模型分析，忽视多国、多产业模型研究；侧重于产业整体转移探讨，忽视产业价值链分拆转移研究；侧重于跨国直接投资对产业转移的作用，忽视区域贸易、特别是垂直专业化贸易、公司内贸易以及产业内贸易对产业转移的影响。

其次，对国际产业转移的主流研究主要以跨国公司为主体，探讨发达国家产业结构调整与向外转移产业的内在规律性（如国际生产折中理论、边际产业扩张理论、雁行发展模式、产品生命周期理论等），而忽视对发展中国家（特别是像中国这样的大国经济体）承接国际产业的探讨。事实上在国际产业转移中，广大发展中国家和地区不应只处于追随地位，更应主动创造条件去承接较高技术层次的产业转移，促进自身产业结构的调整与优化，不断提升在国际分工中的地位。

再次，探讨国际产业转移对我国产业结构的影响，只是一般描述改革开放以来我国产业结构的总体演进轨迹，应用利用外资、国际贸易等简单比率指标或回归分析方法，测算利用外资和进出口贸易对产业结构升级的贡献值，而对我国产业结构对国际分工的反应机理、反应程度和内部传导过程，缺乏更为细致、具体的理论描述、实证分析和数量指标。尤其目前中国处于由内向型产业结构向外向型产业结构的转变之中，结构演变正越来越多地受到外部因素的影响。中国产业结构与周边地区及全球的产业结构呈现多层次的开放与互动关系。因此我国产业结构战略调整必须突破国内产业结构的局限，要从新一轮全球产业转移与产业分工重组视角，根据全球价值链与国内价值链互动规律，寻找中国产业结构发展位置，发挥中国产业的比较优势和国际竞争力。

最后，现有文献较少分析国际产业转移的结构传导对区域互动的影响，缺乏对国际产业转移中产业转出国家或地区与产业承接国家或地区以及承接国家内部各区域之间相互关系的深入研究。而该问题是中国这样的发展中大国所亟需解决的难题，区域间经济差异长期失衡和过分扩大，不仅会影响整体经济效率，不利于资源的有效配置；而且会影响社会的整体福利水平，成为导致社会动荡的重要根源。因此，在东部沿海地区大量承接国际产业转移的过程中，如何缩小地区间发展差距对于保持中国经济的持续稳定增长显得意义重大，应成为研究的重点。

三　主要内容与创新之处

本研究试图在系统探讨国际产业转移理论模型的基础上，以我国承接国际产业转移为实例，从规范分析与实证分析、理论演绎假说与数理模型、宏观分析与微观分析等多重视角，探讨国际产业转移中的结构传导效应和区域互动效应，以及二者之间的相互影响，并深度挖掘理论研究背后的政策含义。本书的基本研究框架如图1－2所示。

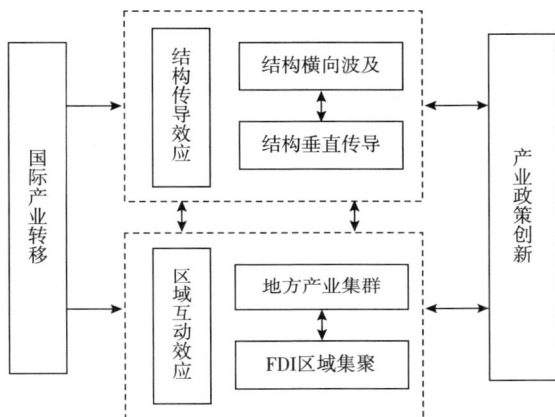

图1－2 基本研究框架图

除导论之外，本书主体部分由6章构成，主要探讨以下几个问题。

1. 结构传导与区域互动的理论模型分析。从构建两国、两产业的简单标准生产函数模型入手，逐步扩展到多国与多产业模型，探讨发展中国家的工资率、技术水平以及国家之间的博弈、竞争对国际产业转移路径与方式的影响。标准生产函数模型分析表明：发展中国家的工资水平与技术水平是影响国际产业转移的重要因素，前者影响国际产业转移的数量，后者影响国际产业转移的质量。而多国、多产业的生产函数模型分析表明：更多发达国家加入产业转移竞争，有利于发展中国家获得更先进技术，但众多跨国公司进入东道国又会挤压本土企业发展的空间；而更多发展中国家加入承接产业转移的竞争，可以促进先发的发展中国家的边际产业梯度转移，拓展产业结构转型升级的新空间，但也有可能因原有产业转移而出现产业空洞，并加大跨国资本纵向压榨的压力，造成发展中国家之间的"贫困竞赛"。发展中国家承接国际产业转移，有利于打破区域经济封闭模式，推动产业集聚，促进地区之间的产业分工深化；但也可能使FDI集聚区对周边地区资源产生一定的虹吸效应，进而抑制外围地区发展，形成中心—

外围结构。集聚效应、交易成本与要素流动是导致空间经济结构形成和变化的重要参数。区域内部运输成本下降，有利于地区内部分工细化，增强对 FDI 的吸引力与凝聚力；而区域之间运输成本系数降低，有利于促进区域间的 FDI 流动与产业转移、集聚，打破中心—外围结构，促进区域之间制造业专业化分工模式的形成。

2. 国际产业转移与产业横向波及效应。国际产业转移最直接的影响效应在于产业结构传导。跨国投资与国际贸易主要通过改变东道国的资本结构、贸易结构，改变其技术结构、产业结构、市场结构，在这三种结构变化的综合作用下，东道国的投入产出结构变化呈现错综复杂的情况。本书基于产业开放度视角，将我国产业划分为外向型、准外向型和内向型三种产业梯度，并利用 1997～2007 年中国完全消耗系数矩阵数据，对不同开放度产业进行了投入产出分析。研究表明，国际产业转移通过外向型→准外向型→内向型的产业波及路径，对我国产业发展产生了积极的影响。但外向型产业的自我封闭性和出口导向造成的波及效应，以及准外向尤其是内向型产业的承接力与需求层次相对较弱，造成产业间的供给与需求推力的非均衡发展，使得国际产业转移传导中能量梯度衰减。

3. 国际产业转移与产业垂直升级。产业垂直升级作为企业的战略性选择，与决策者的决策偏好和升级预期密切相关。升级预期是决策者全面权衡成功与失败概率后的预期收益，不是价值链各环节输出值"U"形曲线（即所谓"微笑曲线"），而是价值链期望值倒"U"形曲线（即所谓"哭泣曲线"）。面临"哭泣曲线"，对多数理性的风险中性者而言，进入产业升级风险系数最小、期望值最大的生产加工环节，无疑是理性选择，这使得在承接国际产业转移中，发展中国家产业升级面临低端锁定陷阱。升级预期很大程度上取决于产业升级能力。本研究在建立升级能力提升和升级预期转换的三维模型基础上，对中国沪深制造业上市公司数据的计量检验表明，上述结论基本准确，并且冒险精神、技术能力和营销能力对品牌升级影响的贡献率达到 90% 以上，但分行业回归分析表明，不同类型产业的企业品牌升级对核心能力的要求有所差异。因此，培育企业家冒险精神，提升产业升级能力，是我国企业由全球价值链的低端环节向高端环节攀升的重要路径。企业家冒险精神的主要功能是改变企业决策偏好，使其将企业升级决策由追求期望值最大化转为追求升级成功后的输出值最大化。企业技术能力与营销能力的主要功能是提升企业升级成功的概率，改变企业升级预期，使其面临的附加值期望值"哭泣曲线"凸度变缓，甚至转变为附加值期望值"微笑曲线"。

4. 国际产业转移与地方产业集聚。由于全球价值链（GVC）与国内价值链（NVC）相互作用，发展中国家在承接国际产业转移中形成外生性与内生性并存的产业集群二元结构。它们之间不仅在路径依赖、市场结构、市场行为和市场绩效等诸多方面具有不同的基本特点与运行规律，而且存在一定的矛盾与冲突。跨国资本的纵向压榨和结构封锁，造成内生性产业集群升级的双重背离，即过程升级与产品升级、链条升级与功能升级的背离。立足福建省产业集群发展的实证分析表明，在全球经济一体化不断深化的背景下，地方产业集群的核心竞争力不仅内生于集群内部的要素组合与能量释放，而且还取决于各个产业集群之间的整合。在承接国际产业转移中，促进内生性和外生性产业集群二元结构的互动与融合，是提升地方产业集群竞争力的重要路径。

5. 我国 FDI 区域集聚与空间收敛。从空间经济与地缘经济双重视角，对泰尔指数、β - 收敛系数和 Moran's I 指数等多种指标的分析表明，从 20 世纪 90 年代以来，我国 FDI 区域分布存在显著的空间自相关性，整体呈现先发散而后收敛的运行趋势，但东部、中部和西部有所差异：东部地区 FDI 空间布局收敛特征十分明显，收敛速率不断加快，收敛区域范围不断扩大；中部各省区出现分化现象，临近东部的省区与东部省区之间呈现 β - 收敛趋势，远离东部的省区，有的随着区域增长极的崛起与周边地区形成发散状态，有的则与西部省区之间呈现 β - 收敛趋势。长期存在的东部、中部和西部的 FDI 三大收敛"俱乐部"，随着时间推移，有可能逐步演变成东—中部和中—西部两大收敛"俱乐部"。条件收敛空间误差模型计量分析表明，基础设施、开放程度、市场容量、市场化程度、劳动力成本、人力资本、政府优惠政策、集聚效应是影响 FDI 区域集聚与扩散收敛的条件因素，但在不同地区和时段，这些因素作用的程度有所差异。在我国改革开放初期，优惠政策、低廉劳动力、基础设施等是吸引 FDI 的关键因素，但随着时间的推移，新经济地理理论所强调的影响因素，诸如运输成本、产业集聚效应和人力资本等，将对 FDI 空间布局收敛起到越来越大的作用。

6. 国际产业转移背景下我国产业转型升级战略选择。发展中国家在经济社会发展过程中面临赶超战略与比较优势战略两种战略选择，进而导致两种截然相反的参与国际分工与承接国际产业转移的路径与对策。与上述两种战略不同，本研究从我国基本国情出发，提出实施以强化人力资本积累、扶持临界产业、促进产业垂直升级为重点的政府诱导型的比较优势战略，并从成长潜力、就业功能、产业关联效应、生产率水平及可持续发展等多方面指标，提出临界产业范畴，作为发展中国家承接国际产业转移和政府扶持的重点产业。因此，要在实施诱导型比较优势战略基础上实施产业政策创新：从优惠政策为主转向开放政策为主；从产业结构政策为主转向产业结构政策与产业组织政策并重；从国内协调型产业政策转向国内协调与国际协调并重产业政策；从区域非均衡发展产业政策转向区域协调发展产业政策。

本书力图在以下几点有所创新。

一是突破产业价值链垂直升级的传统观点（如将产业价值链的"微笑曲线"与"哭泣曲线"作为发达国家与发展中国家的主要特征），从统计学、概率论视角，提出价值链输出值的"微笑曲线"与期望值的"哭泣曲线"，探讨在承接全球产业转移中发展中国家低端锁定陷阱的形成机理。

二是突破传统产业划分方法，从产业开放度与承接国际产业转移的视角，将我国产业划分为外向型、准外向型和内向型三种产业梯度，进行投入产出分析，探讨国际产业转移中我国产业结构传导由外向型产业向准外向型、内向型产业的波及路线，以及波及效应泄露与能量衰减的主要原因。

三是应用地理学第一定律的空间自相关理论，重点探讨我国 FDI 空间溢出效应，全方位分析我国 FDI 区域"俱乐部"分化与重组、发散和收敛等多重趋势并存的规律性。

四是针对当前理论界关于赶超战略与比较优势战略的争议，从我国实际国情出发，提出以扶持临界产业、促进产业垂直升级为重点的政府诱导型的比较优势战略。

五是针对不同研究对象和研究内容，分别采用数理模型分析、回归分析、投入产出分析、主成分分析、空间计量分析和概率论等方法，不仅增加研究的深度与难度，而且在模型设计、数据收集与处理等方面亦有诸多独到之处。

　　本课题最终成果为学术专著，以理论研究为主，但十分注重学术的应用价值，重视挖掘理论研究背后的政策含义，并在每个章节之后附有对策建议部分，将理论演绎、数理模式、计量模型所推导与验证的各种假说，进一步具体化、政策化，既重视政策的创新性，又注意政策的有效性和可操作性，力求对指导实际工作有所裨益。

第二章

结构传导与区域互动：国际产业转移理论模型分析

国际产业转移中的结构传导与区域互动存在着密切的相关关系。经济区域是产业转移的空间载体，处于高梯度区域的边际产业总是沿着区域之间的经济梯度向低梯度区域运动；而由国际贸易和跨国投资所带动的生产要素流动进而不断沉淀、积累，改变区域经济的空间结构。对于发展中国家而言，国际产业转移将导致两个层面的效应：一方面是承接发达国家的产业转移，进行产业结构调整、实现产业升级的过程；另一方面是经济空间结构的互动过程，既表现为产业转出的国家或地区与产业承接的国家或地区的互动，又表现为东道国国内直接承接产业转移的中心地区与周边地区的互动。

一 封闭经济条件下的产业结构演进

1. 封闭经济条件下产业结构演进的决定因素

产业结构是指各种生产要素在各个产业部门之间的配置构成方式和经济技术联系。产业结构调整升级，从产业层面看，是结构体系从低度水准向高度水准、较低形式向较高形式的演进过程；从企业层面看，主要表现为企业竞争能力提升以及企业产品市场占有能力提高和品牌做大，从而企业盈利能力得到加强。因此，产业结构调整升级至少包括三个层次：即产业结构合理化、产业结构高度化和产业结构高效化。产业结构合理化，主要是指产业之间的协调能力强且关联水平高，各产业之间能够协调、均衡地发展。产业结构高度化则表现为由第一产业比重占优势逐渐向第二、三产业比重占优势演进，由低技术含量的劳动密集型产业占主导向高技术含量的资本密集型和技术密集型产业占主导演进，以及由低附加值的初级产品为主向高附加值的中间产品、最终产品为主演进。产业结构高效化是产业结构效率的提升，表现为低生产率产业的逐步退出和高生产率产业比重的不断上升。

产业结构的演进、成长主要取决于社会需求结构、资源供给结构以及国际经济关系（包括国际贸易、利用外资）等几个因素。如果一国的产业结构与外部环境不发生任何联系，其结构的维系与变动完全由国内的相关变量决定，那便是封闭结构。在封闭经济条件下，可以排除国际贸易和国际投资对产业结构变动的影响，因此决定产业结构有序、自发演进层面的变量主要是区域内的社会需求结构与资源供给结构。具体如图 2－1 所示。

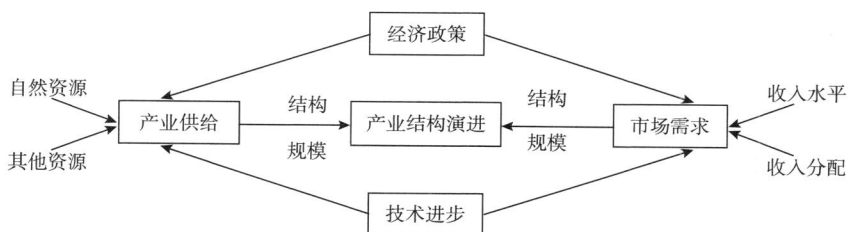

图 2－1　封闭经济条件下的产业结构演进机理

一是需求因素。在经济社会中，生产的最终目的是满足市场需求，因此，市场需求是产业结构演进的最直接拉力。市场需求的变动必将引起生产和生产结构的变动，直接影响产业结构的发展方向。收入水平决定着人们的购买能力，是影响市场需求的重要因素。收入增长会带来边际消费倾向的提高，需求结构的重心由必需品转向非必需品，更多收入用于购买高档耐用消费品，带动提供资本物品的产业发展，并反过来推动农业和轻工业的生产效率大幅度提高，为主要提供耐用消费品和设备的重工业上升为主导地位提供资本和劳动力，从而促进产业结构的高度化。在人均收入高水平阶段，个人需求趋向多层次、多样化、个性化和时尚化，这样的消费结构必然带动多层次的产业结构递进升级，促进高加工度化和以信息咨询业等高科技和知识密集型产业为中心的现代服务业的蓬勃发展。"配第—克拉克"定理也指出，人均收入水平的提高将刺激需求体系的分化和产业分化，引起产业之间和部门之间的利益差别，最终促使资源由生产基本生存资料的产业向加工度较高的综合性生产领域转移。

二是供给因素。显然，市场需求的满足需要相应的市场供给能力，因此，产业供给是产业结构演进的最直接推力。首先，产业供给结构的变化直接影响产业结构的演进。产业供给结构又可区分为产业间结构与同产业内不同质量产品的结构。如果供给的高技术产业比重增大或高质量产品比重增大，会直接推动产业结构调整升级。其次，产业供给规模也会影响产业结构演进。生产规模扩大会促进分工，提高劳动生产率和降低成本，而且生产规模扩大有利于中间产品部门的形成，出现阿林·扬格所说的迂回生产，这种利用资源的专业化或资产专用性进行的间接生产，不但能提高生产效率，而且会带来生产工艺的改进和技术设备的改进，带动相关产业发展，有助于推动产业结构演进升级。

根据生产函数，产业供给的规模和结构又取决于一国的技术水平和资源禀赋。在技术水平较低的情况下，一国或一个地区的产业结构主要依赖于自然资源禀赋。如资源的种类、蕴藏量、分布状态、可利用的经济价值等的差异，在很大程度上决定着一国经济增长和产业结构的变动。随着技术水平的提高，人类改造自然的能力也相应提高，对自然资源禀赋的依赖性将下降，一国或地区可以投入更多的技术或人力资本，提高产品质量，或生产更多技术和知识密集型产品，从而带来产业结构的调整。

总之，产业发展受到资源输入端（即供给）与市场输出端（即需求）的两极约束，即资源约束与市场约束。在封闭经济条件下，一个国家或地区的产业发展规模和发展速度，既不能超出本区域内部能够获得的资源供给数量，也不能超出本区域所能得到的市场需求份额：

$$T \cdot t' \geqslant P \leqslant S \cdot s'$$

资源投入×资源投入产出系数≥产业生产规模≤市场总量×市场占有率

产业发展究竟是以市场需求约束为主还是以资源供给约束为主，主要受到"木桶理论"的短边制约，即当资源短缺时，它主要受资源因素约束，市场因素是无效的；当有效需求不足时，它受市场因素约束，资源因素是无效的。如果一种约束无效，它就是多余的，可以从联立方程中去掉。即：

$$P = \begin{cases} T \cdot t', & \text{如果 } S \cdot s' \geq T \cdot t' \\ S \cdot s', & \text{如果 } S \cdot s' \leq T \cdot t' \end{cases}$$

其中：T代表生产要素投入，t'代表生产要素投入产出率；S代表市场总量，s'代表市场占有率

三是技术进步。从本质上讲，技术结构在同一产业内部反映了资源的组合方式，在产业间反映了资源的转换关系。技术进步会改变供给和需求结构，带来产业结构演变。

首先，某个部门的技术进步能更新和完善原有的生产工艺和技术，提高生产效率，促使该产业规模扩张，获得规模经济效应，降低劳动成本，带来产业间规模结构的变动；而且技术进步能带来新的生产工具、新的生产工艺和新的材料，从而带来质量上的结构变动，或开发出新的产品，形成新兴产业，或使更多资源进入生产领域，增加资源供给，并使资源在不同产业间转移成为可能。比如，技术进步会推动新兴产业发展，但农业作为需求弹性较小的产业，技术的发展只会带来其成本和价格的下降及收益的减少，最终导致生产要素的流出和农业产业的收缩，从而推动产业结构变动。

其次，技术进步带来效率提高和成本下降，对于产出需求弹性大于1的产业，当该产业的技术进步使单位产品价格降低时，该产业产品的需求规模便会扩大，吸引生产要素的流入，导致产业结构的变化。而且技术进步能创造新的需求。技术进步创造的新产品使一部分潜在的市场需求转变为现实的市场需求；技术进步还可能改变消费习惯和偏好，刺激某些产品需求的增长。

四是经济政策。经济政策是一个外生因素，它可能间接地调节需求和供给状况，从两方面对产业结构变动发生影响。为减少产业结构高度化过程中的迂回曲折，克服市场失灵，政府通常会通过产业扶持、产业调整、产业技术、产业保护、产业组织、产业布局等政策，加快产业结构高度化的步伐，以期在尽可能短的时间内实现产业结构的优化升级。在该过程中，政府政策倾斜或直接扶持的产业，更容易获得各种资源和更多的市

场，但在政府设置较高进入壁垒的受保护行业，由于多数企业无法进入，产业规模往往会受到限制，这些都会影响产业的规模和结构，从而影响产业结构发展的方向。

2. 封闭经济条件下产业结构演进的主要特点

在封闭经济条件下，一国产业结构的顺序演进是伴随一国生产要素及技术状况的变化而发生的自我维持、自我推动的产业渐进式演化过程，具有如下特点。

（1）产业结构的调整和升级是长期、缓慢的渐进过程。在封闭经济中，无法利用国际市场和国际资源，生产要素的供给和技术进步主要取决于内生因素，必须经过一个长时期的自我成长过程，其结构的维系与变动完全由国内的相关变量决定，是一个典型的自主成长型的结构模式，产业结构的成长升级往往是一个缓慢的过程。

（2）产业结构波动小，经济增长稳定性较好。封闭经济条件下，由于不受国际市场的影响，一国的产业发展和经济增长主要处于自我维持、自我推动的渐进发展过程中，国际经济波动对其产业结构的扰动、影响也小，使一国产业结构处于相对比较稳定的状态。

（3）产业结构演进受体制和政府政策影响大。在封闭经济条件下，特别是在计划经济体制中，政府往往以政令或计划形式直接调整产业结构，对各种经济社会资源具有很强的动员能力和支配权力，能够依据政策偏好，集中投资，在短时间内使某些重点产业优先建立起来。这种下达指令的方式属于硬性调节，调节幅度大而弹性小，可能产生方向性误导，容易产生调节过度，导致资源配置的低效化现象。

（4）市场分割，造成社会福利损失。这种福利损失包括以下几个方面：一是由于无法充分利用国际资源，封闭的国家或地区经济增长只能依靠自身资源，受到"短板"资源限制，而造成国内"长板"资源的闲置、浪费；二是封闭经济排斥国际贸易与国际分工，无法获取"交换所得"与"分工所得"，前者是产品在消费领域的重新配置所得，即在一个国家或地区产品总量不变的情况下，通过国际贸易提升产品的多样性和异质性，进而增加产品的边际效用和社会福利水平（陈明森，2001）；后者是资源在生产领域的更有效配置所得。三是国际上的闭关锁国必然导致国内区域市场的分割，造成区域之间相互封锁的社会福利损失。这种潜在损失包括三大部分：技术效率损失、产出配置结构扭曲损失、要素配置结构扭曲损失。根据郑毓盛等（2003）的测算，从 1978 年到 2000 年，由地方保护和市场分割导致的我国产出损失高达 20%。刘培林（2005）运用数据包络分析方法，对 2000 年中国 30 个省区市 21 个制造业部门的经济绩效分析表明，如果消除各省区市产出配置的结构扭曲，以及生产要素在省区市之间配置的结构扭曲，可以在不增加任何投入的情况下，使中国该年度制造业产出增长大约 5%。

二 国际产业转移结构传导效应与模型假设

1. 国际产业转移：产业结构成长的重要驱动力

所谓国际产业转移，是指通过要素的空间流动世界各国或各地区之间的产业结构所出现的递级依次演进和连锁变化的动态过程。追求要素报酬率最大化是要素空间流动进而产业区际转移的主要动因。在区际开放的条件下，生产要素总是由报酬率较低地区转向报酬率较高地区，因此要素价格的区际差异和要素的区际转移成本是要素空间流动的必要条件。在区域开放和要素市场竞争前提下，只要区域之间要素价格差异扣除要素区际转移成本的余额大于零，区域之间就存在着要素转移进而产业转移的可能性。

国际产业转移的主要载体是国际投资和国际贸易，但与零散的、个别的企业跨国界、跨区域的投资和贸易行为不同：一方面它是国际投资和国际贸易活动长期积累的结果；另一方面它服从多数定律，是在比较优势和比较利益驱动下，同属于某一产业或某几个产业的多数企业寻找空间转换的共同意愿和行为。国际直接投资造成生产要素在国际之间流动，而国际贸易则促进新的、稳定的国际产业分工关系形成，这种由产业成长和产业分工导致的产业结构转换不仅发生在转移对象国或地区，也发生在转移国或地区，并由此带动这些国家或地区的产业升级（陈明森，2004）。

阿瑟·刘易斯（1984）认为，国际产业转移的真正启动发生在 19 世纪后期，这一时期的国际产业转移主要发生在初级品与制成品之间。吕政（2006）的研究发现，国际产业转移的大规模开展发生在第二次世界大战以后。这一时期的国际产业转移已由初级产品领域拓展至工业制成品领域。国际产业转移不仅在结构上逐步升级，而且结构升级的周期明显缩短。

从国际产业转移的演进历程来看，战后国际产业转移经历了四次大的浪潮：第一次转移浪潮始于20世纪50年代，战后军用科技民用化的快速发展推动了美国国内产业结构向汽车、化工等资本密集型重化工业升级，不具有比较优势的劳动密集型产业开始转移到日本和西欧，推动了日本和西欧国家钢铁、纺织服装等劳动密集型产业的发展；第二次浪潮集中发生在1960~1970年代，劳动密集型产业逐步向亚洲新兴工业化国家和地区转移，美、欧、日等国重点发展钢铁、化工和汽车等资本密集型产业，同时，电子、航空航天和生物医疗等技术密集型产业也快速发展，而承接到劳动密集型产业的亚洲新兴工业化国家和地区也因此获得快速发展，创造了东亚奇迹；第三次转移浪潮始于20世纪70年代后期，以石油为主的两次能源危机，迫使发达国家向国外转移重化工业，国内集中发展高附加值、低能耗的技术密集型和知识密集型产业；第四次转移浪潮发生在20世纪80年代以后，西方发达国家开始从工业社会向知识社会转型，以信息产业和网络技术为核心的技术密集型产业的低端价值链开始从发达国家向外转移，在此阶段，国际产业转移呈现出规模扩大化、结构高度化、区域内部化、方式多样化等新的趋势和特征，跨国公司逐步成为国际产业转移的主体。具体演进历程见表2-1。

表2-1　国际产业转移促进产业结构演进的历程

国际产业转移	时期	转移动机	转移产业与路径	产业结构升级模式
第一次转移	1950年代	美国军用科技民用化，集中发展汽车、化工等资本密集型重化工业	美国纺织等劳动密集型产业→日本、德国	美日国内产业结构升级
第二次转移	1960~1970年代	第三次科技革命爆发，日美德等国发展钢铁、化工和汽车等资本密集型产业与电子、航空航天和生物医疗等技术密集型产业	日美德等国劳动密集型产业→亚洲新兴工业化国家和地区	"中心—外围"的国际产业结构升级布局

续表

国际产业转移	时期	转移动机	转移产业与路径	产业结构升级模式
第三次转移	1970 年代后期	两次石油危机和其间的经济危机重创了美欧等国的重化工业，这些国家开始集中发展微电子、新能源、新材料等高附加值、低能耗的技术密集型和知识密集型产业	美欧等国钢铁、造船和化工等重化工业和汽车、家电等资本密集型产业→亚洲新兴工业化国家劳动密集型产业→东盟	东亚产业结构升级的"雁阵"模式
第四次转移	1980~1990 年代	美国个人计算机产业的模块化战略经营、标准化生产，发展微电子、生物工程、光纤通信、激光技术等知识密集型产业	美日等发达国家资本和劳动密集型产业或产业价值链→东亚"四小龙"、东盟和发展中国家	产业结构升级实现跨国公司内部化和产业链区段化

注：①赤松要（1932）的雁阵模式论，从日本和其他后起国制造业成长的三个阶段（进口阶段→进口替代阶段→出口阶段）论述了通过国际贸易这种国际产业转移方式对后起国产业结构升级和深化的作用。②劳尔·普雷维什（1981）的中心—外围理论，阐述了"中心"国家引领产业发展的方向，"中心"国家产业转移对"外围"国家产业结构升级存在作用。

从我国承接国际产业转移的过程考察，如表 2-2 所示，改革开放以来大体上了经历四个阶段。一是 1981~1991 年的起步阶段，主要是港澳地区向广东、福建以及沿海部分省市转移纺织、服装、电子元器件等劳动密集型产业和商业娱乐等一般服务行业，其中广东省吸收的外商直接投资占沿海地区的 60% 以上。而在本阶段的早期，广东省吸收的外商直接投资所占比重更是高达 90% 以上。二是 1992~1996 年的高速发展阶段，这阶段产业转入的速度明显加快，生产项目及出口企业大幅度增加，投资区域和行业逐步扩大，台商也开始进入。虽然外商投资仍然主要集中在广东省，但是比重开始下降，上海市和福建省所占的比重逐渐上升，欧美日等大型跨国公司开始向东南沿海和东部地区转移电子信息等资金、技术密集型产业；三是 1997~2000 年的调整阶段，由于受到亚洲金融危机的影响，我国承接国际产业转移的速度开始放缓，利用外资的结构出现变化、调整，除了一般加工制造领域外，高技术产业和生产型服务业进入中国的步伐加大；四是 2001 年加入 WTO 以来为提高阶段。我国承接国际产业转移的速度和质量明显提高，跨国公司本地化进程加快，一些科技含量高、金额大的投资项目明显增加，跨国公司对华投资也从单个项目逐渐转向全方位投资，而且多为绿地投资和并购投资。

表 2 - 2 国际产业转移对我国产业结构的影响

承接国际产业转移阶段	转移动因	转移区域	转移产业	外商投资结构	产业结构*
起步和发展阶段（1979～1991 年）	改革开放，东亚新兴国家和地区转移劳动密集型产业	东南沿海开放地区	第二产业主要在纺织、服装、食品饮料、塑胶制品、电子元器件等加工制造产业，第三产业主要在旅游、商业、饮食、宾馆和娱乐设施等一般服务行业	2：76：22	29：44：27
高速发展阶段（1992～1996 年）	我国市场经济改革目标的确定和对外开放领域由沿海向内地延伸，欧美日等大型跨国公司开始转移	东南沿海、东部地区	主要集中在电子与通信设备制造业，仪器仪表制造业，医药、化工、电气设备制造业等资金、技术密集型产业	1：59：40	20：46：34
调整阶段（1997～2000 年）	受到亚洲金融危机影响和冲击	东南沿海、东部地区、中西部	外商投资速度放缓，投资结构发生调整，不仅对生产制造领域投资，还逐步进入科研开发和生产性服务业等领域	2：71：27	17：47：36
提高阶段（2001 年～）	加入 WTO	东南沿海、东部地区、中部地区、西部经济开发区	外商直接投资更多地投资于我国高新技术产业和服务业	2：71：27	13：47：40

*外商投资结构和产业结构均为一产、二产与三产之间的比例关系。

2. 国际产业转移结构传导的主要路径

（1）基于国际贸易的国际产业转移结构传导

在世界各国从封闭走向开放的发展历程中，国际贸易是使用最早的方式。国际贸易对承接国产业结构的影响可以从直接和间接两个方面来考察。从直接效应上看，首先，国际贸易结构直接影响着产业结构中开放部门的增长。对外贸易结构由于各产业要素的贸易依赖程度不同，或多或少地改变了各产业的要素供给弹性，使那些受制于国内要素禀赋的产业得到了长足发展；同样，由于各产业对商品贸易的依赖程度不同，对外贸易可以不同程度地改变各产业产品的需求弹性，使受制于国内市场容量的产业得到规模经济效应。因此，对外贸易结构从要素的供给弹性和产品的需求弹性两方面同时影响产业结构的演变。其次，对外贸易结构直接影响产业结构的投入产出关系。对外贸易结构与国内流程的结合，直接改变了产业间的供求关系。国内需求结构与产业结构之间的差距，一定程度上得到了对外贸易结构的弥补。对外贸易结构不仅通过产业中间需求，而且通过产品最终需求影响产业结构的供求关系。这样，开放程度越高的产业结构，与别国的产业结构关联程度越高。这在一定程度上改变了国内产业之间的投入产出关系。因此，本国产业既有可能利用别国产业弥补自身发展不足，也有可能因依赖外向关联而抑制本国产业的自身发展。

国际贸易的直接效应也可以从进口和出口的角度来分析，从出口促进一国产业结构演进的机制看，主要包括5个方面：①出口可以改变一国生产要素的存量，引导资源在产业间的合理配置。②出口产品可以通过后向经济关联拉动产业结构的变化。③出口部门劳动者收入的增加，可以驱动市场对消费品的有效需求扩张，从而刺激本国或本地区消费品和投资品的生产。④出口贸易可以推动基础设施的发展，进而产生联动效应。⑤促进出口部门人力资源的积累，有助于一国人力资本水平的提升，进而导致产业结构的升级。从进口角度看，主要有4个方面：①进口可以通过需求信号刺激区域供给机能发挥作用，推动一国新产业滋生和成长。进口国内所没有的新商品，消费者偏好便开始逐渐向这些新进口的商品转移，导致国内或地区需求结构的变动。当这种需求刺激信息达到一定程度时，将吸引国内投资于这类产品的生产。当然也有可能受到资源结构的约束或市场达不到临界规模，新的产业未能成长。②引进国外的先进技术或生产线，并进行模仿创新，可加速一国产业的成长。③进口国内所需的原材料和中间产品，可满足国内产业需求，借助前向关联推动产业结构变化。④进口有助于实现一国产业和企业的制度创新，推动产业结构的发展。

从间接效应上看，国际贸易对承接国产业结构演进的作用机制主要是通过建立国际产业联系的传导机制来影响一国国际分工的地位变化，并借助产业转移改变一国的产业结构来实现。国际贸易根源于要素禀赋差异基础上的比较优势，要素禀赋的不同导致各国生产要素价格的相对差异，各国应生产和出口密集使用本国充裕要素的产品，进口密集使用本国稀缺要素的产品。通过国际贸易，各种资源在国际间长期合理流动，初步形成了基于比较优势的国际产业分工体系，国际分工体系的建立又促进了一国相对劣势产业的国际转移，从而进一步强化了原有的国际分工体系。随着要素禀赋的变化，一国的对外贸易结构也会发生改变，从而导致新的资源流动和产业转移，并最终引发一国国际分工地位的动态变化，实现本国产业结构的不断演进。

但是在实践中，后发国家普遍存在进出口贸易结构和产业结构转换脱节的现象，进口只是满足了国内生产、消费的需求，并未有效地促进一国产业素质的提升和产业结构升级；出口产业则由于没有得到进口技术设备和管理经验的有效波及，仍依赖于传统产业，特别是初级产品生产和组装加工部门。这就产生了对外贸易发展很快、但质量不高，和经济结构升级换代关联度不强、结构效应不理想的现象。

（2）基于 FDI 的国际产业转移结构传导

现实中，国际资本直接投资（FDI）往往是其他经济要素流动的载体，并能够促进其他产业发展要素的流动，进而大力提升流入国相关产业的竞争力，各国产业结构间的联系因而空前紧密，互动影响加深（唐志红，2004）。20 世纪 60 年代，韩国承接的国际产业转移以劳动密集型轻纺工业为主，主要是引进劳动密集型产业的设备和技术，外商直接投资很少，属贸易主导型的产业承接。在这一阶段，外国政府的技术援助也发挥了重要作用。仅 1962～1966 年 5 年间，美国提供的技术援助便达 12 项，日本提供的技术援助也达 10 项（张琴等，2009）。但目前关于外资对承接国产业结构演进的波及是正面效应还是负面效应占主导的研究是存在明显分歧的。

总的来看，外资主要通过资源补缺效应、产业关联效应、技术溢出效应、出口示范效应、产业竞争优化效应、制度变迁效应和就业效应等促进承接国实现产业结构升级。①资源补缺效应。钱纳里和斯特罗特关于"储蓄缺口"和"外汇缺口"的两缺口理论认为，在开放经济条件下，制约发展中国家经济增长的两个因素是储蓄缺口和外汇缺口；赫尔希曼三缺口分析，则更加强调了技术，强调了技术、管理和企业家三个方面对发展中国家的重要性。而 FDI 的引入，恰好弥补了上述缺口，除直接推动发展中国家的产业结构升级外，还通过经济效应和技术外溢效应，产生示范与推动作用，间接促进发展中国家产业结构的升级。②产业关联效应。关联效应包括后向联系和前向联系。后向联系是指由东道国当地厂商为跨国公司子公司提供成品生产或制造所需的原材料、零部件和各种服务。前向联系是指由东道国当地厂商为跨国公司子公司提供成品市场营销服务、半成品、零部件或原材料的再加工和各种服务。一般认为，后向联系比前向联系对东道国的产业技术扩散和技术升级更为重要。③技术溢出效应。一般而言，外资企业使用的技术要高于东道国，因此东道国可以通过示范和模仿、产业关联以及人力资本流动来实现技术进步，从而实现产业升级。④出口示范效应。进入发展中国家的外资企业产品的出口比重往往更高，通过出口示范效应，可以带动发展中国家产业资本跟进并出口获利，使发展中国家出口产业获得发展，从而推动发展中国家产业结构优化升级。⑤产业竞争优化效应。资源导向型的 FDI，主要利用发展中国家廉价的劳动力资源和自然资源，以及外资优惠政策进入传统行业，这样会与发展中国家的传统行业同台竞争。尽管这对发展中国家的传统行业企业造成了很大的冲击，但不容置疑的是，通过市场化过程中的优胜劣汰，发展中国家的优势产业逐渐形成，产业结构也逐渐向资金密集型和技术密集型演进，促进了发展中国家产业结构的升级。

另外，如果片面追求数量扩张，利用外资质量就会普遍存在低度化现象，外资进入只能弥补国内资金缺口和外汇缺口，无法发挥改善资源配置、促进技术进步和产业升级的作用，并且与国内原有传统产业形成低层次平面竞争，以致产生外资企业排挤国内企业的"挤出效应"。主要表现在：①外资挤占国内产业份额，导致国内产业资本存量萎缩。②外资借助垄断优势逐步控制某些关键性产业部门，危及东道国产业安全。③外资技术溢出效应微弱，存在着严重的技术控制行为，影响东道国引进外资的效果。④本土人才流失严重，降低东道国企业的人力资本水平。

（3）国际产业转移结构传导的模型假设

①基本模型

本文借鉴 Romer（1990）和代谦等（2006）的模型，假定经济社会中存在三种部门：最终产品生产部门、研发部门和中间产品生产部门。发展中国家的经济中最终产品生产函数模式如下：

$$Y(H_Y, L, X) = H_Y^{\alpha} L^{\beta} \int_0^n x(i)^{1-\alpha-\beta} di \qquad (2-1)$$

其中 H_Y 和 L 表示生产最终产品部门的人力资本和劳动的投入，X 表示中间产品投入，n 代表发展中国家生产最终产品投入的中间产品种类，既可能全部由发展中国家自己生产提供，也可能部分通过进口获得。假定发展中国家所能生产的中间产品种类为 $\tilde{n}$，$\tilde{n} \leq n$。$\alpha > 0$，$\beta > 0$，且 $\alpha + \beta < 1$。

假定人力资本是中间产品生产所需要的唯一要素，生产一个单位第 i 种中间产品需要投入 $(1+\eta i)$ 个单位的人力资本。则生产一单位第 i 种中间产品的成本 mc 为 $w(1+\eta i)$，其中 w 为发展中国家人力资本的工资水平，i 值越大表示该产品的技术难度越大（即技术水平越高），显然，技术难度越大的产品，所需要投入的人力资本越多，其边际成本也越大。$\eta > 0$ 体现了发展中国家的技术水平，η 值越小，说明该国总体技术水平越高。

生产最终产品企业实现利润最大化可表示为：

$$\underset{x}{\text{Max}} \int_0^n [H_Y^{\alpha} L^{\beta} x(i)^{1-\alpha-\beta} - p(i)x(i)] di \qquad (2-2)$$

求 X 的一阶导数，可求得中间产品价格 $p(i) = (1-\alpha-\beta)H_Y^{\alpha}L^{\beta}x(i)^{-\alpha-\beta}$。假定生产中间产品的企业根据标准的边际成本加成定价法来实现利润最大化，加成为 γ，则有：

$$p(i) = (1-\alpha-\beta)H_Y^{\alpha}L^{\beta}x(i)^{-\alpha-\beta} = mc/\gamma = w(1+\eta i)/\gamma \qquad (2-3)$$

可求得 $x(i) = (1-\alpha-\beta)^{1/(\alpha+\beta)} H_Y^{\alpha/(\alpha+\beta)} L^{\beta/(\alpha+\beta)} \gamma^{1/(\alpha+\beta)} w^{-1/(\alpha+\beta)} (1+\eta i)^{-1/(\alpha+\beta)}$，把该函数带入生产中间产品 i 企业的利润公式中：

$$\pi(i) = (p(i)-mc)x(i) = (1/\gamma-1)mc \times x(i) = (1-\gamma)\gamma^{(1-\alpha-\beta)/(\alpha+\beta)}$$
$$(1-\alpha-\beta)^{1/(\alpha+\beta)} H_Y^{\alpha/(\alpha+\beta)} L^{\beta/(\alpha+\beta)} w^{(\alpha+\beta-1)/(\alpha+\beta)} (1+\eta i)^{(\alpha+\beta-1)/(\alpha+\beta)}$$

$\pi(i)$ 对 i 求导得：

$$\frac{d\pi(i)}{di} = [(\alpha+\beta-1)/(\alpha+\beta)]\eta(1-\gamma)\gamma^{(1-\alpha-\beta)/(\alpha+\beta)} (1-\alpha-\beta)^{1/(\alpha+\beta)}$$
$$H_Y^{\alpha/(\alpha+\beta)} L^{\beta/(\alpha+\beta)} w^{(\alpha+\beta-1)/(\alpha+\beta)} (1+\eta i)^{(-1)/(\alpha+\beta)} < 0 \qquad (2-4)$$

从式（2-4）可以看出，生产各中间产品的企业所获得的利润并不相同，在技术水平既定的情况下，产品技术难度越高，生产的边际成本也越高，企业的利润越低。

人力资本一般被用于研发部门和生产部门，生产部门主要将人力资本投入到中间产品部门然后再以物化于中间产品的形式用于最终产品的生产。而人力资本的积累同时需要人力资本本身的投入和物资资本的投入，假定人力资本积累方程式为：$h = AI_h^\varphi h_h^{1-\varphi}$。其中 I_h 为积累人力资本所需的物质资本投入，h_h 为积累人力资本所需的人力资本投入，$A > 0$ 为正的参数。则人力资本的最优决策为：

$$\operatorname*{Max}_{I_h h_h}\left(wh - rI_h - wh_h\right) \tag{2-5}$$

其中 r 为发展中国家的资本利率，式（2-5）分别对 I_h 和 h_h 求一阶导，可得：

$$r = wA^{1/\varphi}\varphi\left(1 - \varphi\right)^{(1-\varphi)/\varphi} \tag{2-6}$$

假定研发部门是完全竞争市场，则研发部门的利润 $\pi(k) = P_A r\pi$，P_A 为研发部门的产品价格。对研发部门来说，其产品价格为中间产品所获得的利润流的净现值（Romer，1990），则把 P_A 标准化为 1 后，研发生产新种类中间产品的企业的利润：

$$\pi(i) = r \tag{2-7}$$

由式（2-7）、式（2-4）和式（2-6）知道，在 r 既定的情况下，$\pi(i)$ 随技术难度增大而减少，因此，满足式（2-7）情况的技术难度 i^* 所对应的产业是该发展中国家所能生产的难度最大的产业，所对应的 n 也是该发展中国家所能生产的中间产品种类 $\bar{n}$。因为当产业技术难度大于 i^* 时，企业的利润要小于 r，这意味着该发展中国家研发新的产品所获得的利润还不足以弥补研发投资的机会成本。因此，在其他条件不变的情况下，当发展中国家的技术难度达到了 i^*，该国的技术进步会陷于停滞，产业升级和结构调整也会停滞。

发达国家与发展中国家的最重要区别在于，发达国家的技术能力比较强，可以发展技术难度更高的行业。本书继续假定发达国家生产一个单位第 i 种中间产品需要投入 $(1 + \lambda i)$ 个单位的人力资本。由于技术水平比较高，$\eta > \lambda > 0$，这意味着生产同样技术难度的产品，发达国家所需要投入的人力资本要比发展中国家少。发达国家生产一单位第 i 种中间产品的成本为 $w(1+\lambda i)$，其中 w 为发达国家人力资本的工资水平。

与发展中国家一样，本书仍然假定发达国家中间产品生产企业的定价仍然是标准的成本加成定价，加成也为 γ。同样假定发达国家的经济中最终产品生产函数模式如下：

$$Y(h_Y, L, X) = h_y^\alpha l^\beta \int_0^n x(i)^{1-\alpha-\beta} di \qquad (2-8)$$

则同样可以算出，发达国家生产中间产品 i 企业的利润为：

$$\pi(i) = (p(i) - MC)X(i) = (1/\gamma - 1)MC \times X(i) = (1-\gamma)\gamma^{(1-\alpha-\beta)/(\alpha+\beta)}$$

$$(1-\alpha-\beta)^{1/(\alpha+\beta)} h_y^{\alpha/(\alpha+\beta)} l^{\beta/(\alpha+\beta)} W^{(\alpha+\beta-1)/(\alpha+\beta)} (1+\eta i)^{(\alpha+\beta-1)/(\alpha+\beta)} \qquad (2-9)$$

$$\pi(i) = R = WA^{1/\varphi} \varphi (1-\varphi)^{(1-\varphi)/\varphi} \qquad (2-10)$$

R 为发达国家的资本利率。在 R 既定的情况下，由式（2-9）和（2-10）可求得技术难度 i^{**}，其所对应的产业是该发达国家所能生产的难度最大的产业，所对应的 n 也是该发达国家所能生产的中间产品种类 $\tilde{n}$。但与发展中国家相比，发达国家技术水平比较高，$\eta > \lambda$，即生产一个单位第 i 种中间产品需要投入的人力资本发达国家要小于发展中国家。为此，发达国家的中间产品一方面用于消费、一方面用于人力资本投资，还有一部分可用于新产品的研发，使得发达国家能够实现经济的长期增长和持续不断的技术进步，从而带来持续的产业升级和结构调整。

早期的国际贸易理论，如李嘉图的比较优势理论、俄林（Ohlin）的要素禀赋理论，主要强调土地、自然资源禀赋等生产力差异对产业转移和产业布局的影响。实际上随着经济的发展，技术因素对生产力的影响远远超过土地、资源禀赋对生产力的影响。在当今世界，不同国家或地区之间技术水平的差异，造成了最终产品、中间产品和人力资本的边际成本差异，并成为国际产业转移的最主要驱动力。

国际产业转移的发展，经历了以国际贸易为主到国际贸易与 FDI 互补发展，再到国际贸易与 FDI 互动发展的过程。因此，我们先分析发展中国家与发达国家只发生国际贸易的产业转移，然后再进一步分析同时进行国际贸易和 FDI 的国际产业转移。

②基于国际贸易的国际产业转移结构传导模型假设

先分析发达国家只与单个发展中国家进行国际贸易的情况，然后再分析有多个发展中国家参与国际贸易的情况。

如图 2 - 2 所示，产品 $S_1 \in [0, N_1]$，为技术难度较低的劳动密集型产品，由于发展中国家 1 的企业具有成本优势，最优定价低于发达国家的边际成本，发达国家无法与发展中国家 1 进行价格竞争，因此产品 S_1 将由发展中国家 1 生产并出口，发达国家退出这些产业，从发展中国家 1 进口。

由 A 点知道 $P(i) = MC$，则有 $mc/\gamma = w(1 + \eta i)/\gamma = W(1 + \lambda i)$，求得 $i = (\gamma W - w)/(w\eta - W\gamma\lambda) = N_1$。即技术难度小于 $(\gamma W - w)/(w\eta - W\gamma\lambda)$ 的产业将以国际贸易模式转移到发展中国家 1，发展中国家 1 以 $p(i) = w(1 + \eta i)/\gamma$ 的价格出口。

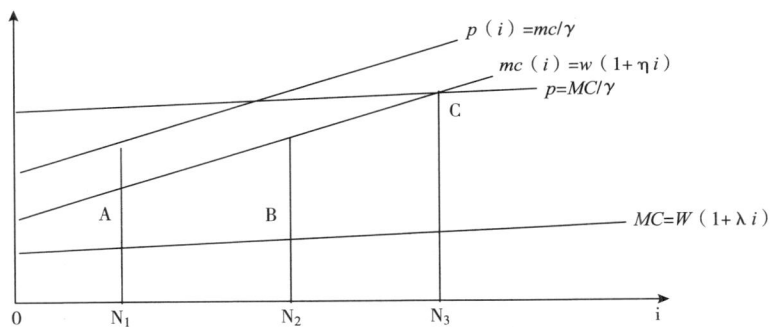

图 2 - 2　基于国际贸易路径的两国产业转移模型

产品 $S_2 \in [N_1, N_2]$，属于中等技术难度的产品，由于发展中国家 1 企业的最优定价 $p(i)$ 高于发达国家的边际成本 MC，因此两国将展开竞争并采取极限定价行为，发展中国家 1 的企业将按照发达国家生产的边际成本来定价，即 $p(i) = W(1 + \lambda i)$，这将使发达国家退出这些产业，通过进口来满足国内需求；由发展中国家 1 生产并出口这些产品。由图 2 - 2 B 点知道 $mc = MC$，有 $w(1 + \eta i) = W(1 + \lambda i)$，求得 $i = (W - w)/(w\eta - W\gamma\lambda) = N_2$。即技术难度介于 $(\gamma W - w)/(w\eta - W\gamma\lambda)$ 与 $(W - w)/(w\eta - W\gamma\lambda)$ 之间的产业将以国际贸易模式转移到发展中国家 1，发展中国家 1 以 $p(i) = W(1 + \lambda i)$ 的价格出口。

产品 $S_3 \in [N_2, N_*]$，为技术难度较大的产品，发展中国家 1 企业的边际成本高于发达国家，但低于发达国家的最优定价 p。因此两国将展开竞争并采取极限定价的行为，发达国家会按照发展中国家 1 的边际成本来进行极限定价，则发达国家继续生产并出口这些产品，发展中国家 1 从发达国家进口。由图 2 - 2 C 点知道 $p = mc$，有 $W(1 + \lambda i) / \gamma = w(1 + \eta i)$，求得 $i = (W - w\gamma) / (w\gamma\eta - W\gamma) = N_3$。即技术难度介于 $(W - w) / (w\eta - W\gamma\lambda)$ 与 $(W - w\gamma) / (w\gamma\eta - W\gamma)$ 之间的产业将不会以国际贸易的模式转移到发展中国家 1。但由于发达国家是按照发展中国家 1 的边际成本来定价的，低于其成本加成定价，所以其定价行为并不是最优的，发达国家无法获得垄断利润。如果发达国家无法通过 FDI 方式来转移这些产业，则当出现了生产其他产品能获得更大利润的机会时，发达国家一定会把这些产业转移到发展中国家 1，而把资源集中于其他新产品的研发而获得垄断利润。由前文知道，发达国家由于技术水平比较高，往往能实现持续的技术进步，因此，如果发展中国家 1 所能生产的产品种类 N_* 超过 N_3，则技术难度属于 $[N_2, N_3]$ 的产业会随着发达国家的技术进步而逐步转移到发展中国家 1；如果发展中国家 1 所能生产的产品种类 N_* 少于 N_3，则技术难度属于 $[N_2, N_*]$ 的产业会随着发达国家的技术进步而逐步转移到发展中国家 1，发展中国家 1 以 $w(1 + \eta i) / \gamma \leq p(i) < p$ 的价格出口。

对于技术难度超过 $(W - w\gamma) / (w\gamma\eta - W\gamma)$ 的产品，即超过 N_3 所对应的产品，发展中国家 1 的边际成本超过发达国家的边际成本和极限定价，所以这些产业将保留在发达国家来生产，完全由发达国家垄断，发展中国家 1 进口这些产品。

比较以上几种情况可以知道，发达国家通过贸易模式转移到发展中国家产业的种类，主要取决于发达国家相对于发展中国家的工资率 W/w，以及发展中国家相对于发达国家的技术水平 η，由此我们可以得出如下命题。

命题 1：发展中国家的工资水平与技术水平是影响国际产业转移的重要因素，前者影响国际产业转移的数量，后者影响国际产业转移的质量；发展中国家本土技术水平越高，发达国家产业转移的技术含量也越高，从而对发展中国家技术进步和产业结构升级的贡献也越大。

可见，发展中国家要想让发达国家转移更多的产业，除了降低本国工资率，更主要的是要提升自身的技术水平。由于技术差距，发达国家转移来的产业相对于发展中国家而言，技术水平更高，因此，有利于发展中家技术水平的提高和产业结构的调整。但作为国际产业承接国，发展中国家的产业结构升级受限于临界点 N_3，N_3 所对应的产品技术难度为 $(W - w\gamma) / (w\gamma\eta - W\gamma)$，即在发达国家与发展中国家工资率一定的情况下，发展中国家承接的产业高度与产业结构升级取决于其与发达国家的技术差距。而发达国家为了保持自身的竞争优势，必然要与发展中国家保持技术阶梯。因此发展中国家要靠承接国际产业转移而获得技术水平的提高，会面临产业结构调整的瓶颈。因此发展中国家在期待获得技术溢出效应的同时，更需要通过自主创新来提升技术能力，拉近与发达国家的技术差距。因此有如下命题。

命题 2：发展中国家在承接国际产业转移的过程中可以获得技术溢出效应，进而促进本国产业结构的升级，但无法缩短与发达国家的技术差距；缩短二者之间的技术差距，跨越技术阶梯，需要通过自主创新来实现。

③基于国际贸易和 FDI 的国际产业转移结构传导模型假设

假定随着发达国家与发展中国家之间的贸易往来，发展中国家开始同时承接发达国家的 FDI，发达国家的企业将根据利益最大化原则来选择国际产业转移模式。同样，下面先分析两国情况，然后再分析多国情况。

首先分析发展中国家与发达国家的两国间国际产业转移模型。由于发展中国家工资水平低，发达国家的企业通过 FDI 方式，可以利用发展中国家 1 廉价的劳动力进行生产，使生产成本 MC（FDI）比在发达国家生产的生产成本 MC 低。而且由于发达国家的企业拥有技术优势，在工资水平一样的情况下，发达国家的 FDI 企业生产技术水平越高的产品，往往越有成本优势。如图 2 - 3 所示，对技术难度超过 $\overline{N_1}$ 的产业，FDI 企业的生产成本要低于发展中国家 1 的本土企业。

根据前文分析知道，在只能进行国际贸易的情况下，技术难度低于 N_3 的产业将通过国际贸易路径转移到发展中国家 1。但在可以进行 FDI 的情况下，在技术难度超过 $\overline{N_1}$ 的产业中，在发展中国家 1 投资的 FDI 企业的最优定价 P（FDI）要低于本土企业的边际成本 mc（i），这意味着发达国家企业通过 FDI 方式将这些产业转移到发展中国家 1，不但可以实现最优定价，而且可以跟发展中国家 1 的本土企业进行价格竞争。因此，对技术难度介于 $[\overline{N_1}, N_3]$ 的产业，原来发达国家通过国际贸易模式进行产业转移，现在可以选择 FDI 模式进行产业转移，然后再从发展中国家 1 进口这些产品。

对技术难度介于 $[N_1, \overline{N_1}]$ 的产业，尽管 FDI 企业的边际成本低于发展中国家 1 的本土企业，但面临本土企业的竞争，无法进行最优定价。而技术难度低于 $\underline{N_1}$ 的产业，FDI 企业的边际成本高于发展中国家 1 的本土企业，因此，对技术难度低于 $\overline{N_1}$ 的产业，发达国家仍将通过国际贸易模式进行产业转移。

对于技术难度超过 N_3 的产业，发达国家企业在本国生产就可以进行最优定价，而且在边际成本加成比例一样的情况下，在发达国家生产所获得的利润要大于通过 FDI 方式所获得的利润，因此发达国家企业不会把这些产业通过 FDI 方式转移，而是把这些产业保留在发达国家来生产，完全由发达国家垄断，发展中国家 1 进口这些产品。

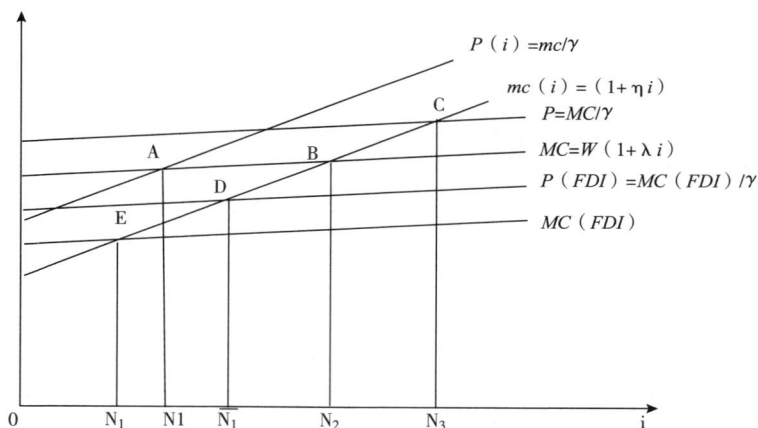

图 2 - 3　基于国际贸易与 FDI 的两国产业转移模型

从图 2 - 3 可以看出，发达国家进行 FDI 的产业技术难度介于 $[\overline{N_1},$ $N_3]$ 之间，其中 $\overline{N_1}$ 所对应的是 $p(FDI) = mc(i)$，因此 FDI 企业，既能获得与发展中国家本土企业相比的技术优势；又能获得与发达国家企业相比的低工资成本优势。假定发达国家企业以 FDI 模式进入发展中国家，能获得母国一样的人力资本，则可以假定 $MC(FDI) = w(1 + \lambda i)$，则 p $(FDI) = MC(FDI)/\gamma = w(1 + \lambda i)/\gamma$，可求得 $\overline{N_1}$ 所对应的技术难度 $i =$ $(1 - \gamma)/(\eta\gamma - \gamma) = \overline{N_1}$。由上文分析知道，$N_3$ 所对应的技术难度 $i =$ $(W - w)/(w\gamma\eta - W\lambda) = N_3$。可见，同样道理，在两国工资率一定的情

况下，发展中国家技术水平越高，发达国家通过 FDI 模式转移的产业的技术难度越高。由此可以得到以下命题。

命题 3：产业的技术含量在一定程度上决定着发达国家产业国际转移模式的选择：技术水平高的产业，发达国家倾向于在本国生产，技术水平低的产业则倾向于在发展中国家生产，并通过国际贸易方式进行国际转移，可以发挥各个国家或地区的比较优势。而技术含量适中的产业，发达国家倾向于通过 FDI 模式进行产业转移，既能在发展中国家保持相对技术优势，又能防止高技术外溢。

以上分析是发达国家只与一个发展中国家进行国际贸易的情况。现假定有另一个发展中国家 2 也加入承接国际产业转移的竞争，进行自由贸易，使得原先一对一的博弈拓展为一个发达国家与多个发展中国家的博弈。假定更后发的发展中国家 2 工资比发展中国家 1 低，即 $w' < w$，使得其边际成本比发展中国家 1 低，即 $mc' < mc$，如图 2 - 4 所示，虚线部分为发展中国家 2 的边际成本曲线和价格曲线。为此，发展中国家 1 和发展中国家 2 将处于竞争关系，以争取发达国家的产业转移。假定由于发展中国家 2 开放比较晚，其所能生产的中间产品种类 N_*' 少于发展中国家 1 的 N_*。发达国家企业通过 FDI 到发展中国家 2 进行生产的成本更低，发达国家可以根据利润最大化原则选择国际贸易或 FDI 方式进行国际产业转移。

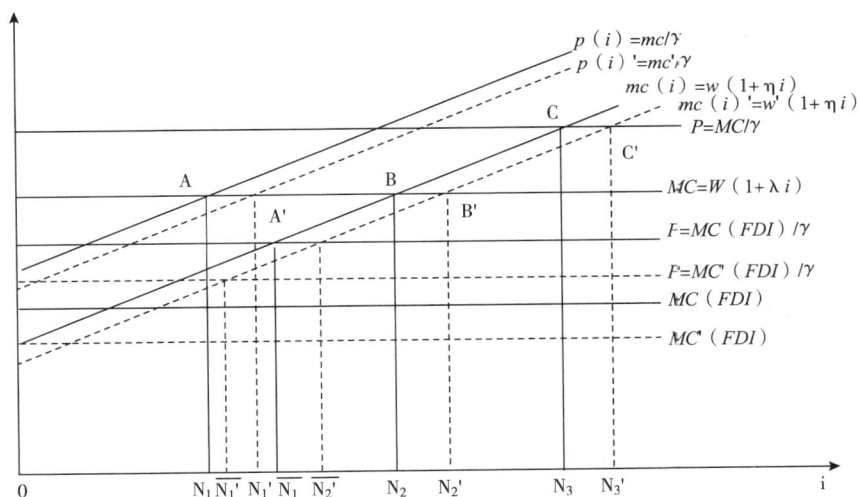

图 2 - 4　同时基于国际贸易与 FDI 模式的多国产业转移

由于发展中国家 2 工资更低，根据前文分析知道，如图 2 - 4 所示，如果发达国家企业考虑将产业转移到发展中国家 2，则对技术难度介于 $[\overline{N_1}', \ N_3']$ 的产业，发达国家将选择 FDI 方式将这些产业转移到发展中国家 2；对技术难度低于 $\overline{N_1}'$ 的产业，将选择以国际贸易模式将这些产业转移到发展中国家 2。则对发展中国家 1 而言，当有成本更低的后发国家进入竞争时，原来以贸易模式转移到发展中国家 1 的产业 $[\overline{N_1}', \ \overline{N_1}]$，现在将以 FDI 方式转移到发展中国家 2。对技术难度介于 $[\overline{N_1}, \ \overline{N_2}']$ 的产业，如果发达国家以 FDI 方式转移到发展中国家 2，FDI 企业的最优定价要高于发展中国家 2 本土企业的边际成本，没有竞争优势，因此这些产业最终将以国际贸易方式转移到发展中国家 2。

对技术难度介于 $[\overline{N_2}', \ N_3]$ 的产业，发达国家企业通过 FDI 模式转移到发展中国家 1 和发展中国家 2，都能进行最优定价。虽然转移到发展中国家 2 的 FDI 企业的边际成本 $MC'(FDI)$ 低于转移到发展中国家 1 的 FDI 企业的边际成本 $MC(FDI)$，但在边际成本加成比例一样的情况下，在发展中国家 1 的 FDI 企业生产所获得的利润要大于在发展中国家 2 的 FDI 企业生产所获得的利润，因此发达国家企业会把这些产业通过 FDI 方式转移到发展中国家 1。

同样道理，对于技术难度超过 $N3$ 的产业，发达国家企业在本国生产就可以进行最优定价，而且在边际成本加成比例一样的情况下，在发达国家生产所获得的利润要大于通过 FDI 方式所获得的利润，因此发达国家企业不会把这些产业通过 FDI 方式进行转移，而将把这些产业保留在发达国家来生产，完全由发达国家垄断，发展中国家 1、2 进口这些产品。

把三国情况与两国情况进行比较可以发现，随着更多成本更低的后发国家参与国际分工，原先以国际贸易模式转移到发展中国家 1 的产业，将逐渐被更后发国家 2 所承接，较早参与国际分工的发展中国家 1 将主要以 FDI 模式承接技术难度较大的产业。可见，随着国际竞争压力的增大，发展中国家产业升级的压力也增大。但如果较早参与国际分工的发展中国家无法较快实现技术水平提升，拉近与发达国家的技术差距，其产业发展的空间将被更后发国家所挤压。$\overline{N_2}'$ 所对应的是 $mc(i)' = w'(1 + \eta i) = MC(FDI)/\gamma$，求得 $i = (w - w'\gamma)/(w'\gamma\eta - w\lambda) = \overline{N_2}'$。显然，$\overline{N_2}'$ 所对应的技术难度 i 越大，意味着有越多的产业从发展中国家 1 转移到发展中国家 2，而这一方面取决于发展中国家 1 相对于发展中国家 2 的工资率水平，另一方面取决于发展中国家的技术水平和发达国家（FDI 企业）的技术水平，在其他条件一定的条件下，FDI 企业的技术水平越高，λ 越小，i 越小，以 FDI 模式转移到发展中国家 1 的产业越多。本书假定发达国家 FDI 企业的技术水平与其母国企业的技术水平一样，实际上体现到成本中来，由于所投入的是人力资本，生产一单位产品所需要投入的人力资本数量既与 FDI 企业技术水平有关，也与发展中国家的产业配套、本国人才供给等有密切联系。因此，在面临更后发国家更低成本竞争的压力下，较早参与国际分工的发展中国家应该更着力提升本国的产业配套条件和人才培育，为此有如下命题。

命题 4：更多发展中国家加入承接国际产业转移的竞争，可以促进先发发展中国家的边际产业梯度转移，拓展产业结构转型升级新空间；但也有可能因原有产业转移而出现产业空洞，并加大跨国资本纵向压榨的压力，造成发展中国家之间的"贫困竞赛"，其关键取决于发展中国家的内生技术水平、人力资本储备以及政府政策的扶持力度。

下面继续分析两个发达国家与发展中国家多国间的国际产业转移模型。与前面分析一样，两个发达国家都根据利润最大化原则选择国际贸易或 FDI 方式进行国际产业转移。根据前文知道，在只有一个发达国家 1 进来的情况下，技术难度小于 $\overline{N_1}$ 的产业将以国际贸易模式转移，技术难度介于 $\left[\overline{N_1},\ N_3\right]$ 的产业，发达国家 1 将选择 FDI 模式进行产业转移。现在假定另外一个发达国家 2 也想往该发展中国家转移产业。假定两个发达国家的工资水平一样，但发达国家 2 的技术水平比发达国家 1 高，即 $\lambda' < \lambda$，使得其边际成本比发达国家 1 低，即 $MC' < MC$ 且 MC'（FDI）$< MC$（FDI），如图 2-5 所示，虚线部分为发达国家 2 的边际成本曲线和价格曲线。为此，发达国家 1 和发达国家 2 将处于竞争关系，以争取向发展中国家转移产业的机会。

如果只有发达国家 2 向该发展中国家转移产业，则技术难度小于 $\overline{N_1'}$ 的产业将以国际贸易模式转移，技术难度介于 $\left[\overline{N_1'},\ N_3'\right]$ 的产业，发达国家 2 将选择 FDI 模式进行产业转移。现在两个发达国家都将向该发展中国家转移产业。由于发达国家 2 有更大的技术优势，则较早进入的发达国家 1 将面临竞争，发达国家 1 技术难度介于 $\left[\overline{N_1},\ N_3'\right]$ 的以 FDI 模式转移的

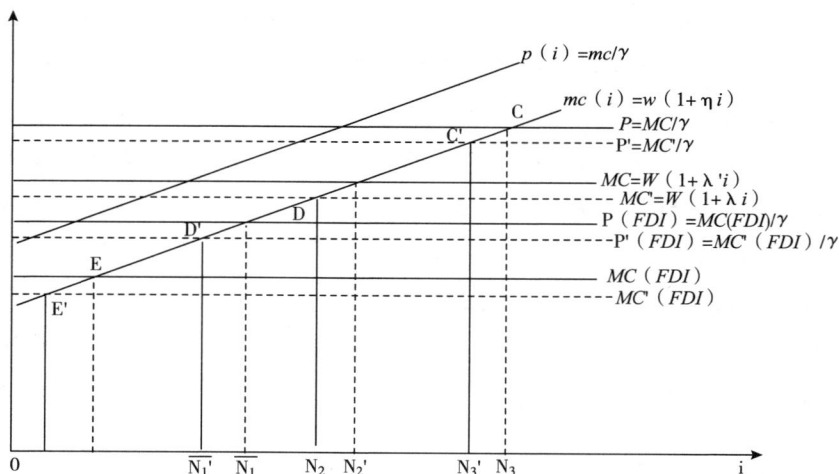

图 2 - 5　基于国际贸易与 FDI 的发展中国家和多个发达国家的产业转移模型

产业的价格 p（FDI）高于发达国家 2FDI 企业的价格 p（FDI）′，则将迫使发达国家 1 把技术难度介于 $[\overline{N_1}, N_3′]$ 的本来以 FDI 模式转移的产业，转成以国际贸易模式转移，即发达国家 1 生产产品的种类减少，且以 FDI 模式转移的产业空间缩小到 $[N_3′, N_3]$。但由图 2 - 5 可以看出，技术难度介于 $[N_3′, N_3]$ 的产业，发展中国家企业生产的边际成本高于发达国家 2 的 FDI 企业的价格，因此，这些产品还将由发达国家 2 的 FDI 企业来生产，发展中国家企业所生产的产品由技术难度小于 $\overline{N_1}$ 减少到小于 $\overline{N_1}′$ 的部分，即原先技术难度介于 $[\overline{N_1}, N_1′]$ 的由发展中国家企业生产的产品，将由发达国家 2 的 FDI 企业来生产。同时发达国家 1 在自己国内所生产的技术难度大于 N_3 的产品也面临发达国家 2 的竞争。因此，随着发达国家间竞争的加剧，发达国家 1 将把原先在自己国内生产的技术难度大于 N_3 的一部分产品以 FDI 模式转移到发展中国家。同时比较发达国家 2 进入前后，可以发现，随着更有技术优势的发达国家进入并参与竞争，发展中国家的价格下降。据此可得如下命题。

命题 5：随着更多发达国家加入产业转移竞争，发展中国家在承接国际产业转移中面临着两种相反的作用力：一方面跨国公司之间竞争加剧，将迫使发达国家向发展中国家转移更为先进的技术；另一方面众多跨国公司进入会挤压本土企业的发展空间，对东道国地方产业集群升级将产生负面影响。

三　国际产业转移的区域互动效应与模型假设

1. 国际产业转移的区域互动效应

在全球国际分工体系中，一国的产业结构变动既深受国际分工变动的影响，又影响周围其他国家的产业结构变动，并迅速波及全区域乃至全球，从而影响承接国际产业转移的国家的产业结构发展和区域经济发展互动。这种影响主要有两个层面，一是国际层面，就是产业转出的国家或地区（一般为发达国家）与承接产业转移的国家或地区（一般为发展中国家）的互动关系；另一个是国内层面，表现为直接承接产业转移的中心地区与周边地区的互动关系。

国际产业转移的重要载体是跨国公司。由跨国公司投资或业务外包所带动的国家之间的产业转移，推动了全球分工和生产网络的形成，这意味着功能的一体化和国际性分散活动的协作（Gereffi，1999）。尤其是工序型国际产业转移区别于传统型国际产业转移的基本特征是，突破了整条产业链或产品生产的整个活动跨国界转移的模式（黄卫平等，2004）。正如张少军等（2009）所指出的，当同一产品的生产过程在全球范围内不断扩散时，其特定的环节在区位选择上的集聚行为也成为目前全球化时代的重要特征。国际生产分散化至少可以通过两种渠道产生集聚，一是服务关联（service link）的报酬递增性质，即能够降低服务关联成本的区位将会吸引大量企业进入，从而形成集聚；二是正外部性，即企业地理上的接近可以更便利地获得中间品及技术外溢等外部性收益（Kimura et al.，2005）。也就是说，产业转移可以使生产活动在全球范围内重新分配、集聚，改变国际贸易的格局和结构，增加全球贸易流。

随着更多不同工序的活动可以进行产业转移，产品内国际分工往越细越深的纵深方向发展，中间产品的专业化生产程度就越高，中间产品生产中投入的要素也就越专门化。这使得通过国内或产品内国际分工节省成本和提升效率得以实现。由此进一步促进了全球生产工序的可分性，也增强了不同工序对不同国家的资源和能力依赖程度的差异性。这使得更多类型国家的企业能够在同一产品的生产上达成分工协作关系。更多层次国家的企业在同一产品不同工序上的联动发展，极大地推动了国际间或区域间的产业分工深化。

国际产业转入东道国某个地区后，会对本土企业产生产业配套的需求，产业配套会使本土企业有机会通过技术学习提升技术能力，并通过前向、后向及侧向关联效应，带动该地区相关产业发展，从而推动当地经济发展。而且国际产业转移会对承接国形成"鲶鱼效应"，即国际产业转入将对一国已有产业的发展形成威胁，或由于资源争夺，对当地已经形成的产业产生挤出效应。这就可能迫使当地转移出不具备比较优势的产业，而把更多资源配置给更高级的产业，从而促进当地产业结构升级，并通过产业转移给其他地区提供发展机会。

在国际产业分工不断走向分散化的同时，企业和生产要素在一些发达地区或者"增长极"地区重新集聚，生产的本地化特征并没有消失，产业空间集聚程度并没有因为生产过程分散而下降，在光滑的产业空间内存在一些粘滞的地点，吸引生产活动在这里集聚（Markusen，1996），这就是产业集群。Porter（1998）将产业集群定义为，在某一特定区域内，大量产业关联紧密的企业以及相关支撑机构以一个主导产业为核心，依托比较稳定的分工协作关系在空间上集聚，形成的有竞争优势的群体。产业集群逐渐成为国家和区域产业参与全球一体化进程的主要力量。

产业集群可以分为以外资为主导的外生型产业集群和以本土企业为主导的内生型产业集群。其中内生型产业集群虽然不是国际产业转移和产业分工深化的直接结果，但往往是区域间产业转移和产业分工深化的结果。在经济全球化不断深化的今天，区域间的产业转移和产业分工深化往往是国际间产业转移和产业分工深化的延伸。

从发展中国家的经验来看，外生型产业集群发展往往是伴随跨国公司垂直型 FDI 大量流入不断进行产业转移和产业分工深化的过程。FDI 进入初期，东道国往往没有能够与之衔接的可靠的分工网络，加之垂直型 FDI 对东道国的市场不确定性十分敏感，跨国公司垂直型 FDI 在进入后，往往会要求或带动原有的配套供应商跟随进入东道国市场，以维持跨国公司原有的分工和配套网络。随着一定数量的配套产业转移进来，当地的产业和配套基础获得发展。为了降低投入品的成本，跨国公司垂直型 FDI 对应的分支机构除了进行母国和第三国采购外，会越来越重视进行当地采购，这就需要将原有的分工网络在东道国进行复制和延伸（方勇等，2006）。因此，随着跨国公司垂直型 FDI 进入和配套外资的进入，为了形成一个发达的分工体系与之配套，FDI 不但会进行产业内贸易和中间产品贸易，还会出于自身战略需要推动发展中国家产业分工进一步深化和相关产业转移进来，促进当地配套产业的形成和发展，从而促进当地产业集群发展。

而产业集聚不但是产业分工深化和产业转移的结果，也进一步推动了产业分工的深化和产业的转移与重新组合。产业集聚具有自我增殖的优势，并产生区位空间的"锁定效应"和"扩散效应"，会形成拥有更广地域的产业集聚，即产业带或广域的产业集聚。这一方面会容纳更多的地区进入分工网络，另一方面也会因更强的经济增长极和产业结构升级而带动新一轮的产业转移。如陈建军等（2009）所分析的，近年来，长三角产业间的整合正在加速进行，区域一体化发展使许多江浙企业纷纷向上海扩展其价值链（陈建军，2005；2006；李廉水、周彩虹，2007）。仅宁波一地就有龙元建设、杉杉集团、大众股份等龙头企业等将其部分职能部门迁往金融、服务和研发环境更为优越的上海，形成上海滩新一代"宁波帮"。上海本地企业则利用长三角便捷的交通和一体化政策优势，将企业的制造环节迁往制造业发达的浙江和江苏。这种以价值链空间分布的离散化和网络化为导向的产业集聚的重新组合现象及其趋势，使众多集聚内企业从一地生产，发展为多地区间的协同生产，导致不仅在产业层面产生溢出效应，更在空间上形成了多个产业集聚间的互相联系和专业化分工，即产业集聚间分工。从经济意义上来说，产业集聚间分工加快了要素流动和信息交换的速度，使整个地区的资源被更为有效地组织在一起进行生产。

随着国际产业的分工和深化，集群产业转移作为一种新型产业转移模式也开始出现。所谓集群产业转移，是指集群企业或采取集体行动抱团转移至同一目的地，或采取大量独自行动分散进行转移，但为同一目的地。Sammarra（2005）根据集群产业转移的规模或程度对产业转移进行了分类，区分为选择性转移（selective relocation）和复制性转移（replicative relocation）。其中，选择性转移是指集群中的企业只转移生产链上某些环节并把那些有着清晰的和长期竞争优势的战略活动保留在原地，比如设计、研发和营销。复制性转移，指的是企业把所有活动从一个地方整体转移到另一个地方（符正平等，2008）。可以说，集群产业转移是产业转移和产业分工深化的一种具体形式。

但需要强调的是，工序型国际产业转移也加剧了不同国家企业间分工地位的不平等。具体表现为：一是不同层次国家的企业分处在产业价值链的不同环节，其所获得的利益分配是不均等的；二是在产业技术链上存在着不同层次国家企业间的控制与被控制关系。显然这些会阻碍欠发达国家在国际分工中通过产业升级获得更多分工的机会，从而会阻碍国际间或区域间的产业分工发展。而且，跨国公司封闭的生产网络系统也不利于国际间分工与区域间分工的发展。为了降低成本，跨国公司往往要比较各地零部件供应商的价格，甚至实行"全球价格"下的零部件采购，这种竞争机制加剧了价值链同一环节企业间的市场竞争，可能把发展中国家的本土企业排挤出分工网络。为了进一步强化自己主导全球生产网络的优势，跨国公司会对加盟的企业构筑相当高的质量、财务、运营等方面的门槛，这也把发展中国家的大部分本土企业阻隔在了竞争行列之外。而且跨国公司还会通过质量保证、供应链管理等体制，向其加盟者扩散组织能力或让渡竞争优势，并通过战略隔绝机制（isolating mechanisms）避免关键知识向生产网络外的企业扩散（王益民等，2007）。正如王益民等（2007）强调的，在战略隔绝机制发挥作用的前提下，单一企业甚至集群中核心企业的升级，并不一定带来发展中国家当地集群这一地理空间经济单元的整体升级；甚至集群整体的快速升级，也不见得带来当地产业能力的长期提升。也就是说，跨国公司封闭的生产网络系统容易把发展中国家的企业排挤在全球生产网络之外，降低了发展中国家参与全球分工的机会。

2. 国际产业转移的区域互动模型假设

生产要素流动进而产业转移总是由低回报率地区转向高回报率地区。要素空间流动进而产业区域转移的主要条件为：一是各个区域内部要素价格的差异，二是区域之间的运输交易成本。在区域开放的前提下，只要区际要素价格差异大于要素区际流动的运输交易成本，就必然存在要素的区际流动，即由要素回报率相对低的地区流向要素回报率相对高的地区。

　　然而要素的区际流动又会影响、改变要素的相对价格，进而影响要素区际流动的速率与方向。这里存在着两种不同趋势：在规模收益递减条件下，产业区际转移会降低价格较高要素的价格，提高价格较低要素的价格，导致区际要素价格或要素回报率的趋同化，进而使得要素区际转移速率趋缓甚至出现反方向流动，要素空间布局区域趋于收敛，因此规模报酬递减成为要素集聚和产业集中的离心力。但是在规模收益递增条的件下，要素的区际转移会提高要素流入地的要素回报率，抑制要素流出地的要素回报率，导致区际要素回报率差异的扩大，进而进一步刺激要素区际转移的规模与速率，生产要素价格与产业集聚相互联系、相互促进，形成因果累积循环效应，导致要素空间布局差异呈现不断扩大趋势，因此规模报酬递增成为要素集聚和产业集中的主要向心力。

　　区域经济规模收益效应通常是各种因素共同作用的结果。规模报酬递增进而产业空间向心力，主要源于知识溢出效应和产业关联效应等。知识溢出效应也称为学习、模仿效应。学习效应的强度对于距离是相当敏感的，特别是一些难以编码的缄默知识，不能以文字、语言加以精确表述，难以跨越更远的地区而传播，必须面对面的交流、互动，必须直接观察、体验，才能心领神会。产业关联效应是指具有投入产出关系的企业由于地理空间接近而产生的外部经济性，不仅可以提高物流效率，降低交易成本，而且可以更好地接近客户，了解市场需求，在与其他供货商的竞争中处于优势地位。学习效应吸引同类厂商在同一地区集聚，而产业关联效应则吸引上下游厂商在周边集聚，进而形成强大的空间向心力。

　　规模报酬递减进而产业空间离心力，源于拥挤效应、非流动市场需求和比较优势地区差异。拥挤效应既体现在土地价格和工资成本上升等方面，也体现在交通拥挤、环境污染、居住条件恶化等方面。空间拥挤将促使产业由中心向外围迁徙。当市场需求在空间上离散分布且无法流动时，相应地进行产业空间的分散布局，既可以节省运输成本，又能接近市场，便于信息收集。比较优势地区差异主要表现为地区之间的资源禀赋差异，根据不同地区资本、劳动和自然资源的丰裕程度，相应进行资本密集、劳动密集和资源密集的产业或生产环节的配置，可以获取区域间比较利益，因此比较优势可能成为一种离心力阻碍产业集聚（见表2-3）。

表 2 - 3　影响产业空间布局的向心力与离心力

向心力（规模报酬递增）	离心力（规模报酬递减）
产业关联效应	人口过度拥挤
接近原料产地	工 业 污 染
信息共享效应	地 价 攀 升
技术溢出效应	市场需求约束
示 范 效 应	过 度 竞 争
类 同 文 化	资 源 有 限 性

影响要素区际流动进而产业区际转移的另一个因素是区域间交易成本，包括区域间运输费用①、通信费用以及区域之间的政策法律壁垒所导致的各种费用，也就是萨缪尔森提出的冰山交易成本。Helene 等（2000）认为，产业区位布局取决于供给因素、需求因素与贸易成本的互动。当贸易完全自由时（即零贸易成本），需求分布无关紧要，供给是决定产业区位的唯一因素，由技术和资源禀赋差异所决定的比较优势决定了各国的生产结构。而在存在贸易成本的条件下，供给和需求两方面的因素共同起作用，各种驱动力的交互作用影响产业空间布局的具体机制和作用方向，进而呈现出纷繁复杂的不同形态。

区域之间的产业空间结构关系有三种基本的典型模式。

一是各个区域内部完全独立的自给自足产业体系，区域之间形成产业完全相似的对称结构，称为封闭模式。封闭均衡的主要条件是区域之间交通闭塞，市场管制壁垒森严，运输、通信成本极为高昂，边际交易成本大大高于区际要素价格差异（在图 2 - 6 中处于 X_1 的左边区间），此时区域之间实行任何产业分工与区域间贸易都是不经济的，产业布局主要受到非流动需求的拉动，区域经济结构趋于建立"大而全""小而全"的产业体系，实行自给自足的封闭模式。

---

① 在运输费用中，除了运输的直接成本外，还应考虑运输过程的时间价值（包括在途运输时间延长所造成的利息费用增加、商品损耗、用户等待等），譬如用空运就比海运节省时间价值。

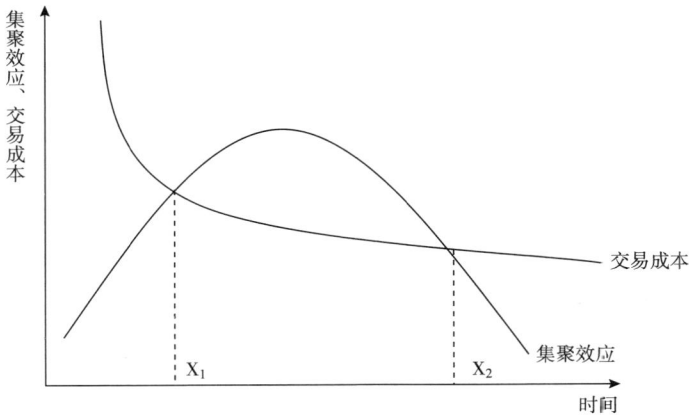

图 2 - 6 区域空间经济结构演变

　　二是中心—外围结构，区域中心为制造业集聚区、外围区域为农业集聚区，称为中心—外围模式。法国经济学家佩鲁（Perroux，1961）较早从增长极角度探讨中心—外围关系。中心是由主导部门和有创新能力的企业在某些地区或大城市集聚形成的经济中心，这些中心具有生产、贸易、金融、信息、决策以及交通运输等多种功能，类似物理学的"磁极"，能够对周边地区产生吸引和辐射作用，带动其他部门和地区的增长。外围是作为受力场的经济空间，对中心区具有极大的依附效应。中心—外围均衡的条件是中心区域内部的交通运输条件得以改善，运输成本得以降低，产业集聚边际效应（包括知识溢出效应、产业关联效应等）高于区域运输边际成本，规模报酬递增导致生产要素和人口向中心区聚集，二者之间的因果累积循环，使区域中心成为经济"黑洞"，对周边区域资源具有极大的吸引力和吞噬能力，以致最终形成中心为制造业集聚区、外围为农业区的中心—外围均衡模式。在图 2 - 6 中处于（X_1，X_2）区间。克鲁格曼（1993）认为，在区域之间资源禀赋、区位条件大致相同的情况下，中心区崛起在很大程度上取决于历史的路径依赖。"最初存在的极小的不对称性经过不断的、循环式积累后会逐渐扩散，最终导致区域之间出现极大差异。因此，历史上偶然性往往能决定区位优势。"他首先假设存在两个区域，称为南部和北部，每个区域内都对称地分布着工业和农业企业，并假设工业企业存在规模收益递增而农业企业规模收益不变。两个区域的初始条件是一样的。但是，当一个工人偶然从南部迁移到北部时，这种初始的对称均衡就会遭到破坏。由于迁移到北部的工人会把自己的收入消费到北部，使得南方的市场规模变小，而北部的市场规模变大。由于存在市场接近效应，市场规模的变化将使得南部的一些企业迁移到北部。尽管南北两个区域的名义收入一样，但是由于价格指数效应，这种产业的迁移会使北部的生活成本更低，也就会吸引更多的工人前往北部。初始的一个小的冲击会不断得到加强，工人的迁移改变了实际工资水平，进一步激励工人从南部迁移到北部，工业企业为了扩大自己的规模经济范围也不断在北部聚集。

但是当这种极化效应达到一定程度，并且增长极已经扩张到足够强大时，会产生向周边地区的扩散作用，将生产要素扩散到周边区域，从而带动周边地区增长。其扩散强度可用如下公式表示：

$$S_r = S_0 \cdot e^{-\alpha r}$$

式中：S_r 表示中心区对周边地区的扩散程度，S_0 表示中心区的经济扩散能力，α 表示经济扩散的衰减系数，r 表示中心区与外围区的空间距离。这说明，中心区对周边地区的影响辐射效应，与中心区增长能力呈正相关关系，而与空间距离和经济扩散的衰减系数呈负相关关系。

三是区域之间实行完全产业分工的对称结构，称为区域专业化模式。区域专业化均衡的条件是区域之间运输成本系数较低，但中心区由于产业过度集聚而造成拥挤效应，包括土地租金、住房价格、工资成本上升，交通堵塞，环境污染，城市犯罪行为，等等，以至于离心力（中心区拥挤效应）大于向心力（中心区集聚效应），进而从规模报酬递增转向规模报酬递减。当区域之间运输成本足够低时，产业会从中心向外围迁徙，以避开城市中心区较高的土地租金、住房价格等拥挤问题（Tabuchi，1998；Helpman，1999）。随着企业不断向边缘地区迁移，中心区拥挤程度开始降低，经营的边际成本开始下降，这一过程一直持续到中心区的生产边际成本与从外地购进的运输边际成本相接近为止，区域之间的产业转移才会停止下来，二元经济结构才开始趋于收敛。加之在运输成本足够低的情况下，比较优势因素在产业区位选择中又将发挥基础性作用，导致区域之间产业的空间结构将趋于专业化分工的均衡状态，在图 2-6 中处于 X_2 右边的区间。尽管区域之间的专业化分工会增加区域之间的产品贸易额进而产生较多的总运输成本，但单位运输成本下降，以及区域分工深化导致的生产效率提升、市场潜力扩大引起的规模经济，都将克服地区之间贸易增多引起的运输成本增加。

可见，区域之间经济空间结构的演变存在几个主要临界值（如 X_1，X_2），一旦越过这一时间之窗，原有均衡就会被打破，新的均衡就会产生，并且在因果累积循环效应的作用下，新的均衡不断维持和扩大，直到另一个临界值到来。当然这是一个转移动态，可能是一个连续、渐进和累积的正反馈过程。如果转移的速度很快，经济空间结构可以更经常地处于稳态位置上；如果转移速度很慢，经济空间结构可能远离稳定均衡，而将更多的时间花费在转移动态上。

总之，在多种向心力与多种离心力同时发挥作用时，交易成本与产业空间集聚的关系不是单调的，而是呈现出"钟摆式"的关系（如图 2-7 所示）：高交易成本和低交易成本都将导致产业分散的均衡分布；当然二者存在本质区别，前者主要受到不能流动需求的拉动，产业布局表现为自给自足的封闭结构，而后者主要受到区域比较优势的作用，产业布局则表现为区域之间的专业化分工结构。只有当交易成本适中时，产业集聚的向心力大于离心力，企业倾向于向拥有较大市场的中心地区集聚。因此，藤田昌久、保罗·克鲁格曼（1999）等指出，交易成本的长期下降不仅可以解释世界上工业区与非工业区的最初分化，还能解释制造业向新兴工业化经济扩散的现象。

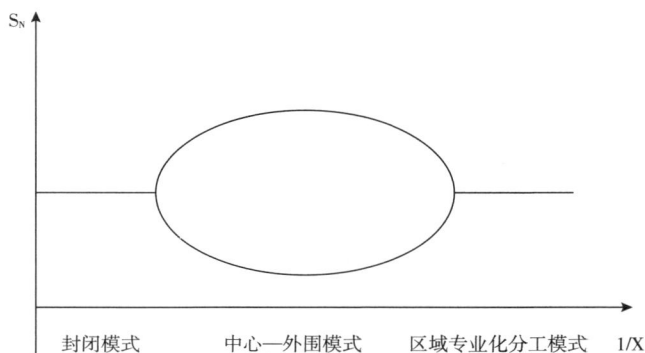

图 2-7　交易成本与空间经济结构的关系

注：S_N 为产业空间布局，$1/X$ 为区域间交易费用的倒数。

因此，新经济地理理论认为，集聚效应、交易成本和要素流动三者之间的相互作用是空间经济结构形成和变化的主要驱动力（Fujita and Krugman et al.，1999）。而国际产业转移正是通过以上三个因素，特别是产业集聚效应而影响东道国的区域空间结构的。

我国大规模承接国际产业转移起始于 20 世纪 80 年代初期，以对外贸易依赖型产业为主，主要布局于沿海港口城市，有利于原材料和产成品的进出口，便于节省交易成本。20 世纪 90 年代以后，进入我国的 FDI 逐步由出口导向为主转向以市场导向为主，人口密集、人均收入水平较高的地区，由于有利于企业拓展国内市场，成为外商投资的首选之地。如图 2 - 8 所示，对于首先承接国际产业转移的这些地区而言，国际产业转移最直接的结果就是承接地区贸易量的增加，而贸易量增加又具有"贸易乘数"机制，一方面会通过产业关联效应，增强转移产业与其他产业之间广泛、复杂、密切的技术经济联系，带动相关产业的发展，并在这种带动发展的过程中，促使转移产业的技术得以在关联产业中溢出；另一方面会通过技术

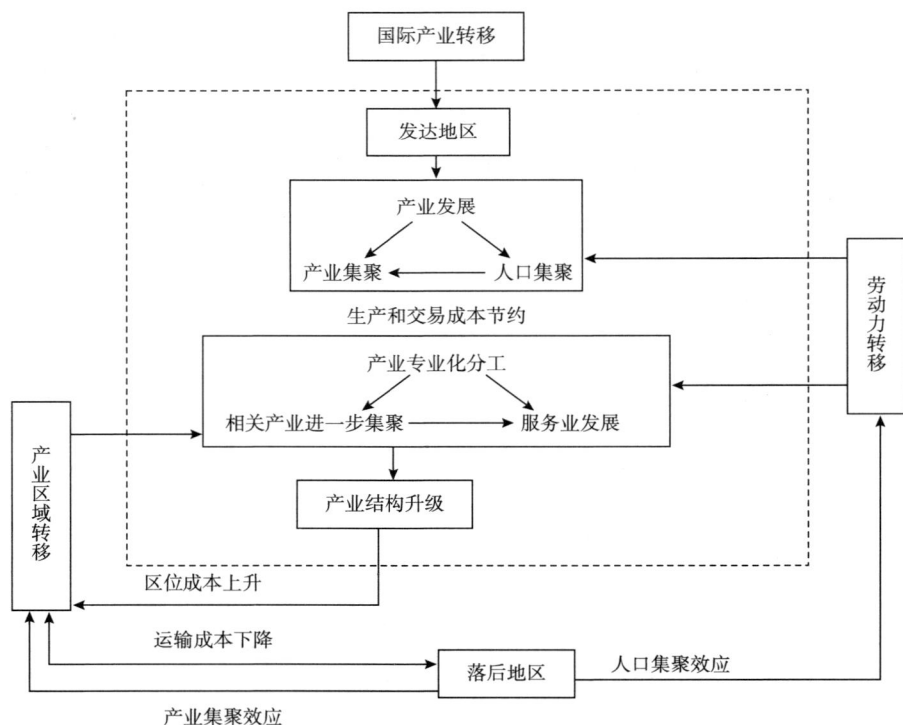

图 2 - 8 国际产业转移中的结构传导与区域互动

溢出效应，使转移产业所包含的技术在更大范围内被模仿、消化和吸收，从而带动相关地区和相关产业的技术进步。国际产业转移进来，会吸引相应的生产要素集聚，与 FDI 流动相比，这种模式下区域内的剩余劳动力流动更自由、快捷，对市场的反应更敏捷，沉淀成本更低，所以国际产业转移将进一步刺激区域内剩余劳动力的转移。人口的集聚会引致需求的增长从而促进地方产业部门的发展，并带动相关产业（包括消费者服务业）的联动发展，逐渐吸引区域外的劳动力向该地区转移。当经济聚集了一定的经济活动总量，市场规模的扩大带来的中间投入品的规模效应和劳动力市场规模效应及信息和技术的集聚与扩散效应，会大大降低企业的生产和交易成本，尤其是当区域内的运输费用比跨区域运输费用节省较为可观时，就会造成所谓的"交易集聚"（Tabuchi，1998），进一步增强对周边地区资源与劳动力的吸引力。

命题 6：承接国际产业转移对于发展中国家的区域经济发展是一把"双刃剑"：一方面伴随 FDI 进入的知识溢出效应与产业关联效应有利于推动产业空间集聚，促进地区之间的产业分工深化；另一方面也可能使 FDI 集聚区对周边地区资源产生一定的虹吸效应，形成中心—外围结构，中心地区的富裕是以外围地区的贫困为代价的。

但是，产业集聚程度不断提升，会造成产业集聚区的拥挤效应，造成中心区域人口、工资、土地等生产要素价格的上升，最终寻致生产成本上升。当区域内生产成本的上升超过中心区与外围区域的交易成本差异时，离心力大于向心力，一部分企业（包括外资企业）会开始向边缘地区迁移，中心地区工资、土地等生产要素价格增速会逐步趋缓。一直到中心区生产边际成本与运输边际成本相接近，区域之间的产业转移会停止下来，产业结构处于相对均衡状态，于是区域间中心—外围结构有望转换为区域间专业化分工结构。

这种分工规模和分工深度，通常取决于两个因素：一是地区之间的交通设施状况，分工总是最先发生在距离最近或者交易成本最低的区域之间，而后逐步向距离稍远的地区扩散；二是后发地区的产业初始集聚开始越过临界值，产生一定的知识溢出效应，使之获得能够启动因果累积循环正反馈效应的能量。

进入 20 世纪后，在我国沿海中心城市 FDI 集聚区，出现了向外围地区扩散、区域二元经济结构开始趋于收敛的迹象，主要得益于近年来我国中央和地方政府加大了对基础设施建设的投资，同时某些后发外围地区开始积累起启动正反馈循环的能量。改革开放30多年内陆交通网络从156万公里，增加到485万公里，增长3.1倍，大大缩短了中心区域与外围地区的空间距离，降低了交易成本。同时随着东北振兴、中部崛起和西部大开发战略的实施，一些原属于外围后发地区的产业集聚开始越过临界值，初步具备了吸引中心地区产业转移的各种潜能。由此可得出如下命题。

命题7：在区域资源禀赋一定的条件下，交易成本与一定规模的产业集聚是导致空间经济结构形成和变化的重要参数。区域内部交易成本下降，有利于地区内部分工细化，增强对 FDI 的吸引力与凝聚力；而区域之间交易成本系数降低，有利于促进区域间的 FDI 流动与产业转移、集聚，打破中心—外围结构，促进区域之间制造业专业化分工模式的形成；超过一定临界值的产业集聚，是产生区域知识溢出效应的源泉，使之能在规模报酬递增和因果累积循环效应的作用下，进入由中心—外围均衡向区域专业化分工均衡持续转变的动态过程。

这个命题为各级政府的区域经济政策提供了一定的操作空间：处于外围地区的地方政府，可以通过加强基础设施建设，改善交通状况，降低交易成本，增强 FDI 进入和承接产业转移的吸引力；上一级政府可以通过在全区域范围内提供交通设施，取缔不合理的交通运输收费项目（如公路的超标收费、重复收费、逾期收费等），改善中心区与外围区的交通条件，促进各个区域之间的信息化合作，打造互动交流信息化平台，形成区域间的信息一体化，[①] 逐步消除各级地方政府的地方保护和市场分割行为，建设"统一、开放、竞争、有序"的市场体系，形成区域之间的市场一体化。通过上述措施，进一步降低交易成本，促进区域之间的资本流动和产业转移，可使外围地区比较优势得以充分发挥。在我国还可以充分利用地方政府所拥有的强大资源动员能力与政策影响力，在后发地区启动初期招

---

① 由于受到行业垄断等因素的影响，我国在这方面的努力还远远不够，亟待加强。全球最大的 CDN 服务商美国 Akamai 公司 2012 年 1 月公布的 2011 年全球网速数据显示，平均网络连接速度最快的国家或地区是韩国，第 2 位、第 3 位为中国香港和日本，而中国大陆排名为第 90 位。另有 DCCI 互联网数据中心发布的《中国宽带用户调查》表明，中国大陆上网的费用较高，大陆网民实际每月为 1Mbps 宽带的支出是越南的 3 倍、美国的 4 倍、韩国的 29 倍、中国香港的 469 倍。

商引资项目，促使产业集聚越过临界规模，使之能在因果累积循环效应作用下，由外围区域向专业化分工区域持续转变。当然在这一过程中，政府运作必须注意把握好政策扶持的重点和力度，应把培育产业集群的知识溢出效应和产业关联效应作为工作的关键，使之产生内生动力，形成因果累积的正循环效应。否则不仅产业集群难以迅速成长，地方财力也将难以为继。

第三章

国际产业转移与产业
横向波及效应

本章基于产业开放度视角，将我国产业划分为外向型、准外向型和内向型三种产业梯度，进行投入产出分析，据此提出国际产业转移传导效应的三个基本命题，并从理论分析与实证分析双重层面，探讨国际产业转移中资本、贸易结构变化引发技术结构、产业结构、市场结构变化，进而影响产业投入产出结构的传导机理，以及对我国产业进行波及传导的特殊规律。基于开放度视角的投入产出实证检验表明，国际产业转移通过"外向型→准外向型→内向型"产业波及路径，对我国产业发展产生了积极的影响，但外向型产业的自我波及和加工贸易产业"两头在外"造成的产业波及封闭与效应外漏，加上准外向尤其是内向型产业的承接力与需求层次相对较弱，产业间的供给与需求推力呈现非均衡性，使国际产业转移传导中的能量衰减严重。

一 投入产出与产业结构波及效应

随着国际产业转移的深度发展，开放已成为一个国家参与国际分工的必要条件。国际直接投资和国际贸易（包括技术贸易等）是国际产业转移的两种基本路径，也是研究国际产业转移对东道国产业发展产生影响的两个重要视角。目前大多数研究因循新经济增长理论的观点，重视技术维度的波及，将生产率或技术进步作为产业波及效果的重要变量，集中考察FDI 路径下的技术溢出效应，或国际贸易路径下的 R&D 溢出效应对东道国产业或企业产生的影响。其中具有开创性的是 Caves（1974）对 FDI 水平溢出（产业内溢出）的计量分析，Kugler（2000）对 FDI 垂直溢出（产业间溢出）的计量分析，以及 Coe 和 Helpman（1995）对进口贸易的进口种类效应和进口数量效应最早进行的实证分析。

关于 FDI 路径下产业溢出效应的研究已经比较成熟。早期的研究主要集中于 FDI 的水平溢出，采用跨行业数据或面板数据进行分析。尽管有部分研究如 Caves（1974）等的分析结果表明 FDI 存在正的水平溢出效应，但多数研究还是怀疑发展中国家是否真正从 FDI 获得了水平溢出效应（Damijan et al.，2003；Aitken et al.，1999）。对此，Javorcik（2004）指出，FDI 的技术溢出更有可能通过垂直方式而不是水平方式发挥作用。由于 FDI 能从中间产品供应商改进的绩效中获益，因此其一般愿意把知识转移给本土供应商，则 FDI 溢出效应更可能通过后向关联方式发生。关于 FDI 的垂直溢出研究多采用企业层面数据进行 GMM 分析或面板数据分析，且多数研究（如 Blalock 等（2008）对印度尼西亚、Bartoldus（2001）对匈牙利、Javorcik（2004）对立陶宛的企业层面数据分析）均表明，FDI 对东道国企业存在正的垂直溢出效应。在这些研究中，均用到了投入产出系数进行计量回归。

关于国际贸易路径下产业溢出效应的研究，大多数学者沿袭 Coe 和 Helpman（1995）构建的进口机制下 R&D 溢出模型或对其进行改良考察进口的产业溢出效应，但较少区分产业内溢出和产业间溢出。Hakura 和 Jaumotte（1999）划分了引发技术扩散的产业内贸易和产业间贸易，认为产业内贸易比产业间贸易产生了更大的国际技术转移，原因是国内的生产和出口部门更容易吸收同行业的国际转移技术。Lemoine 和 Unal - Kesenci（2004）的研究则发现，加工贸易的垂直专业化通过进口零部件的技术转移促进了中国外贸的技术升级，促使中国建立了高度国际化和竞争力较强的电子机械等产业部门，但对有赖于国内投入的传统出口部门并没有产生太大的作用。

多年来一些国内外学者开始尝试应用投入产出模型，探讨国际产业转移中的产业结构波及效应问题。对产业关联理论的研究最早可追溯到法国经济学家魁奈用来表明产业间贸易关系的经济表。1936 年美国著名经济学家、诺贝尔经济学奖获得者瓦西里·列昂惕夫（Wassily Leontief）

建立了以 1919 年美国经济为标本的具有多部门内容的美国投入产出表，开创了现实的产业关联分析模型，并创造了投入产出的经济数量分析方法。投入产出理论是以瓦尔拉斯的一般均衡理论、魁奈的经济表、国民收入理论、马克思再生产理论为基础综合形成的。所谓"投入"，指的是社会生产过程中对各种生产要素的消耗和使用；所谓"产出"，指的是社会生产的成果被分配使用的去向。该技术理论较好地把经济作为一个系统，并利用数学工具，科学地、巧妙地以棋盘式平衡表的方式反映、研究一个经济系统各个部分之间表现为投入与产出的相互依存关系，并以其深刻复杂的经济内涵与简洁的数学表达形式的完美结合，成为经济系统分析中不可替代的工具，被普遍用于经济预测和规划、重要决策分析、事件影响和经济—环境依存关系分析等方面。投入产出理论最初主要用于分析一国的国民经济，经过 70 多年的发展，投入产出分析不仅在应用范围上扩展很快，而且在理论和实证的深度方面也有所发展。早期的投入产出模型只是静态的投入产出模型，后来随着研究的深入，一些学者开发了动态投入产出模型，投入产出技术得到扩展；近期，随着投入产出技术与计量经济学、线性规划方法、数理统计和概率论等数理经济方法的日益融合，投入产出分析的应用领域不断扩大。目前全世界已经有 100 多个国家编制了各种类型的投入产出表，并在社会经济的各个领域普遍应用。当前应用投入产出方法，分析产业关联和产业波及问题的研究，主要集中在以下几个方面。

一是利用投入产出分析技术，通过计算和分析各部门的直接消耗系数、完全消耗系数、影响力系数、感应度系数，以及最终需求诱发系数、各部门对最终需求的依存度等指标，分析评价国民经济产业结构的关联特征和波及效应。目的是为确定国家需求管理政策对产业结构的影响提供定量分析依据，如王岳平等（2004）通过对我国产业结构投入产出的关联分析，得出的结论是，在我国的各项最终需求中，投资对经济增长的诱发程度最高，其次为出口，最后才是消费；而且投资和出口的诱发程度呈现上升趋势，而消费的诱发程度呈现下降趋势。

二是研究具体产业的波及效应，为国家和地方政府选择主导产业，确定产业调整方向提供依据。不少学者通过对我国产业的投入产出分析发现，电子及通信设备制造业（包括通信设备制造业、电子元器件制造业和家用视听设备制造业等高技术产业部门）的产业关联度和影响力感应度系数较高，说明电子及通信设备制造业与其他产业的联系紧密，具有较强的产业关联效应、波及作用及对其他产业的带动能力，因此我国现阶段应该选择电子及通信设备制造业等作为高技术主导产业。此外，众多学者还对旅游业（李江帆，2001）、农业（王秀清，2004）、物流业（李靖辉等，2005）、邮电业（袁正，2003）乃至教育业（王长喜，2001）等具体行业的产业关联效应，进行了投入产出分析。

三是研究跨国投资与国际贸易对东道国经济发展的溢出效应。大量的投入产出实证研究发现，进口替代投资往往能够比出口导向投资创造更多的当地关联（Reuber，1983）。Watanbe（1984）从理论上考察了东道国的外国直接投资外包的关联作用，提出了一个一般性且较为实用的分析框架。国内学者杨蕙馨、张圣平（1993）指出，连锁度指标（后向连锁度即后向直接消耗系数，前向连锁度即前向直接消耗系数）的计算公式表明，进口有削弱产业后向连锁度和增强产业前向连锁度的作用；进口依存度高，表明国内生产不能充分满足这些产业产品的需要，不得已而转向进口，即将这些应有的关联效应泄露到国外。陈小文、宋杰（2007）根据2005 年北京地区外资制造业公司进行的问卷调查，就跨国公司与其供应商的关系问题从多个层面进行了分析。结果显示，在华外资企业同本地企业已经建立起了一定程度的后向关联。胡国强（2004）利用投入产出数学模型 $X = (I - A)^{-1}Y$ 分别测算了由产品净出口和各部门产品净出口带动的总产出，以及主要部门产品净出口对其他部门的影响，借助测算结果分析了主要外向型行业的产业关联，得出了在所有出口的行业中，纺织业和非金属矿物制品业与其他部门的产业关联度较强，而科技含量较高的出口产品与其他部门的产业关联度较弱的结论。

四是研究区域之间的产业转移。由于区域间产业转移最终是由区域最终需求变化引起的，中间使用则体现为满足最终需求的生产环节的转移，因此区域间投入产出表成为系统刻画区域间产业投入产出关系的综合模型，根据区域间投入产出关系的变化，可以更加全面地测算区域间产业转移。刘红光等（2011）利用区域间投入产出模型，构建定量测算区域间产业转移的方法，测算了中国 1997～2007 年区域产业转移的趋势，结果发现，中国产业转移具有明显的"北上"特征，产业向中西部地区转移的趋势并不明显。

但是以上理论探讨与计量回归多数着眼于空间视角考察国际产业转移对东道国整体经济的影响，忽视了各部门要素关联的总体产出带动的结构差异。事实上，受东道国自身产业性质、产业结构和产业开放度的影响，不同产业承接国际产业转移的强度存在差异性，进而导致产业波及效应的梯度性和非均衡性。国际产业转移往往是在东道国开放度较大的产业率先取得突破，随后通过各部门之间的投入产出关系不断向相关产业扩散、波及，而相关产业又将产生进一步的波及效应，由此不断由核心产业向外围产业传导、波及，推动产业结构升级。

改革开放以来，我国从"三来一补"① 加工贸易起步，采取分阶段、分行业开放模式承接国际产业转移。那么直接承接国际产业转移的开放行业的梯度波及效应到底有多大？会对我国产业结构的均衡推进产生怎样的影响？对该问题的研究对我国进一步思考承接国际产业转移开放模式以及引资政策和对外贸易政策具有重要意义。基于此，本书试图以开放度为视角，将我国的产业部门划分为外向型产业、准外向型产业和内向型产业三类，并借助《中国投入产出表》1997 年、2002 年、2007 年的数据，定量分析波及强度变化趋势，探讨国际产业转移对我国产业波及效应的传导机制。

二 开放度视角下的产业分类

罗斯托（2001）在赫希曼产业联系理论的基础上，根据扩散效应大小，把产业划分为主导增长部门、辅助增长部门和派生增长部门，认为几个主导部门的综合体通过后向关联、前向关联和旁侧效应能够快速带动辅助和派生部门的增长。同样，国际产业转移也会通过产业关联机制产生波及效应，即从东道国最先承接国际产业转移的部门向其他部门波及，从开放度最大产业向开放度较小产业波及。因此，为分析国际产业转移对东道国产业的波及效应传导，需要从开放度视角对产业进行分类。

在国际产业转移的两个主要路径中，FDI 是直接路径，主要通过资

---

① "三来一补"指来料加工、来样加工、来件装配和补偿贸易。

金、技术和管理转移带动产业转移，这种国际产业转移方式往往伴随着生产要素的国际流动，而且在较短时间内就可实现。而国际贸易则是国际产业转移的间接路径，主要通过比较利益机制引导东道国生产要素的流动而实现产业转移，这种国际产业转移方式，主要是依靠国内资源的重新配置，往往是一个缓慢的渐进过程。因此基于开放度视角的产业分类应立足于 FDI 与国际贸易双重维度。

1. 基于外贸开放度的产业分类。其主要量化指标是外贸依存度，传统上定义为一国进出口总额占 GDP 的比重，衡量该国经济对国际市场的依赖程度。但这一指标在实际运用中由于分子、分母的经济含义不同，或受相对经济规模、三次产业结构、加工贸易和汇率水平等变量的影响，存在外贸依存度偏高，或不能真实反映一国对外贸依赖程度等局限性。因此，本文借鉴沈利生（2003）提出的新公式：外贸依存度 =（出口 + 进口）/总活动。这里总活动指国内的经济活动总量，在投入产出表中包括国内中间使用合计、国内最终使用合计以及进口等项目，也即总产出和进口之和。由 2007 年投入产出表算出，我国的外贸依存度平均值为 18.99%。

2. 基于外资开放度的产业分类。外资开放度量化指标，可以选用各行业外商直接投资占全社会固定资产投资的比例。利用《中国统计年鉴》中按行业、隶属关系和注册类型划分的城镇固定资产投资数据，计算行业外商投资（包括港澳台投资）占该行业城镇固定资产投资的比例，结果显示，2007 年我国各产业外资开放度平均值为 10.38%。

3. 基于双重指标的产业分类基准。从国际经济发展历程来看，FDI 与国际贸易的发展是个互促共进的过程。但 FDI 与国际贸易毕竟是分别从两个不同侧面反映开放度状况的，属于不同的开放范畴，不能完全等同。一些行业可能外贸开放度很高，但利用外资程度却很低；另外一些行业偏重于利用外资，但外贸规模却比较小。本文的分类准则是，以外资开放度基准为主，参考外贸开放度基准，按开放程度，将产业分为外向型、准外向型和内向型产业。结果见表 3 - 1，外资开放度小于 4%，且外贸依存度小于 5% 的行业为内向型产业；外资开放度大于 10%，且外贸开放度大于 18% 的为外向型产业；其余介于二者之间的为准外向型产业。

表 3-1　基于开放度的产业分类

外向型产业（外贸和外资开放度平均分别为 30.95%、21.17%）	食品制造及烟草加工业，纺织业，服装皮革羽绒及其制品业，木材加工及家具制造业，造纸印刷及文教用品制造业，化学工业，金属制品业，通用、专用设备制造业，交通运输设备制造业，电气、机械及器材制造业，通信设备、计算机及其他电子设备制造业，仪器仪表及文化办公用机械制造业，工艺品及其他制造业（13）
准外向型产业（外贸和外资开放度平均分别为 11.70%、10.76%）	石油加工、炼焦及核燃料加工业，非金属矿物制品业，金属冶炼及压延加工业，废品废料，电力、热力的生产和供应业，燃气生产和供应业，水的生产和供应业，信息传输、计算机服务和软件业，批发和零售贸易业，住宿和餐饮业，房地产业，租赁和商务服务业，研究与试验发展业，文化、体育和娱乐业（14）
内向型产业（外贸和外资开放度平均分别为 7.88%、1.76%）	农业，煤炭开采和洗选业，石油和天然气开采业，金属矿采选业，非金属矿采选业，废品废料，建筑业，交通运输及仓储业，邮政业，金融保险业，综合技术服务业，其他社会服务业，教育事业，卫生、社会保障和社会福利事业，公共管理和社会组织（15）

从表 3-1 可以看出，开放度较大的外向型产业主要有以下特点：一是劳动密集型的轻纺工业。发达国家和新兴工业化国家或地区对我国进行产业转移主要出于成本驱动，利用我国丰富而低廉的劳动力资源。在改革开放初、中期港澳台以及东南亚其他国家或地区以资本进入为载体，带动大量轻纺工业向中国内地转移；改革开放中、后期国际贸易成为轻纺工业转移的主要诱因，国际贸易比较利益诱导国内资源重新配置，吸引了大量民间资本进入轻纺工业领域。二是价值链较长同时又便于空间分拆的装配型产业，诸如电子信息、机械装备等。大型跨国公司出于提升其核心竞争力的战略思考，往往仅保留产品研发、关键零部件制造和营销等核心业务，而将非核心的产品生产和工序通过直接投资或外包方式转移出去。全球价值链分拆转移，使企业价值增值活动的不同生产阶段可以分布在不同的区位来进行，必然造成国际中间品贸易大幅度增加，国际贸易量不断被放大。根据《中国海关统计年鉴》数据，1995 年，我国加工贸易进出口总额的 59.9% 由外资企业推动，到 2007 年，该值上升到 84.3%。全球经济中国际贸易一体化与生产非一体化相互促进，使此类产业的外向度得以不断提升。

而开放度较小的内向型产业或准外向型产业多为服务性产业和资源类

产业。服务性产业多数属于当地生产、当地消费,生产与消费在空间上往往难以截然分开;金融、保险、证券等受到产业政策性限制,外资进入难度较大,即使近期政策有所松动,但金融行业具有很强的网络经济效应,外资机构进入的壁垒还是很高。资源类产业往往属于自然垄断产业或关系国家经济安全和经济命脉的行业,外资企业进入政策限制较多。

三　国际产业转移横向波及效应主要假说

在投入产出分析模型中,直接消耗系数矩阵研究的是中间投入和总产出间的技术关系,而要体现产业间的波及效应,则需要用完全消耗系数矩阵。对投入和产出分别采用纵向和横向合并方法,可以得到三次梯度产业的完全消耗系数矩阵:

$$B = (I - A)^{-1} - I$$

A 为直接消耗系数矩阵,B 为完全消耗系数矩阵,I 为单位矩阵。在完全消耗系数矩阵中,b_{ij} 代表第 j 部门生产 1 单位最终产品,需要消耗第 i 部门的最终产品数量。它表征了第 j 部门对第 i 部门的后向关联程度,或者第 i 部门对第 j 部门的前向关联程度。对完全消耗系数矩阵分别进行行相加和列相加,可得到三次梯度产业的后向完全消耗系数和前向完全消耗系数,分别代表某一产业对社会总产出的需求拉动和供给推动程度,两者之和就是某一产业对社会总产出的波及效应。计算结果见表 3 - 2。

表 3 - 2　1997～2007 年中国不同开放度产业的完全消耗系数矩阵

年份	行业类别	内向型	准外向型	外向型	前向波及系数	总波及效应
1997	内向型	0.3714	0.4430	0.4320	1.2463	2.5615
	准外向型	0.4154	0.4999	0.4197	1.3349	2.8281
	外向型	0.5284	0.5503	0.8814	1.9601	3.6932
	后向波及系数	1.3152	1.4932	1.7331	—	—
2002	内向型	0.3840	0.4290	0.4426	1.2556	2.6269
	准外向型	0.4602	0.5013	0.5811	1.5427	2.9982
	外向型	0.5270	0.5253	1.0105	2.0628	4.097
	后向波及系数	1.3713	1.4555	2.0342	—	—

年份	行业类别	内向型	准外向型	外向型	前向波及系数	总波及效应
2007	内向型	0.4530	0.5752	0.6255	1.6537	3.3725
	准外向型	0.7134	0.9589	0.8324	2.5048	4.6093
	外向型	0.5523	0.5704	1.1956	2.3183	4.9718
	后向波及系数	1.7188	2.1045	2.6535	—	—

注：投入产出表是按照生产者价格计算编制的，价格因素不可避免地成为传导波及的重要变量。本文为了简化研究，假设不同行业的价格变动趋势一致，剔除了价格变动对投入产出表各相对变量的影响。

对表 3 - 2 进一步深入分析，本文可以提出以下几个命题。

命题 1：产业关联度与产业开放度之间呈现相互促进的正相关关系，存在着极强的正反馈因果累积循环效应。

在封闭经济条件下，区域产业关联系数的变化主要由内生的需求结构与技术结构变化所引发，是一个长期缓慢的渐进过程。而在经济开放条件下，率先承接境外产业转移的外向型产业往往成为一个国家或地区产生产业波及效应的初始动力源。外向型产业是一个远离平衡态的耗散结构，不断地与环境进行资本、物质和信息交换，在内部各单元之间的相互作用下负熵增加，使组织有序度的增加大于自身无序度的增加，形成新的有序结构和产生新能量，具有极强的产业传导爆发力。从表 3 - 2 可以发现，产业内波及效应和产业对社会总产出的波及效应均随开放度提高而提升。从前后向波及渠道考察，外向型产业的前、后向波及系数都较大，即产业关联效应较大，显现出中间投入型制造业特性；内向型产业的前、后向波及系数都较小，产业关联效应较小，主要显现出最终需求型基础产业特性；准外向型产业则随着时间推移前向波及系数逐渐大于后向波及系数，产业逐渐往中间投入型发展，产业关联效应不断增强。另外，关联度高的产业，不仅产业拉动效应大，而且"价值链锁定"性强，FDI 进入我国后，其在母国的配套企业复制了原有的价值链而跟随投资，使得相当部分的中间投入品外包发生在我国国内，从而增强了产业关联效应，又极大地提升了产业开放度。二者之间相互联系、相互促进，具有很强的正反馈循环累积效应。从具体行业自身的发展来看也一样。如开放度最大的电子信息产业，其 1987 年外贸依存度仅为

20%左右，2007 年上升为 68%，与此相伴随的是，其前向关联系数与后向关联系数分别由 1987 年的 1.01 和 1.52 上升为 2007 年的 4.84 和 3.22。

命题 2：国际产业转移波及效应具有递减趋势，由外向型产业向准外向型产业及内向型产业传导的过程中存在能量衰减规律。

从表 3-2 的前、后向消耗系数之和来看，国际产业转移传导过程呈现"外向型→准外向型→内向型"能量递减趋势。2007 年我国外向型产业的总波及效应为 4.9718，准外向型产业的总波及效应衰减为 4.6093，而内向型产业的总波及效应更是衰减为 3.3725。国际产业转移在国内传导过程中的能量衰减，除了经济技术原因（外向型产业多为最终产品或加工装配型产品，产业链条相对较长；而准外向型和内向型产业多为基础产业或服务业，产业链条相对较短）之外，还与国际产业转移的波及效应泄漏有关。目前在我国外向型产业中出口贸易还占很大比重，约占我国产品出口额的一半左右，[①] 加工贸易的主要特征就是"两头在外"，即原材料、零部件和机械设备从国外进口，产成品出口国外市场，产业关联带动效应泄露到国外，必然减弱对本土产业的波及、带动效应，造成我国产业嵌入全球价值链与嵌入国内价值链的非均衡状态，对国外的产业关联和技术经济联系程度提升的同时，却伴随着对国内的产业关联和技术经济联系程度的减弱。[②] 进入 21 世纪以后，我国外向型产业内部以及外向型产业对内向型和准外向型产业的后向消耗系数明显增大，前向消耗系数却基本没有多大变化。这说明，近几年来我国外向型产业的零部件和原材料国产化水平有了不同程度的提升，造成对国内需求的增加，然而产成品仍然以出口为主，因此对国内产业前向推动力略显不足。2008 年以后由于受到国际金融危机的冲击，国际市场需求萎缩，造成我国出口受阻和内需市场扩大，估计我国外向型产业的前向和后向关联系数都将出现明显的上升趋势。

命题 3：外向型产业内部具有极强的自我波及效应，其力度远大于产

---

① Koopman 等（2008）结合贸易统计数据和投入产出表，采用数学观划方法重新估算后发现，我国出口中的国外成分比率高达 50%，在电子设备行业甚至高达 80%。

② 张少军（2009）以江苏省为例，应用投入产出表研究表明，近几年江苏省产业嵌入 GVC 程度不断深化，其均值为 0.1279，但切入 NVC 程度却日趋弱化，其均值仅为 0.0902，二者之间存在严重的非均衡性。

业间波及效应。

国际产业转移对东道国产业结构的波及效应，包括产业内波及效应与产业间波及效应。表 3 - 2 表明，在我国国际产业转移的结构性传导效应中，外向型产业内部自我波及效应要远远大于产业间波及效应，而且随着开放度扩大，外向型产业自我波及效应具有不断增强的趋势。2007 年我国外向型产业的内部波及效应为 1.1956，比 1997 年增加 0.3142，而其对内向型产业和准外向型产业的波及效应仅为 0.5523 和 0.5704，只比 1997 年微升 0.0239 和 0.0201。结构关联程度深化主要反映了部门之间交易规模的扩大、交易环节的增加以及交易频率的加速，而其深层次原因是产业分工的细化与深化。外向型产业内部的自我波及效应不断增强意味着：一是外向型产业不断融入国际分工，分工范围和分工规模得以迅速扩张，促使产品价值链在技术上和经济上进行工序分解和独立的可能性增大，使得产业分工不断由产业间分工向产业内垂直分工和产业内水平分工深化。二是外向型产业具有较强的创新能力，而分工会随技术的改进而深化，分工程度的提高反过来使专业内的技术效率提高。分工的内向和外向发展的相互影响，效率与分工程度的交互作用，构成外向型产业自我波及效应不断增强的动力源。

四 国际产业转移横向波及效应传导机制

由于发达国家的跨国公司拥有更先进的知识，因此对发展中国家来说，随着外资的进入，其资本结构直接得到提升。同时，资本结构中外资比重的增加，会带动东道国外向型产业的发展，其所引发的进口贸易和对东道国企业的出口带动效应，会促进东道国的贸易增长和贸易结构优化（Hunya，2002；Greenaway et al.，2004）。因此，国际产业转移首先直接影响东道国资本结构和贸易结构的变化，在此过程中会引发东道国技术结构、产业结构、市场结构的变化，进而使东道国的投入产出结构产生不确定性变化。

其一，东道国资本结构和贸易结构的变化引起技术结构的变化。由于发达国家与发展中国家之间存在一定程度的技术落差，因此 FDI 往往能带来"打包的资本、管理技术和生产技术"。同时，Crossman 和 Helpman（1991）的研究认为，出口贸易能使出口者从外国消费者处获得许多信息，如改进制造工艺、产品设计和产品质量的各种建议，从而有利于技术进步。Coe 和 Helpman（1995）最早实证分析了进口贸易的两种技术溢出效应：一是进口种类效应，即一个国家从技术水平越高的国家进口，其技术进步的增长速度可能就越快；二是进口数量效应，即在给定进口构成的情况下，一个国家进口的数量越大，其技术进步的增长速度就可能越快。可见，资本结构与贸易结构提升所带来的先进技术流的增加，直接提高了东道国的技术结构。但 Glass 等（1998）也指出，跨国公司出于保护自身竞争力考虑，所转移的往往是非最新的技术。实际上，伴随资本流进入，跨国公司会根据国际市场或东道国市场的特点带入不同的技术。这些技术可主要分为两种。一种是成本节约型技术。成本节约意味着本产业单位产出需要的上游产业投入更少，也意味着本产业单位投入能推动更多的下游产业产出，一般会导致后向和前向直接关联系数双双降低。① 另一种是产品的差异化技术。为获得产品的差异化竞争力，企业不但需要增加研发投入，往往也需要促成技术装备的复杂化和多元化，这种衍生的多元化技术使产业的联系网络更加多样化，短期内一般会导致产业直接关联系数的增大。同时，跨国公司的技术会通过示范效应、前后向关联效应、竞争效应、员工培训等带动本土企业的技术进步（Blomström et al.，2000）。尤其当越来越多的本土企业通过代工等方式加入跨国公司主导的全球生产网络时，技术带动效应会更强。但另一方面，跨国公司因技术先进而产生的竞争效应，也可能会抑制本土企业的技术自主创新（蒋殿春等，2005），这就可能出现行业层面技术结构提升，但本土企业技术自主创新没有相应提高的局面。

其二，东道国资本结构和贸易结构的变化引起产业结构的变化。资本结构和贸易结构作为连接产业转出国和转入国之间产业关联的纽带，增强了产业转移链国家产业升级的协同性，驱动了国际产业结构的"雁阵"式升级。首先，资本结构提升意味着东道国生产要素质量和技术的提高，有助于推动产业技术升级。其次，外资企业进来往往会增加对中间产品投入的需求。为了更方便且以更低价格获得这些中间产品，跨国公司一般会对东道国的本土企业进行人员培训和技术指导（Aitken et al，1999），这有利于东道国产业专业化分工的深化发展，并推动生产性服务业的发展。再

---

① 在直接消耗系数的计算中，前向直接关联系数是指下游行业的 1 单位产出值需要的本行业的投入值，实际上这一系数可以理解为下游行业成本节约型的技术进步效应，也呈现下降趋势。

次，贸易结构升级会通过供需互动和产业关联效应等驱动东道国产业结构的变化。由国际产业转移所诱发的东道国产业升级，包括产业横向升级与产业垂直升级两个层面。产业横向升级是指由以劳动密集型产业为主向资金、技术密集型产业转变，由初加工产业向高加工度化产业转变。工业化国家的实践经验表明，工业化进程中的产业横向升级会促使生产体系扩大和中间产品贸易增加，延长产业链，表现为行业中间投入率和中间需求率的上升，造成产业关联系数大幅度上升。产业垂直升级是指由以加工组装为主的低端环节向以研发、关键零部件制造或者是产品销售、售后服务为主的中高端环节的升级。向上游研发和关键零部件制造环节的生产驱动型垂直升级，可能导致中间投入率的下降和中间需求率的上升，进而造成后向关联系数上升，产业关联效应增强，对其他产业的发展起更大的推动作用。而向下游销售和服务环节的销售驱动型垂直升级，将引起中间投入率和中间需求率的下降，且随着附加值增加，产业关联系数呈现下降趋势。

其三，东道国资本结构和贸易结构的变化引起市场结构变化。跨国资本是与国际市场密切联系的，以上分析表明，外资企业通过增加东道国贸易流会带动东道国市场的外向化发展。而且伴随着国际资本流动，生产非一体化和贸易一体化已经成为重要的经济现象（Feenstra，1998）。生产非一体化，造成全球价值链片段化，不同生产环节按照比较优势分散到世界不同国家或地区；而贸易一体化，又将离散地分布在世界各地的生产环节连接成完整、连续的价值链条，形成全球生产体系。在这种背景下，资本和贸易结构的开放速度加快，促使发展中国家的市场结构由国内市场向国外市场转移，市场总体规模的扩大通过规模经济和中间产品需求增加拉动相关行业的发展，从而带来出口依赖度和出口诱发系数的同时增大。但当这种"两头在外"模式带来大进大出时，可能会因产业链在东道国延伸太短而产生"泄漏"效应，弱化国际产业转移的产业波及效应，导致出口依赖度扩大但出口诱发系数降低的结果。相反，如果国际产业转移是以占领东道国国内市场为目标，实行当地采购、当地生产、当地销售，就会增强外来产业与本土产业的关联，提升产业关联度。

综上所述，国际产业转移带来的资本和贸易结构的变化，会引起技术结构、产业结构、市场结构的变化，从而引起如表3-3所示的投入产出结构的变化。而在现实的经济活动中，这三种结构效应的综合作用，对投入产出的影响是错综复杂的。

表 3－3 国际产业转移对投入产出结构的影响

国际产业转移的结构效应类型		国际产业转移的结构效应内容	对投入产出结构的影响
技术结构效应	成本节约型技术进步	单位产品需要更少上游产业投入，可以推动更多下游产出	后向和前向关联系数减少
	产品差异化技术进步	技术结构和产品结构复杂化和多元化，下游产业需要更多上游投入	后向和前向关联系数增加
产业结构效应	产业垂直升级	由以加工组装为主的低端环节向上游以研发、关键零部件制造为主的中高端环节的生产驱动型垂直升级	中间投入率下降，中间需求率上升，产业影响力系数上升
		由以加工组装为主的低端环节向下游以销售、售后服务为主的中高端环节的销售驱动型垂直升级	中间投入率与中间需求率同时下降，产业投入产出关联系数下降
	产业水平升级	由劳动密集型产业向资本、技术密集型产业升级，产业链条延伸	中间投入率和中间需求率双双上升，产业投入产出关联系数上升
市场结构效应	市场导向型的产业转移	目的是为了占领国内市场，实行当地生产、当地销售	后向和前向关联系数增加
	出口导向型的产业转移	终端产品市场和零部件、原材料市场主要面向国际市场，导致国内需求向国外市场泄漏	后向和前向关联系数减少

五 基于投入产出模型的实证检验

基于以上理论分析，本文将进一步利用投入产出方法实证检验，国际产业转移中资本和贸易结构的变化对我国技术结构、产业结构、市场结构变化的传导效应。

首先，分析直接消耗系数的变化，考察国际产业转移的结构效应与技术效应。直接消耗系数是指某一产品部门（如 j 部门）在生产经营过程中单位总产出直接消耗的各产品部门（如 i 部门）的产品或服务的数量。直接消耗系数下降，意味着单位产品的中间消耗降低，说明生产效率提高。

影响生产效率的因素可以分解为技术进步与产业结构变化（刘伟等，2008）。产业结构变化体现的是投入规模的变化。结果如表3-4。不管是三类产业对国民经济的直接消耗，还是国民经济对三类产业的直接消耗，1997～2002年，外向型产业的中间消耗系数下降主要依赖产业结构效应，2002年之后，技术进步效应的作用才开始显现，但还不显著。在内向型和准外向型产业中，2002年之前技术进步促进中间消耗系数下降，2002年之后技术进步效应的作用为负，其中内向型产业的产业结构效应的作用开始显现。

表3-4　中国不同开放度产业的技术结构和产业结构效应变化

	年份	项　目	内向型	准外向型	外向型
国民经济对产业的直接消耗	2002/1997	技术进步效应变化	-0.0150	-0.0274	0.0708
		产业结构效应变化	0.0159	0.0521	-0.0978
	2007/2002	技术进步效应变化	0.0303	0.0176	-0.0037
		产业结构效应变化	-0.0338	0.0235	0.0276
	2007/1997	技术进步效应变化	0.0123	-0.0145	0.0656
		产业结构效应变化	-0.0150	0.0802	-0.0687
产业对国民经济的直接消耗	2002/1997	技术进步效应变化	-0.0477	-0.1826	0.3655
		产业结构效应变化	0.0511	0.1492	-0.3004
	2007/2002	技术进步效应变化	0.1374	0.0133	-0.0245
		产业结构效应变化	-0.1159	0.0634	0.0832
	2007/1997	技术进步效应变化	0.0764	-0.1727	0.3310
		产业结构效应变化	-0.0515	0.2161	-0.2071

　　根据上文分析，国际产业转移的技术进步效应主要有产品差异化技术和成本节约型技术的综合作用。一般来说，产品差异化技术进步，会增加中间消耗系数；成本节约型技术进步，会降低中间消耗系数。可见，2002年之前，外向型产业成本节约型技术效应大于产品差异化技术效应，而成本节约更依赖于投入规模效应和产业结构效应；2002年之后，产品差异化技术效应大于成本节约型技术效应，其原因可能是，国内外市场竞争加剧，尤其是近年来，我国生产要素的成本优势开始弱化，生产成本上升，而投入规模效应的作用开始转为负，外向型企业面临的成本压力增大，不得不加大对成本节约型技术的引进。内向型和准外向型产业在2002年之前，成本节约型技术进步效应更大；2002年之后，技术进步效应作用转为负的原

因有两种可能，一是内向型和准外向型产业开始加大产品差异化技术的引进，二是成本节约型技术进步的幅度小于中间投入品相对价格上升的幅度，而中间投入品相对价格（附加值）上升，往往说明中间投入品质量有所提高。不管是哪种原因，都可以判断，外向型产业对内向型和准外向型产业的技术影响，更主要是通过竞争效应而不是直接的溢出和带动作用实现的。

其次，测算全球价值链或国内价值链水平，分析国际产业转移波及效应的强度。可采用 Hummels 等（2001）提出的投入产出表法对各国的跨国生产分割程度进行测度，记为生产非一体化指数（Vertical Disintegration Index，缩写为 VDI_i），用出口产品中所包含的进口中间投入品的比例来反映，计算公式为：$VDI_i = （M_i/Y_i）X_i$，式中 M_i 表示行业 i 进口的中间投入，Y_i 表示行业产出，X_i 表示行业出口总额。如果引入完全系数矩阵，则有：$VDI = \dfrac{1}{X_K}\mu A^M（I - A^D）^{-1}X$，式中 μ 为 $1 \times n$ 维元素为 1 的向量，A^M 为 $n \times n$ 维的进口系数矩阵，X 表示 $n \times 1$ 维出口向量，n 是产业部门数，X_K 是各产业部门出口之和，A^M 中的元素 a_{ij} 表示生产一个 j 部门产出量所需要的来自 i 部门的进口投入量，I 是单位矩阵，A^D 为 $n \times n$ 维的国内系数矩阵，$A^D + A^M = A$，A 是投入产出表中的直接消耗系数矩阵；$（I - A^D）^{-1}$ 为列昂惕夫逆矩阵，表示各行业进口的中间投入成为最终产品之前，在第 2、第 3、…、第 n 阶段体现在国内产出上的一种直接或间接的循环累积效应。

与国家之间的投入产出表不同，对于一国之内不同地区（如各个省市区域之间）的投入产出表来说，该地区与区外的经济联系，不仅包括与境外国家或地区之间的进出口关系，还包括国内地区之间的调入调出关系，因此在计算价值链时，比例相应地就变为（进口＋调入）／（总产出＋进口＋调入－出口－调出）。然后用投入产出表的直接消耗系数矩阵 A 的每行乘以相同的比例就可以得到进口和调入系数矩阵 A^{M+1}。此时，若采用的是该地区对世界的进出口数据，就用各部门的进口／（进口＋调入）来乘以进口和调入系数矩阵 A^{M+1}，则最终计算出的是该地区嵌入全球价值链（GVC）的程度，记为该国某一地区的全球价值链水平，作为嵌入 GVC 程度的量度指数；若采用的是该地区对一国其他地区的调出入数据，就用各部门的调入／（进口＋调入）来乘以进口和调入系数矩阵 A^{M+1}，则最终计算出的是该地区嵌入国内价值链（NVC）的程度，记为一国某一地区的国内价值链水平，作为嵌入 NVC 程度的度量指数。

因此，可利用投入产出表测度某一地区嵌入全球价值链和国内价值链的程度。测算结果表明，在承接国际产业转移中，我国沿海地区嵌入 GVC 的程度较深，而且具有逐步增强趋势；但嵌入 NVC 的程度较小，而且伴随着对国外产业关联程度的提升而逐步减弱。以经济较为发达、开放度较高的江苏省为例，1997 年江苏全球价值链（GVC）的 VDI 指数为 0.0695，2002 年上升为 0.2355；1997 年国内价值链（NVC）的 VDI 指数为 0.2068，2002 年则降为 0.1733。两相比较后发现，江苏省嵌入 GVC 程度的深化伴随着嵌入 NVC 程度的弱化，对国外的产业关联和技术经济联系程度的提升伴随着对国内的产业关联和技术经济联系程度的减弱（张少军，2009）。我国 GVC 和 NVC 的发展不对称说明，国际产业转移波及效应具有递减趋势，由外向型产业向准外向型产业及内向型产业传导过程中存在能量衰减规律。投入产出分析结果与命题 1 的理论假说是基本一致的。

表 3 - 5 江苏省主要产业嵌入 GVC 和 NVC 的 VDI 指数比较

行　业	1997 年		2002 年	
	GVC	NVC	GVC	NVC
纺织服装	0.1217	0.2740	0.0483	0.2352
皮革、毛皮、羽毛（绒）及其制品业	0.0613	0.9570	0.0742	0.0893
木制品	0.0548	0.2989	0.0507	0.0748
造纸及纸制品业	0.0408	0.1941	0.2163	0.1718
印刷业和记录媒介的复制	0.0105	0.0302	0.1467	0.0162
文教体育用品制造业	0.0332	0.1627	0.0064	0.0074
石油加工、炼焦及核燃料加工业	0.1723	0.3271	0.1165	0.2057
化学原料及化学制品制造业	0.0694	0.2697	0.0489	0.1198
医药制造业	0.0050	0.1322	0.0362	0.0574
化学纤维制造业	0.0931	0.1520	0.0803	0.0749
橡胶制品业	0.0292	0.06366	0.0000	0.0663
塑料制品业	0.0178	0.3325	0.2465	0.0399
非金属矿物制品业	0.0134	0.1563	0.0081	0.0336
黑色金属冶炼及压延加工业	0.0255	0.5635	0.1019	0.1087
有色金属冶炼及压延加工业	0.0282	0.5173	0.0915	0.1291
金属制品业	0.0265	0.3595	0.0055	0.0324

续表

行　业	1997 年		2002 年	
	GVC	NVC	GVC	NVC
通用设备制造业	0.0967	0.2167	0.1501	0.0577
专用设备制造业	0.1647	0.2687	0.1800	0.0658
交通运输设备制造业	0.0177	0.2394	0.0269	0.0856
电气机械及器材制造业	0.0799	0.1332	0.2160	0.0454
通信设备、计算机及其他电子设备制造业	0.0819	0.4038	0.4117	0.2130
仪器仪表及文化、办公用机械制造业	0.8727	0.1871	0.0434	0.0627
工艺品及其他制造业	0.0040	0.2953	0.0522	0.1105
废品和废料	0.0000	0.0000	0.0000	0.0000
电力、热力的生产和供应业	0.0000	0.0440	0.0000	0.0105
燃气生产和供应业	0.0000	0.0175	0.0000	0.5261
水的生产和供应业	0.0000	0.0144	0 0000	0.0013

注：根据张少军（2009）有关数据归并整理。

再次，利用中间投入率和中间需求率进一步判断国际产业转移的产业垂直升级效应。随着外资在我国技术和资本密集型产业中的比重不断增大，技术和资本密集型产业的产值比重从 1997 年的 45.2% 和 18.24% 上升到 2007 年的 51.24% 和 21.40%，[①] 可见，国际产业转移极大地推动了我国的产业水平升级。而中间投入率和中间需求率则是测量产业垂直升级的重要指标。中间投入率反映了该产业外购产品和服务数量的大小，以及对其上游产业总体的、直接的带动能力。中间需求率则反映了该产业的产品作为生产资产（即中间产品）提供给下游产业的程度。如表 3 - 6 所示，1997～2007 年，中间投入率及其增幅都呈"外向型→准外向型→内向型"梯度递减；中间需求率也呈"外向型→准外向型→内向型"梯度递减，其中内向型产业的中间需求率呈逐年递减的趋势，准外向型产业增幅大于外向型产业。尽管近些年来发展中国家在参与国际垂直分工过程中，被锁定在价值链低端的问题引起了相关学者的关注（Humphrey and Schmitz, 2002），但根据斯密的分工程度决定专业化程度理论，垂直分工程度低的

[①]　技术和资本密集型产业分类依据王岳平（2004），数据根据《中国统计年鉴》相关年份计算。

产业，其专业化水平低，则垂直升级能力也必然低；相对而言，随着垂直分工程度增加，专业化水平的提升有助于垂直升级能力的提高。因此，总体上，外向型和准外向型产业的垂直升级能力呈递增趋势；内向型产业垂直分工程度低，则可以判断其垂直升级能力还比较低。

表3-6　中国不同开放度产业中间投入率和中间需求率

行业类别	中间投入率				中间需求率			
	1997年	2002年	2007年	倍数	1997年	2002年	2007年	倍数
外 向 型	0.67	0.73	0.79	1.18	0.74	0.74	0.79	1.07
准外向型	0.60	0.56	0.64	1.07	0.54	0.59	0.71	1.31
内 向 型	0.52	0.52	0.55	1.06	0.50	0.49	0.47	0.94

注：倍数为2007年数值比1997年数值。

此外，中间需求率和中间投入率其实就是前、后向直接关联系数。比较表3-5与表3-2的数据变化可以发现，直接消耗系数增加有限，间接消耗系数大幅增加，表明产业链延长，垂直分工得到深化。而根据前后向关联的产业组成，以及表3-2的数据，准外向和内向型产业垂直分工程度与外向型产业的波及效应大小有关。可见，外向型产业通过波及效应对准外向型产业的垂直分工带来了积极作用，但对内向型产业的带动效应不明显。

最后，考察产业出口诱发系数的变化趋势，分析产业转移传导效应。出口诱发系数表示出口增加1单位国内产出增加多少。从表3-6可以明显看出，伴随国际产业转移，三类产业的出口诱发系数和出口依赖度都呈上升趋势，我国市场国际化程度不断增强，同时，国内产业参与国际分工的程度也在不断增强。具体来看，三个类型产业的出口依赖度增幅呈"外向型产业→准外向型产业→内向型产业"递增趋势。这从一定程度上说明，外向型产业对我国市场国际化具有较明显的带动作用。1997～2002年，外向型产业虽然出口依赖度增大，且出口诱发系数显著大于内向型和准外向型产业，但出口诱发系数呈减少趋势，表明外向型产业市场国际化程度增强，但大进大出的加工贸易导致产业转移的传导效应"泄漏"到国外，对我国产业的带动作用下降；2002～2007年，外向型产业的出口诱发系数和出口依赖度均快速增长，表明外向型产业的市场国际化进一步增强，对我国产业的带动作用显著增强。究其原因，主要是外向型产业在继续发展国外市场的同时，也开始发展我国国内市场；同时，它们开始把更多的中间产品外包给了我国国内企业。内向型产业的出口依赖度处于上升趋势，出口诱发系数 1997~2002 年期间有所下降，2002 年后又有所上升，但两个系数都比较小。准外向型产业的出口诱发系数和出口依赖度均快速增长，市场国际化迅速，且对我国产业的带动作用较强。综合比较来看，产业开放度越大，出口依赖度越大，对国内产业的带动作用也越强（见表 3－7）。

表 3－7　中国不同开放度产业的出口诱发系数和出口依赖度

行业类别	出口诱发系数			出口依赖度		
	1997 年	2002 年	2007 年	1997 年	2002 年	2007 年
外 向 型	1.72	1.69	2.07	0.27	0.33	0.41
准外向型	0.61	0.72	0.95	0.18	0.22	0.30
内 向 型	0.54	0.51	0.56	0.11	0.12	0.18

六　结论与启示

综上所述，从开放度视角考察，国际产业转移通过"外向型→准外向型→内向型"的产业波及路径，对我国产业发展产生了积极的影响。前后向波及效应、中间投入率以及出口诱发系数的动态演变表明，外向型产业的波及和带动效应明显大于准外向型和内向型产业，是推动我国产业发展的重要增长极。作为增长极，外向型产业主要通过需求增加推动内向型和准外向型产业的发展，而供给增加的推力不够。这既与准外向型产业尤其是内向型产业的承接力与需求层次相对较弱有关，也与外向型产业的自我封闭性和出口导向造成波及外漏不无关系。供给与需求推力的非均衡发展影响了产业间的互动，从而反向影响了国际产业转移的波及效应传导，造成传导中的能量梯度衰减。

从投入产出链条视角考察其传导机理，国际产业转移中资本结构和贸易结构的变化引发了技术结构、产业结构、市场结构的变化，从而推动了我国产业的发展。实证结果表明，外向型产业对我国内向型和准外向型产业的技术影响主要是通过竞争效应而不是直接的技术溢出和带动作用实现的，充分竞争是外商直接投资产生溢出效应的有效机制，当内外资企业的竞争能力差距较小时，有助于溢出效应的产生。因此，对于那些内外资企业能力差距较小的行业可以采用尽可能开放的政策，充分而有效的竞争是本地企业获取溢出效应的内在驱动力，开放的政策会充分引进外资企业所带来的竞争压力，从而通过市场力量促成 FDI 溢出效应的产生。对于那些在竞争能力上与外资企业差距较大的行业，政府或行业组织应该给予适当的激励和支持措施，帮助企业进行快速追赶以便缩小差距。从经验研究中我们可以看出，当能力差距较大时，无论是由于内外资企业不发生直接的竞争还是由于内资企业缺乏足够的学习能力，凭借本地企业自身的力量都难以有效地获取溢出效应。外向型产业的发展，对推动我国产业横向升级以及垂直升级能力的提升也有促进作用，但对内向型产业垂直分工能力提升的带动作用不明显。出口导向的外向型产业的发展，为准外向和内向型产业提供的出口学习机会和出口带动作用，促进了我国市场结构的外向性发展，并促进了我国产业的发展。

我国在承接国际产业转移中的波及效应递减趋势以及外向型产业的自我波及效应，在产业空间结构上，主要表现为在东部、中部和西部之间存在某种产业链条传递的断裂。因为我国的外向型产业主要集中在东部沿海地区，准外向型产业和内向型产业主要集中在中西部。而沿海地区"两头在外、大进大出"的出口模式，能够带动中西部地区发展的主要是金属、电力等基础原材料产业，而电子信息、机械等出口导向型产业仍在向东部地区集中，且有进一步集聚的倾向。随着出口贸易的不断增加，东部地区为了满足出口产业对能源和原材料的需求，会自然而然地将这些上游产业延伸到资源丰富的中西部地区（刘红光等，2011）。由于存在产业波及泄漏，东部沿海地区所加入的全球价值链难以延伸到中西部地区，难以拓展为国内价值链，以带动区域经济协调发展。而这种基于地域偏向性集聚的外向型产业自我增强循环积累效应，将可能使不同地区的俱乐部收敛效应进一步得到强化，造成我国内陆不发达区域同发达区域的差距更加难以拉近。潘文卿（2003）通过对中国东、中、西三大经济带外商投资外溢效应的研究发现，当前中国西部地区外商投资对当地工业部门的外溢效应为负，说明西部地区还没有跨过经济发展的临界"门槛"。因此，为了更好地促进产业转移，促进国内产业链向西部延伸，加强西部地区的基础设施建设，提高当地人力资本水平与生产技术水平，同时重视提高当地居民收入，扩大中西部消费市场需求，不仅有利于吸引东部产业转移，而且也是提升当地产业竞争力的重要路径。

因此，我国下一阶段承接国际产业转移，开放产业选择和引资政策、对外贸易政策，需要从产业的投入产出特性出发，引入一些与内向型、准外向型产业关联性和配套性强的产业。承接国际产业转移和吸引外资要以产业集群为平台，以产业链和价值链为纽带，以增强外向型产业与其他产业的关联。同时，技术进步不能完全依赖外资企业，政府需要集中力量，制定和实施开放条件下的产业技术政策。另外，内向型产业应增强产业分工以提升服务水平和配套能力，也应提升产业发展水平以提升需求水平，形成内外产业互动的均衡波及结构。准外向型产业作为连接外向型和内向型产业的中间产业，需要积极促进产业升级以提升对外向型产业的需求水平；同时需要进一步加强与内向型产业的关联发展，以获得投入产出链的产业支撑。

第四章

国际产业转移与
产业垂直升级

    在国际产业转移中我国的企业是从低端环节嵌入全球价值链的，因此实现产业由低端环节向高端环节的垂直升级是我国承接国际产业转移的重要任务。产业升级作为企业的战略性选择，与决策者的决策偏好与升级预期密切相关。升级预期是决策者全面权衡成功与失败概率后的预期收益，不是价值链各环节输出值 "U" 形曲线（即所谓 "微笑曲线"），而是价值链期望值倒 "U" 形曲线（即所谓 "哭泣曲线"）。面对 "哭泣曲线"，对多数理性的风险中性者而言，进入产业升级风险系数最小、期望值最大的生产加工环节，无疑是理性选择，由此发展中国家产业升级易出现低端锁定效应。因此培育企业家冒险精神，改变其决策偏好，提升升级能力，改变企业升级预期，是我国企业突破产业升级低端锁定的主要路径。对中国沪深制造业上市公司数据的计量检验表明，上述结论基本准确，并且冒险精神、技术能力和营销能力对品牌升级影响的贡献率达到90%以上，但分行业回归分析表明，不同类型产业的企业品牌升级对核心能力的要求有所差异。

一　国际产业转移的 "微笑曲线" 与 "哭泣曲线"

    20 世纪 90 年代以来，国际分工的一个显著特征，就是由原来以不同产业之间的横向分工为主，转向以国际垂直专业化分工为主，原来集中于一个国家内的最终产品生产过程被分解为不同的工序、区段和环节，在空间上分散到不同国家去进行，每个国家只专业化于产品生产的某一特定工序、区段和环节。Hummels、Rapoport 与 Yi（1998）指出，国际垂直专业化分工必须同时具备三个条件：第一，最终产品经过两个或两个以上连续阶段的生产；第二，两个或两个以上的国家参与生产过程并在不同阶段实现价值增值；第三，至少有一个国家在其生产过程中使用进口投入品，由此得到的产出除了用于国内消费与投资外，还有一部分用于出口，当一国使用中间产品生产其最终出口产品时，垂直化专业分工就发生了。

与此相适应，国际产业转移出现了以产业横向转移为主向以产业垂直转移为主演进的趋势。发达国家的跨国公司通过实施"归核化"战略，通常将资源、技术和资金集中于品牌、营销、研发等价值链环节，以保持自己的核心竞争力（这个环节通常留在母国国内，这一方面是为了防止技术泄漏，另一方面也是因为在母国有较好的技术研发人力资源和研发平台条件），将非核心的但在技术上又较为先进的生产环节转移到国内其他企业或其他发达国家的企业，而将劳动密集型的环节转移到劳动力成本低廉的发展中国家，这样一个序列最大可能地利用了各类国家和地区的比较优势，有助于实现企业效率和利润的最大化。

国际产业价值链的分拆转移，为中国这样的发展中国家提供了嵌入跨国公司主导的全球价值链、参与国际分工的机会。但随着越来越多发展中国家参与国际分工，专业化程度越来越高，发展中国家企业面临的竞争越来越激烈，在国际垂直分工体系中，发达国家的跨国公司和国际大购买商作为全球价值的实际控制者和领导者，往往占据高附加值的战略性高端环节，而发展中国家的产业却被"锁定"在低附加值的制造、加工环节而无法实现更高层次的升级。这些现象引起了一些学者的极大关注（Schmitz，1999；Bazan and Navas – Aleman，2001）。[①]

---

① 所谓的"锁定"（lock-in）最初源自 Arthur（1988）对技术创新问题的研究，他认为规模递增的自我增强机制，往往会造成发展中国家的技术停滞不前，长期被锁定在落后状态。推而广之，在现实中一个国家或地区的经济发展常常会长期陷入一种初始发展模式而难以发生改变，这就是锁定效应所导致的（Krugman，1987；Lucas，1988，等等）。发展中国家或地区在产业升级过程中也会出现类似的锁定效应，即发展中国家或地区，按照比较优势原则，从劳动密集型的低端环节嵌入全球价值链之后，长期陷入代工组装的低端环节，难以向自主研发、市场营销和自主品牌等高端环节升级，形成产业升级的锁定效应。

对于这个现实中不争的事实，全球价值链理论主要从两方面进行了解释。

一是全球价值链价值分配的非均衡性。Gereffi（1999）、Humphrey 和 Schmitz（2002）等在分析跨国公司推动不同环节在全球重组时，是基于 Porter 提出的公司内价值链概念的。Porter（1985）最先是从企业竞争优势的角度提出价值链理论的，他将企业活动视为价值链的增值过程；同年 Kogut（1985）进一步指出在价值链上不同的活动具有不同的增值率，存在着附加值与盈利水平的差异性。不同环节因其所含的技术和知识密集度不同，进入壁垒不同，价值增值也不同。这些不同附加值环节在全球重组，逐渐演变成居于全球价值链不同环节的不同国家的收益分配的差异，这使发展中国家出现了出口或产出水平增加但收入却持续下降的低端路径发展现象（Kaplinsky，2000）。台湾地区宏基集团前董事长施振荣（1996）提出的著名的"微笑曲线"，形象地描绘了在多数制造业价值链不同环节中附加值分布所呈现的"两头高、中间低"的非均衡现象。其中加工制造为低端环节，附加值最低，而研发、网络建设和品牌推广为高端环节，附加值较高。台湾学者刘常勇（1999）认为，价值链"微笑曲线"一般存在于西方发达国家，在发展中国家或地区存在不同趋势，因为发展中国家的企业在营销与研发上不具有竞争优势，曲线两端（研发与营销）的附加值反而不如居中的加工制造环节，而呈现为一种与"微笑曲线"相反的"哭泣曲线"，因此发展中国家企业被锁定在价值链低端环节。

二是跨国公司的市场势力及其在全球价值链治理中的作用。全球价值链治理本意是指通过非市场关系对价值链的组织结构、权力分配，以及价值链中各经济主体之间的关系进行协调。Humphrey 和 Schmitz（2000，2004）指出，跨国公司由于拥有强大的市场势力，是全球价值链的实际领导者，因此能通过各种经济参数和实行非市场化控制，实施纵向压榨并设置战略隔绝机制以阻扰发展中国家代工企业的功能升级。Allen（1997）指出，在国际垂直专业化分工的个体之间，跨国公司和发展中国家企业形成不对等的权力关系，跨国公司通过纵向压榨与结构封锁等手段，已迫使大部分发展中国家的本土企业被限制于低附加值、微利化的全球价值链低端生产、制造、组装环节，面临"悲惨式增长"的窘境。因此不同类型的价值链治理模式，决定了低端企业升级机会的不同。关于价值链的治理模式，业界曾经有多种分类方法。Humphrey 和 Schmitz（2001）利用交易成本理论识别了四种典型的全球价值链治理模式：①市场型（Arm-length Market Relations），即采购商与供应商没有紧密的关系，价值链上下游企业双方以市场作为载体来协调价值链不同环节主体之间的各种交易，而不是通过密切的合作关系进行研发、生产和销售等活动。②网络型（Network），即具有互补能力的企业之间对全球价值链的主要环节进行分工，各方共同定义产品。网络意味着企业之间是一种平等合作关系，各自在全球价值链中分享核心能力。③层级型（Hierarchy），即主导企业对全球价值链上的某些运行环节采取直接的股权控制，跨国公司与其分支机构的关系就属于这一类。④准层级型（Quasi‑hierarchy），即主导企业通过控制技术标准或业务流程对其他企业实施高度控制，其中主导企业是全球价值链的规则制定者，其他企业虽然在法律上是独立的，但在执行行业规则和业务流程等方面却要服从、从属于主导企业。Messner（2004）认为，发展中国家的企业参与的是准层级型治理模式的全球价值链，该治理结构和其中的非对称性力量，会导致发展中国家地方产业集群在升级过程中被锁定。全球价值链分工的利润来源包括两个方面：一是"分工利益"；二是"贸易利益"。比较优势和规模优势产生的是"分工利益"，"价格倾斜"优势产生的是"贸易利益"。参与国都能从全球价值链分工中获取"分工利益"，但它们不能都获得"贸易利益"。最发达国家的跨国公司由于拥有强大市场势力，既能获得"分工利益"，又能挤占他国的"贸易利益"，而落后国家虽能从全球价值链分工中获取"分工利益"，但其"贸易利益"却可能是负值。总体上是否获利，要比较二者的大小（曹明福等，2005）。当然也存在着一些相反观点。Gereffi（1999）就乐观地认为，从低端环节嵌入全球价值链的发展中国家的制造商有较好的升级前景，他们从加工生产起步，会不断地向设计、营销和建立自有品牌的阶段升级，产业升级动因主要归功于"干中学"和"组织演替（organizational succession）"。

以上关于全球价值链价值分布与权力分配的非均衡性，虽然对发展中国家产业升级困境具有一定的解释力，但是也存在很大的片面性。其一，"哭泣曲线"在某种程度上描述了发展中国家的产业分工现状，但是将"微笑曲线"与"哭泣曲线"作为不同国家或地区（主要是发达国家与发展中国家）之间价值链走势的差异，则存在诸多不妥之处。其二，发展中国家的产业升级，不仅取决于全球价值链领导者的市场势力，同时也取决于发展中国家本土企业的产业升级能力（Isaksen & Kalsaas，2009），这两者的博弈结果直接影响企业的升级预期和升级努力。因此本文主要从企业升级预期视角，深入剖析发展中国家的升级困境。

二 产业升级预期和决策偏好

其实，上述关于"微笑曲线"与"哭泣曲线"的争议，并不反映发达国家和发展中国家的地域差异，而是反映考虑问题的不同角度。

"微笑曲线"论者是从价值链各个环节实际收益分布的角度来考察的。全球价值链包含活动众多，但主要可分为三大环节，一是技术环节，包括研发设计、提高生产加工技术、技术培训等环节；二是生产加工环节，包括采购、系统生产、终端加工、包装和库存等环节；三是营销环节，包括销售、售后、批发零售、品牌推广等环节。就实际增加值而言，以上三个环节的实际增加值分布确实存在着"两头高，中间低"的非均衡现象。如图 4－1 所示，因为研发与营销属于资本与技术知识密集型环节，进入门槛较高，企业分布的地理弹性系数较小，往往被锁定在少数实力雄厚的大企业，具有市场垄断性质因而其附加值也较高；而加工制造往往属于劳动密集型环节，进入门槛较低，企业分布的地理弹性系数较大，企业数量多，市场竞争极为激烈，因而其附加值也较低。特别是近几年来，世界开放度不断扩大，越来越多的发展中国家或地区加入承接全球价值链低端环节产业的竞争，加工制造环节的附加值具有不断下降趋势（Kaplinsky，2000）。如果用 M_1、M_2、M_3 分别代表价值链中研发设计环节（ODM）、加工制造环节（OEM）和品牌营销环节（OBM）的实际输出值（用经济收益表示），根据上述分析，在现实生活中，一般有如下数量关系 $M_3 > M_1 > M_2$。假定整个价值链的经济收益为 100 个单位，可能在贴牌加工环节仅有 10 个单位，研发环节 30 个单位，而在品牌营销环节则会高达 60 个单位，即在价值链坐标图上呈现出"U"形曲线走势。无论是发达国家还是发展中国家或地区都是如此，概不能外。只不过由于发达国家劳动力价格较为昂贵，作为劳动密集型的加工制造环节附加值相对更低，"U"形曲线更陡；而发展中国家或地区的劳动力价格较为便宜，在劳动密集型的加工制造环节具有比较优势，因而相对而言附加值也较高，其"U"形曲线较为平缓。这种"微笑曲线"反映了现实存在的价值链不同环节实际值的非均衡分布，是对产业升级现状的描述，是产业升级成功事件结果的输出值。

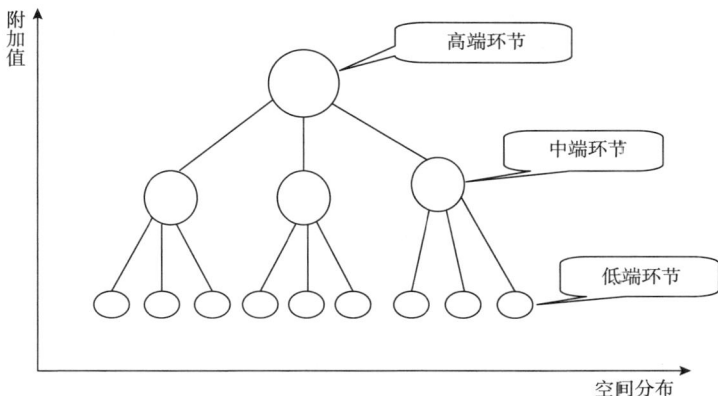

图 4 - 1　全球价值链各生产环节分布的地理弹性

上述"微笑曲线"仅表示企业进入各环节成功后，附加值在价值链不同环节的非均衡分布。但是产业升级是一种随机试验，成功结果并不是唯一的必然事件，而是一种随机事件，其间充满种种风险和不确定性。无论是进入加工制造、研发设计环节，还是进入品牌营销等环节，都存在成功或者失败两种可能性。如果升级成功，当然就会面临上述的价值分配"微笑曲线"，在价值链不同环节（包括研发、制造和营销等）可以获得 M_1、M_2、M_3 的相应收益（即升级成功的输出值）；但如果升级失败，则要承担一定沉没成本的损失，即进入失败后无法收回的成本。就沉没成本而言，每个环节的成本分配又具有不均衡性，其中，品牌营销环节沉没成本最大，主要包括广告宣传支出，一旦进入失败，这些支出费用将血本无归；研发环节其次，而加工制造环节沉没成本较低，因为加工制造所购买的厂房、机械设备等不仅可以通过折旧逐步收回，即使企业经营失败遭到清算，也能通过打折拍卖出售，收回很大一部分。如果用 C_1、C_2、C_3 分别代表进入研发设计、加工制造和品牌营销等环节失败后的沉没成本（即失败事件的输出值），有 $C_3 > C_1 > C_2$。

在统计学和概率论中，随机事件的期望值与输出值是两个不同范畴。随机事件的输出值是事件发生后的实际值；随机事件的期望值是事件实际值与事件发生概率的乘积。而随机试验系由不同的随机事件构成，随机变量各种结果实际输出值的加权平均值的总和，称为随机试验的期望值。产业价值链垂直升级中不同环节的期望值公式如下：

$$E(M_i) = M_i \cdot P(M_i) - C_i \cdot (1 - P(M_i)) \tag{4-1}$$

其中 $E(M_i)$ 为进入某一环节的随机试验的期望值，M_i 为进入成功后的实际经济收益（成功事件输出值），C_i 为进入失败后的沉没成本（失败事件输出值），$P(M_i)$ 为进入成功概率，$1 - P(M_i)$ 为进入失败概率。

产业升级存在诸多不确定性和风险，但不同环节的风险分布同样具有非均衡性，其中加工制造环节风险最小，研发其次，而品牌营销环节风险最大。按照业界一般说法，加工制造环节是成七败三（假定风险系数为0.3），研发环节是成三败七（假定风险系数为0.7），而品牌营销环节则是成一败九（假定风险系数为0.9）。这就造成了产业升级中实际输出值与期望值的不一致。按照上述例子，若整个产业价值链的经济收益仍为100单位，则其中沉没成本、风险概率以及经济收益的实际值、期望值在不同生产环节中的分布见表4-1。

表4-1　发展中国家产业升级的风险系数与期望值（估算值）

	升级成功实际输出值	升级失败沉没成本	成功概率	失败概率	期望值
研发环节	30	5	0.3	0.7	5.5
生产环节	10	2	0.7	0.3	6.4
营销环节	60	10	0.1	0.9	-3

由此可见，在产业升级中成功结果的实际输出值与升级过程中的期望值是不同的，后者不仅与实际输出值有关，还与产业升级风险和沉没成本有关。在产业升级中，尽管研发与营销环节成功事件的输出值较大，但失败风险与沉没成本相对也更大，因此整个随机试验的期望值反而较小；而加工制造环节输出值较小，但失败风险与沉没成本相对也更小，因此其期望值反而较大。因此与产业升级成功后价值链不同环节实际输出值的分布状况不同，在产业垂直升级过程中，不同环节增加值期望值的分布将呈现"两头低，中间高"的倒"U"形状态，即"哭泣曲线"，研发与营销的风险越大，沉没成本越高，凸度也越大。只不过由于发达国家具有相对的技

术和资金等优势，在资金技术密集型产业中升级成功的概率相对比较高，期望值倒"U"形曲线的凸度较为平缓；而发展中国家相对资金、技术比较薄弱，在资金与技术知识密集型产业中升级失败的风险相对较大，期望值倒"U"形曲线的凸度较为陡峭。而价值链期望值"微笑曲线"，只是存在于能力强的个别企业或少数发达国家的个别产业之中，就整体行业而言却不多见，因为行业期望值"微笑曲线"存在，意味着行业预期壁垒的消失，众多企业都能轻而易举地进入高端环节，那么价值链不同环节增加值的非均衡分布状况，也就不复存在了（陈明森，2001）。

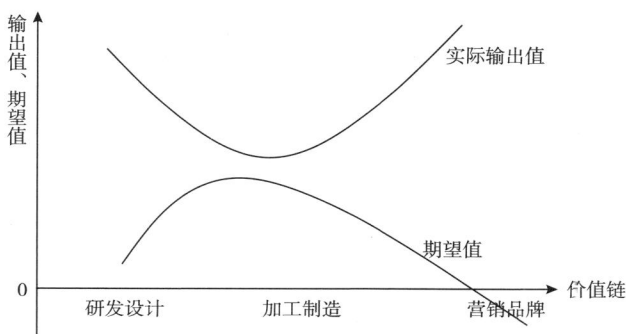

图 4-2 "微笑曲线"与"哭泣曲线"

面对产业升级实验的价值链附加值期望值"哭泣曲线"，企业升级路径如何选择，除了与期望值曲线走势有关，还与决策者的风格与偏好有关。从对风险偏好的程度来看，决策者对产业升级战略选择的风格可分为风险厌恶者、风险中性者和风险偏好者。风险偏好者往往以追求产业升级成功的实际输出最大值作为其战略选择依据，所谓"明知山有虎，偏向虎山行"，因此在一定条件下，他们会努力沿着"微笑曲线"向价值链高端攀升。风险厌恶者则以产业升级失败损失最小化为其决策依据。而风险中性者则以产业升级期望值最大化为其抉择依据，因为他们面对的是"哭泣曲线"，进入产业升级风险系数最小、期望值最大的生产加工环节，无疑是一种理性选择。为此可以得出以下命题假说。

命题 1：决策者的决策偏好，是产业升级的重要因素。风险规避者，以追求期望值最大化为进入依据，进入风险系数最小、期望值最大的生产加工环节；风险偏好者，以追求产业升级成功后的实际输出值最大化为进入依据，偏好进入风险系数相对较高、实际输出值最大的研发与营销环节。在升级能力基本相似的条件下，企业家的冒险精神在产业升级中起着决定性作用。

三 基于三维模型的升级能力和升级预期

上述分析表明，升级预期是影响企业升级的重要因素，而升级预期往往又取决于产业升级期望值。而不同环节期望值的大小，主要取决于企业对自身产业升级能力的预期。企业升级能力越小，企业所预期的升级失败概率就越大；企业升级失败退出成本越高，价值链期望值曲线的凸度就越大。因此，产业升级的"低端锁定"必然是企业的理性预期。根据前述式（4－1）可以看出，期望值主要由三个变量构成，即升级成功后实际输出值（M_i）、沉没成本（C_i）和成功概率（$P（M_i）$），而影响上述变量的因素主要有产业特性和企业自身能力。不同类型的产业所侧重的升级方向不同，升级所需要的能力也有所不同。

Humphrey（2004）指出，全球价值链的每一环节都对应着不同的技术层级，他将全球价值链形象地比喻为"技术阶梯"（technological ladder），指出价值链提升的一个关键要素就是技术能力的提升。Chandler（1990）认为，发达国家的先进企业之所以先进，是因为其积累了在管理、技术和营销三方面使后来者难以进行复制的组织能力。Schmitz（2007）认为，从低端融入全球价值链的发展中国家本土企业在国际市场竞争中往往存在"技术缺口"和"营销缺口"。发展中国家企业的"技术缺口"主要是由于被隔离在产生创新的"生产者—使用者"循环之外，难以获得默示性技术，以及国家（地方）创新支持不够等原因造成的。这些技术既包括体现在机械设备中的"硬"技术，也包括质量和供应链管理等"软"技术。"营销缺口"的形成则主要是由于发展中国家的代工企业通常与发达国家的顾客需求相分离，难以获得市场中时尚趋势变化的最新知识，以及建立能与国际大买家相抗衡的个体或集体品牌需要花费的巨额投资等，这些因素决定了发展中国家本土企业通常不具备适应发达国家市场的技术与管理经验。可见，要促进发展中国家产业升级，突破产业升级低端锁定，除了要激励企业家升级，改变其决策偏好，更重要的是要促进企业资源和能力的培育与积累，改变其产业升级预期，使其面临的附加值期望值"哭泣曲线"凸度变缓，甚至转变为附加值期望值"微笑曲线"。

产业升级能力涉及诸多方面，诸如生产制造能力、融资能力、研发设计能力、管理组织能力、网络拓展能力以及品牌运作与维护能力等。正如 Schmitz（2007）所分析的，产业升级能力总体上可以归结为两大能力：技术能力和市场营销能力，因为技术能力可以涵盖制造技术、管理技术、研发技术等；市场营销能力可以涵盖市场网络拓展、品牌培育与维护等。而企业能力提升不但可能受到跨国公司的阻扰，还会受到自身知识基础的限制（Isaksen & Kalsaas，2009），因此，作为发展中国家企业，选择与自身能力和行业特性相适宜的升级方向也很重要。

产业升级指标是多维度的，但是企业品牌应作为企业升级的重要标志。目前流行的观点是把建立自主品牌（OBM）作为产业垂直升级的最高境界，实际上这是一种理论误区。因为企业品牌尚可分为诸多档次，从无品牌（如 OEM 或 ODM 等）到自主品牌意味着产业升级，而从一般品牌到区域品牌、国家品牌甚至世界品牌，则是更高层次的升级。比起全国品牌乃至世界品牌，一般化的杂牌的技术含量和附加值都要小得多。

为此，可以把企业能力提升与企业升级的内在联系，用图 4-3 的三维坐标图加以描述。图中 X 轴代表企业技术能力，从 O 到 X 代表企业技术能力不断提升过程；Y 轴代表企业营销能力，从 O 到 Y 表示企业市场营销能力的提升过程；Z 轴代表企业品牌升级，从 O 到 Z 表示企业从无品牌（如 OEM）到杂牌、地区品牌、全国品牌乃至世界品牌的跃升、演进过程，它是产业垂直升级的重要标志。处于价值链低端的企业可以选择与自身能力和行业特性相适宜的升级方向，并着重提升该升级方向所需要的能力。

路线 I 为技术路线，即通过企业技术能力提升，改变企业升级预期，促进升级。技术路线是沿着价值链向上游延伸，从简单加工组装工序开始往前推，循着复杂加工装配、关键零部件和主要原材料配套生产、研究与开发的轨迹逐步升级，其中研究又可进一步分为基础研究和应用研究，开发是指应用现有技术开发新产品。目前世界多数国家的基础研究多在国家支持下，在大学与科研机构中进行，但一些大型企业也会承担部分相关的基础研究任务。Hobday（1995）研究了韩国、新加坡和我国台湾、香港的发展历程，并做出了一个较落后者的技术学习过程模型。他将较落后厂商的技术能力发展区分为五个阶段：第一阶段厂商只具有简单的加工制造能力，向买主提供简单产品或零配件；第二阶段，厂商能够提供完整产品，并通过工艺改进改善产品的质量与生产速度，此阶段可称为 OEM，即买主无需再行加工，冠上自有品牌即可直接对外销售；第三阶段，厂商具有完整的生产技术，并能进行工艺的创新；第四阶段，拥有产品创新的能力，从事产品与工艺的研发设计；第五阶段，厂商的研发能力具有竞争力，能够将研究与市场需求相联结，进行产品、工艺的创新。企业的技术进步是在追求利润最大化和市场激烈竞争的双重作用力驱动下，"干中学""学中干"的不断演进过程。但从技术升级路径入手，能否进一步引发品牌升级，即由代工上升为自主品牌企业，或由杂牌上升为地区品牌再上升为国家品牌或国际品牌，则具有不确定性，受多种因素影响，其中产业性质起着很大作用。

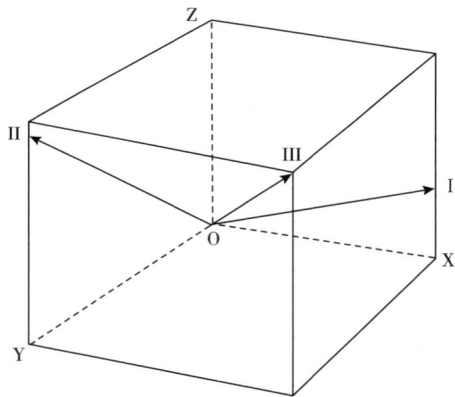

图 4 - 3 企业能力提升路线与产业升级的三维坐标图

一般而言，重化工业以制造中间产品为主，供给对象是生产者，属于 B2B 模式，供给者与需求者之间信息较为对称，购买厂商拥有强大的检测工具与手段，了解产品质量与性能信息，而且中间产品买主较为集中，产品销售往往是多次重复行为，买卖双方贸易联系较为稳定，市场营销不是传递产品信息的主要渠道，如钢铁、水泥、化纤等生产资料很少上大众媒体做广告，其原因就在于此。产品质量和产品性能在市场销售中起决定性作用，因此此类企业的产业升级主要依靠企业技术能力的提升。

路线Ⅱ为营销路线，即通过提升企业市场营销能力，改变企业升级预期，实现升级。营销路线是沿着全球价值链向下游延伸，循着接单生产、销售、售后服务、渠道网络建设、广告推广、品牌建设与维护等方向发展。实施营销路线升级的企业主要集中在生产消费品为主的劳动密集型传统产业，如服装纺织、鞋帽箱包、食品饮料、玩具等，属于B2C市场模式，即生产者面对千千万万的消费者，二者之间存在着严重的信息不对称，消费者能观察到的仅仅是商品的外在情况，而对商品的内在性能与质量，只能依靠产品的品牌与广告加以识别。特别是一些高档消费品，不仅用来满足一般消费，往往还是身份的象征，品牌就显得更为重要。因此，对这些产业的企业而言，单纯的技术设计能力升级，不一定会自动引发企业品牌的升级，营销网络和品牌成为全球价值链的高端环节。除了在代工情况下，企业在市场判断、接单、售后服务等营销活动中可以游离于品牌建设之外，一般情况下，企业的营销活动主要是为了提高企业产品的知名度、美誉度与忠诚度，与技术能力提升相比，营销能力提升与企业品牌升级的联系更为密切、相关度也更大，表现为在三维指标图（图4-3）中YOZ区间内产业升级曲线走势比起XOZ区间更为陡峭。

但相对于技术路线升级，营销路线升级的难度可能会更大些。主要原因：一是企业技术能力提升，主要涉及技术知识，既可以通过"干中学"过程加以逐步积累，也可以在学习、模仿基础上加以创新；而市场营销能力提升，则需要面对千变万化、千差万别的市场需求做出迅速、准确的市场判断，厂商必须具备很强的市场理解力、市场敏感性与市场应变能力。二是与技术路线相比，基于营销路线的产业垂直升级，意味着本土企业与跨国公司在全球价值网络体系中从垂直分工的合作关系，演变成争夺高端领域的水平竞争关系，这种产业升级越是接近核心环节，本土企业与国际主导厂商的利益冲突越是激烈。跨国公司为了自身利益，必然进行严密封锁，国内企业在提升自主创新能力、塑造全球品牌、独立构建国内外销售终端渠道时，会遇到掌握核心技术（如专利和标准体系）和掌握国际市场终端网络和品牌的跨国公司的封杀。三是与技术路线相比，营销路线风险要大得多，因为营销费用多属沉没成本，一旦营销失败，广告推广等前期投入往往血本无归。

路线Ⅲ为技术—营销混合路线，即企业通过同时促进技术能力和营销能力的提升，改变企业升级预期，实现升级。这种混合升级路线较适用于电子信息等产业，一方面电子信息产业属于高技术产业，产业升级需要一定的研发、技术能力做保障；另一方面这些产品又多属于终端消费品（如家用电脑、电视机、VCD、打印机、手机、音乐播放器等），为了解决生产者与消费者的信息不对称问题，厂家必须拥有较强的营销能力。当然不同厂商，由于所面临的外部环境不同，战略风格各异，其能力培育的重点可能有所差别。如戴尔主打营销路线，主要发展全球直销网络，大力提升戴尔品牌价值；英特尔则主打技术路线，主要依靠研发力量，大力发展微处理器、芯片、主板等，占取获得全球 PC 关键零部件市场的垄断地位（目前，全球超过 3/4 的 PC 采用英特尔所产芯片）；而韩国三星则采取技术与营销的均衡战略，既注重研发，也注重营销与品牌建设，近几年三星的研发投入与营销费用均占销售收入的8% 以上。

因此根据上述分析，可以得出以下命题假说。

命题 2：产业升级动因源于对产业升级期望值的估计，而期望值高低与产业升级能力密切相关；研发能力与营销能力是决定产业价值链垂直升级程度的关键因素。

命题 3：不同产业升级所要求的资源与能力不尽相同，选择与自身能力和行业特性相适宜的升级方向可以改变企业升级预期。以重化工业为代表的生产者驱动型产业升级，主要取决于技术能力；以轻纺工业为代表的购买者驱动型产业升级，主要取决于市场营销能力；以电子信息产业为代表的混合驱动型产业升级，要求技术能力和市场营销能力同时具备。

四 产业升级影响因素计量分析：基于中国上市公司数据

在以上理论分析的基础上，本书将利用中国上市公司数据，应用计量分析方法，验证决策者的决策偏好、升级预期对企业品牌升级影响的基本假说（命题 1 和命题 2），并在这个基础上逐步加入企业规模、公司成立年限等其他解释变量以及产业性质等控制变量，进一步分析这些变量引入对模型解释力的影响。

1. 数据来源与样本选择

本书以 A 股市场 2007～2010 年度的制造业上市公司为研究样本。考虑到分析数据的完备性以及公司财务状况的稳定性，在样本的选择中剔除了 ST 公司、＊ST 公司、PT 公司、财务数据不可得的上市公司以及 2007～2010 年退市的公司，最终得到 221 家制造业上市公司的样本数据。

本书所涉及的公司财务数据，主要来源于国泰君安数据库（CSMAR），并从大智慧股票分析软件，百度、中国名牌网（http：//www. chinamp. org/）等一些门户网站获取了部分补充资料，涉及内部品牌区域影响力的数据由笔者根据网上的数据手工整理。本书利用 Excel 和 Eviews 6.0 软件完成计量和回归分析过程。

2. 变量选取与模型设计

（1）模型被解释变量：产业升级程度，用企业品牌区域影响力（变量名 *Brandlev*）来表示。在买购网（http：//www. maigoo. com）十大品牌门户找到的 A 股上市的 5 家企业（包括海尔、格力电器、青岛啤酒、中国石化、中兴通讯）属于国际品牌企业，占样本总数的 2.26%；根据是否是中国驰名商标，旗下是否有中国名牌产品，是否是行业十大品牌，统计出 98 家国内品牌上市公司，占样本总数的 44.34%；根据是否有某省/市驰名商标，旗下是否有某省/市名牌产品等因素，统计出 97 家省级品牌上市公司；其余都属于杂牌或无品牌企业，占样本总数的 43.44%。如果外商投资企业使用母公司品牌，在中国仅从事加工组装业务，本书作为无品牌处理，但所有上市公司中，总共只有 28 家企业由外资控股或参股，本书的样本企业中则没有这一类上市公司，因此其余的 21 家本书都视作杂牌处理，占样本总数的 9.96%。企业品牌区域影响力是离散变量，其中杂牌或无品牌（即贴牌生产）赋予分值为 1，省级（地区）品牌赋予分值为 2，全国品牌赋予分值为 3，国际品牌赋予分值为 4。统计结果如表 4－2 所示。

表 4-2　上市公司品牌区域影响力统计

	公司数	百分比（%）	分值
国际品牌	5	2.26	4
国内品牌	98	44.34	3
省级品牌	97	43.44	2
杂牌或无品牌	21	9.96	1
合　计	221	100	

（2）解释变量：技术能力、营销能力、企业家冒险精神、公司成立年限和企业规模。

技术能力和营销能力。本文用企业研发人员与营销人员绝对数来反映技术能力和营销能力（为防止数据过大，本文采用企业研发人员与营销人员绝对数的自然对数来表示，并赋予变量名称 $LnTP$ 和 $LnMP$），在其他条件一定的情况下，研发人员和营销人员越多，意味着研发能力和营销能力越强，越有利于提升企业的升级预期，促进企业升级。

冒险精神，变量名 $Risk$。企业家冒险精神作为决策者的决策风格与偏好，不仅与决策者的个性与历练有关，还与企业文化传统与制度设计有关。本文选取研发与营销投入作为企业家决策偏好的量化指标，因为这些投入不仅失败概率大，而且沉没成本高，没有一定冒险精神绝不敢贸然投入。因此本文用研发与营销在销售收入中所占比重反映企业家冒险精神。研发人员与研发投入、营销人员与营销投入，是两组既有联系，又有本质区别的范畴。研发人员与营销人员是存量范畴，它们的数量与素质是企业长期培育与积累的结果，绝不是短时期所能形成的，在很大程度可以反映企业的研发与营销实力。而 R&D 投入与营销费用投入是流量范畴，尽管是培育企业能力的关键途径，但二者不能完全等同，因为它也可能是一种低效甚至是无效的投入，它反映一种冒险精神，但不一定就能累积成一种能力。最典型的如曾经的央视标王孔府宴酒、秦池酒、熊猫手机等，虽然投入了大量广告和宣传费用，但并没有建立起强大的营销能力，结果不久就在市场中销声匿迹。

企业规模。企业规模一般用企业的总资产来表示，但为避免数值过大，本书采用企业期末总资产的自然对数计量，用变量名 $Lnsize$ 表示。长期以来关于企业规模与企业创新之间关系的争论一直不断。但从企业品牌升级角度考察，企业规模扩大确实可以促进产业升级，因为大企业往往有能力对资本设备和人力资源进行巨大投资，储存大量的科学知识和复杂技术，具有较好的风险承担承力，因此企业规模对提升升级预期和实现升级具有极大的促进作用。

公司成立年限。公司成立年限是从公司成立开始到 2010 为止的年数总和，用变量名 *Estage* 表示。任何一个品牌的发展都是一个不断积累的过程，越是高层次品牌所需的时间越长，国际品牌的发展和壮大更是需要几十年甚至上百年的积累，如高露洁、飞利浦、可口可乐、诺基亚、宝洁等都有上百年的历史。因此在一般情况下，企业品牌级别与公司成立年限呈正相关关系。

（3）控制变量为产业性质。根据前面的研究，产业性质分为重化工业、轻纺工业和以 IT 为主的高技术产业。本书分别对重化工业、轻纺工业、电子信息产业进行了回归分析，考察各个影响产业升级因素的参数是否不同，进而对命题 3 的假说加以验证。

各变量的经济含义和定义以及自变量与产业升级程度的关系预测如表 4 - 3 所示。

表 4 - 3　变量的名称及定义

变量名称	经济含义	变量定义	变量类型	预期符号
Brandlev	品牌等级	国际品牌得 4 分，全国品牌得 3 分，省级品牌得 2 分，杂牌得 1 分	因变量	
Risk	决策者的冒险精神	2007 ~ 2010 年研发费用占主营业务收入的均值与营销费用占主营业务收入的均值之和	自变量	+
LnMP	营销能力	2010 年营销人员数量的自然对数	自变量	+
LnTP	技术能力	2010 年技术人员数量的自然对数	自变量	+
Lnsize	企业规模	2007 ~ 2010 年期末总资产平均值的自然对数	自变量	+
Estage	公司成立年限	公司成立到 2010 年的年数	自变量	+
Indus	行业类别	重化工业、轻纺工业和电子信息行业	控制变量	

（4）模型设计。在经典的计量经济学模型中，被解释变量通常被假定为连续变量。但是，经济分析中经常面临许多选择问题，人们必须在可供选择的几个方案中做出选择，与被解释变量是连续变量的假设相反，此时因变量只取有限多个离散的值，例如，人们对交

通工具的选择是地铁、公共汽车还是出租车；投资决策中，是选择投资不动产还是投资股票；等等。以这样的决策结果作为被解释变量所建立的计量经济学模型，称为离散选择模型（discrete choice model）。如果被解释变量只存在两种选择，称为二元选择模型（binary choice model），如果被解释变量存在多种选择，称为多元选择模型（multiple choice model）。多元选择模型又分为一般多元选择和排序多元选择。前者针对选项之间没有排序关系的选择问题，后者则针对有排序特征的选择问题。在经济生活中存在大量的排序多元离散选择问题。例如，消费者购买衣服，可以选择高档、中档、低档。影响其选择的因素既有消费者本人方面的因素：收入、偏好、周围的消费环境等，也有衣服本身的因素：价格、品牌知名度、材质、款式等。通过对消费者的问卷调查，可以得到不同消费者对不同档次衣服的选择情况，从而可以利用排序多元选择模型分析选择顺序与影响因素之间的关系。由于难以获得反映企业品牌的连续数据，本书反映品牌等级的数据是以分类数据为主的离散数据（1、2、3、4 等档次），因此排序选择模型（ordered choice model）就成为了本书的首选。排序选择模型是将二元选择模型（binary choice model）的被解释变量从两个扩充到多个的概率模型。排序选择模型的一般形式：$y_i^* = \beta X_i + u_i^*$，（$i = 1, 2, \cdots, N$），其中 y_i^* 是潜变量，是不可观测的，可观测到的是 y_i。X_i 是解释变量的集合，β 是待估计的参数，u_i^* 为随机变量且独立同分布，设 y_i 有 0，1，2，$\cdots$，M 等 $M+1$ 个取值，y_i 可以通过 y_i^* 按下式得到。

$$\begin{cases} y = 0, & y_i^* \leqslant \alpha_1 \\ y = 1, & \alpha_1 < y_i^* \leqslant \alpha_2 \\ y = 2, & \alpha_2 < y_i^* \leqslant \alpha_3 \\ \cdots \\ y = M, & y^* > \alpha_M \end{cases}$$

设 u^* 的分布函数为 $F(x)$，$y_i = 0, 1, 2 \cdots, M$ 的概率分别为：

$$P\ (y_i = 0 \mid X)\ = P\ (y^* \leqslant \alpha_1 \mid X)\ = F\ (\alpha_1 - \beta X)$$

$$P\ (y_i = 1 \mid X)\ = P\ (\alpha_1 < y^* \leqslant \alpha_2 \mid X)\ = F\ (\alpha_2 - \beta X)\ - F\ (\alpha_1 - \beta X)$$

$$P\ (y_i = 2 \mid X)\ = P\ (\alpha_2 < y^* \leqslant \alpha_3 \mid X)\ = F\ (\alpha_3 - \beta X)\ - F\ (\alpha_2 - \beta X)$$

$$\dots$$

$$P\ (y_i = M \mid X)\ = P\ (y^* > \alpha_M \mid X)\ = 1 - F\ (\alpha_M - \beta X)$$

根据 u_i^* 分布函数 $F\ (x)$ 的不同可以选择三种常见的模型：Probit 模型、Logit 模型和 Extreme value 模型。Logit 模型所假设的随机效用分布形式更适合于效用最大化时的分布选择（McFadden，1974），所以 Logit 模型应用最为广泛，本文也采用排序多元 Logit 模型。

根据变量的设定以及前面的分析介绍，本文采用的排序多元 Logit 模型的形式如下：

$$Brandlev_i = \alpha_{1i}Risk_i + \alpha_{2i}LnMP_i + \alpha_{3i}LnTP_i + \alpha_{4i}Lnsize_i + \alpha_{5i}Estage_i + \alpha_{6i}Indus_i + \xi_i$$

3. 计量检验

首先，在不控制上市公司所在产业这一因素的前提下，本文采用 ML – Ordered Logit 模型进行回归，先将技术能力、营销能力、企业家冒险精神作为核心解释变量进行回归，然后逐步引进其余解释变量扩大估计方程，以便于检验估计结果的稳定性和精确性，避免解释变量之间的多重共线性对模型的影响。为此得到四个 ML – Ordered logit 模型，其回归结果如表 4 – 5，表中显示的各模型 LR 统计值都很显著，三个临界点的估计值都呈递增趋势，表明所建立的模型整体拟合效果很好。

模型 1 的回归结果表明，冒险精神、技术能力和营销能力对企业品牌升级具有正向影响，并且均有 1% 水平的统计显著性。逐步加入其他解释变量后这三个解释变量依然显著。

在模型 1 基础上加入企业规模变量后的回归结果表明，企业规模对企业品牌升级也具有显著的正向影响效应。但营销能力与技术能力的显著性水平下降，说明企业规模与研发能力、营销能力两个解释变量之间具有较强的共线性。其原因是大企业往往比中小企业具有更多的技术人员与营销人员，因而其研发能力和营销能力更强一些。根据对企业规模和营销能力、技术能力的相关分析，其 person 双尾检验比较显著（见表 4 – 4），也与笔者的解释不谋而合。

表4-4　企业规模和营销能力、技术能力的 person 双尾检验

Correlations

		Lnsize	LnMP	LnTP
Lnsize	Pearson Correlation	1	—	—
	Sig. (2 – tailed)	—	—	—
LnMP	Pearson Correlation	0.645**	1	—
	Sig. (2 – tailed)	0.000	—	—
LnTP	Pearson Correlation	0.736**	0.704**	1
	Sig. (2 – tailed)	0.000	0.000	—

注：** 表示在 0.01 水平（双尾检验）上显著相关。

在模型 1 基础上加入公司成立年限变量后的回归结果表明，公司成立年限对前面三个核心解释变量的显著性没有太大影响；但公司成立年限对企业品牌升级的影响不显著。在此基础上继续把企业规模引入，如模型 4 的回归结果所示，其他解释变量都显著但公司成立年限依然不显著，主要原因可能是：传统产业的品牌升级往往需要较长时间的累积效应，公司成立年限一般对企业品牌升级有正向效应。但对于高技术产业却不尽然，它们凭借信息技术快速发展，在较短时间内也能崭露头角，成为国家品牌乃至国际品牌，如谷歌、亚马逊、脸谱网站等。在沪深上市公司中很多企业是成立年限较短的高技术企业，企业品牌升级与企业成立年限不具有很强的相关性。表 4-5 显示的回归结果很好地验证了本书所得出的命题 1 和命题 2。[①]

表4-5　产业升级影响因素 ML – Ordered Logit 模型的回归结果

Variable	Model 1	Model 2	Model 3	Model 4
Risk	7.522430*** (3.036529)	9.751385*** (3.596447)	7.999525*** (3.090600)	9.921481*** (3.585610)
LnMP	0.462300*** (3.006860)	0.328056** (2.022661)	0.438191*** (2.811301)	0.319606** (1.958457)

① 需要指出的是，Eviews 不能把常数项和临界值区分开，因此在变量列表中设定的常数项会被忽略，即有无常数项都是等价的。

续表

Variable	Model 1	Model 2	Model 3	Model 4
LnTP	0. 590545 *** （3. 698801）	0. 412700 ** （2. 420876）	0. 609458 *** （3. 771829）	0. 434021 ** （2. 505766）
Lnsize	—	0. 494665 *** （2. 859346）	—	0. 465354 *** （2. 644206）
Estage	—	—	0. 040081 （1. 399056）	0. 024748 （0. 845241）
—	—	Limit Points	—	—
LIMIT_ 2：C（8）	3. 531523	12. 72752	4. 056770	12. 49409
LIMIT_ 3：C（9）	6. 499573	15. 72723	7. 043651	15. 50623
LIMIT_ 4：C（10）	11. 36023	20. 94923	11. 93797	20. 71690
Pseudo R-squared	0. 180856	0. 199487	0. 185187	0. 201063
Log likelihood	− 186. 7140	− 182. 4673	− 185. 7268	− 182. 1082
LR statistic	82. 44797	90. 94141	84. 42243	91. 65968
Prob （LR statistic）	0. 000000	0. 000000	0. 000000	

注： ** 和 *** 分别表示在 0. 05 和 0. 01 水平（双尾检验）上显著相关，括号内为 Z 统计值。

进一步进行主成分分析，发现前三个解释变量的方差累积贡献率高达 90. 091%（见表 4 – 6），可见，像中国这样的发展中国家，冒险精神、技术能力和营销能力是影响企业升级的最重要因素，其中技术能力和营销能力又影响企业升级预期，进一步验证了命题 1 和命题 2 的假说。

表 4 – 6　产业升级主要影响因素的主成分分析

Total Variance Explained			
Component	Initial Eigenvalues		
	Total	of Variance （%）	Cumulative （%）
1	2. 436	48. 722	48. 722
2	1. 084	21. 688	70. 410
3	0. 984	19. 681	90. 091
4	0. 273	5. 453	95. 543
5	0. 223	4. 457	100. 000

Extraction Method：Principal Component Analysis.

　　为了更进一步考察不同特性行业影响产业升级因素的参数是否不同，本文分行业（重化工业、轻纺工业和以电子信息产业为代表的高技术行业①）进行了回归，结果如表4-7所示。表中显示 LR 统计值都很显著，三个临界点的估计值都呈递增趋势，表明所建立的模型整体拟合效果很好。决策者的冒险精神对三类行业的企业升级都有显著的正向影响，具有5%水平的统计显著性。轻纺工业中营销能力对企业升级有显著的正向影响，技术能力的影响不显著，可见我国轻纺工业为购买者驱动模式，营销网络与品牌是产业升级的高端环节。

表 4 - 7　分行业 ML – Ordered Logit 的回归结果

	轻纺工业（32 家）		重化工业（111 家）		电子信息业（78 家）	
Variable	Mode1	Mode2	Model1	Model2	Model1	Model2
Risk	14. 63336*** (2. 716961)	17. 07574** (2. 513615)	8. 801705* (1. 771496)	15. 48092*** (2. 735668)	10. 96214** (2. 121065)	11. 87623** (2. 256858)
LnMP	2. 144790*** (2. 872470)	1. 968589** (2. 514847)	0. 450999* (1. 933192)	0. 185171 (0. 724703)	0. 090750 (0. 319676)	− 0. 095099 (− 0. 298728)
LnTP	1. 012387 (1. 533831)	1. 074618 (1. 422125)	0. 633810*** (2. 743969)	0. 423557* (1. 682047)	0. 706684** (2. 265234)	0. 613417* (1. 820839)
Lnsize	—	0. 661628 (0. 815339)	—	0. 739302*** (2. 666180)	—	0. 350735 (1. 138173)
Estage	—	− 0. 008853 (− 0. 074494)	—	0. 028420 (0. 604242)	—	0. 025083 (0. 524229)
Limit Points						
LIMIT_ 2: C (4)	12. 19053	25. 85596	3. 867733	18. 27627	2. 703363	9. 124040
LIMIT_ 3: C (5)	18. 89872	32. 74035	6. 400475	20. 95218	6. 073565	12. 48328
LIMIT_ 4: C (6)	28. 28619	42. 58103	12. 61939	27. 78762	9. 560369	16. 14903

①　在我国高技术产业主要包括电子及微电子、航空航天、光机电一体化、生物工程、新材料、新能源、环保技术、海洋工程、医药及医学工程、精细化工等，其中电子信息产值约占全部高技术产值的80%以上。

续表

Variable	轻纺工业（32家）		重化工业（111家）		电子信息业（78家）	
	Mode1	Mode2	Model1	Model2	Model1	Model2
Pseudo R－squared	0. 556642	0. 568064	0. 187299	0. 225364	0. 132928	0. 144497
Log likelihood	－ 14. 16516	－ 13. 80022	－ 91. 04535	－ 86. 78102	69. 55536	－ 68. 62732
LR statistic	35. 56908	36. 29896	41. 96543	50. 49407	21. 52670	23. 18279
Prob（LR statistic）	0. 000000	0. 000001	0. 000000	0. 000000	0. 000090	0. 000311

注：*、** 和 *** 分别表示在 0.1、0.05 和 0.01 水平（双尾检验）上显著相关，括号内为 Z 统计值。

重化工业中技术能力和营销能力都对企业升级的概率有显著的正向影响，但在加入其他变量后，营销能力对企业升级的影响不显著，可见我国重化工业为生产者驱动模式，研发和制造是产业升级的高端环节，其结论与假说相一致。但与企业规模对产业升级的影响相比，技术能力提升对推动企业升级的作用明显弱一些，这一方面是由于重化工业企业多为纵向一体化，只有规模达到一定程度的企业才有能力进行创新升级；另一方面也体现了我国重化工业企业的技术水平对企业创新升级的贡献还有待进一步提升。

电子信息业中技术能力对企业升级有显著的正向影响，营销能力的影响不显著，与命题3并不完全相符，可见我国电子信息业企业的升级主要走的是技术路线。这与我国电子信息业企业以代工为主有关系，正如中国台湾学者瞿宛文（2007）所指出的，后进国厂商从 OEM 到 ODM 的演进有清晰的内在延续性，但从 OEM、ODM 升级到 OBM 则必须改变经营模式因而会产生某种断裂，因此这第三阶段（自创品牌阶段）并非是必然的道路，也就是说，代工企业品牌升级面临着更大的困难。① 另外这跟国家政策引导也有很大关系，我国对电子信息产业的政策主要以激励技术创新为主，这在很大程度上激励了我国电子信息业企业走技术路线。但由于与跨国公司的技术差距非常大，以及营销能力相对滞后，我国电子信息业上市

---

① 如中国台湾地区的鸿海集团、台积电、明基集团等，就是专注于代工，并没有向自主品牌升级。

企业的 59% 属于杂牌或无品牌和省级（地区）品牌的企业。总体来看，计量回归结果较好地验证了本书所提出的命题3。

五 结论与对策

本书的理论与实证分析表明，企业家冒险精神以及企业的技术能力与营销能力，是影响发展中国家承接国际产业转移企业升级战略的重要因素，因此促进产业垂直升级也必须从这三个方面入手，改变企业家的决策偏好与升级预期。

1. 积极培育企业家冒险精神。企业家冒险精神是影响产业升级的最关键因素，[①] 其主要功能是改变企业的决策偏好，使其将企业升级决策由追求期望值最大化转为追求升级成功后输出值的最大化，使其努力沿着"微笑曲线"向价值链高端攀升。同时冒险精神又是产业升级最初始的驱动力，企业的技术能力与营销能力不是一蹴而就的，而是技术投入与营销投入长期积累沉淀的结果，没有一定的冒险精神，往往不敢在技术、营销方面进行投入，升级能力培育也就成为无源之水；即使技术能力、营销能力提升，但比起加工制造环节，从事研发、营销环节的风险仍然偏大，产业升级决策中仍需一定的冒险精神。因此，要在全社会倡导、培育冒险文化，形成崇尚冒险、容忍失败的社会氛围，并鼓励企业内部努力营造创新、冒险的企业文化；加强对知识产权和企业品牌的保护力度，维护企业升级的既得利益，激励企业不断升级；打破经济垄断和行政垄断，形成推动企业冒险的压力与动力；发展风险投资，分散企业升级风险等，这些都是有效提升企业家冒险精神、改变企业升级战略决策偏好的有效途径。

2. 积极提升企业技术能力与营销能力。企业技术能力与营销能力的主要功能是提升企业升级成功概率，改变企业升级预期，使其面临的附加值期望值"哭泣曲线"凸度变缓，甚至转变为附加值期望值"微笑曲线"。

在技术方面，我国与发达国家跨国公司的技术差距，首先表现为基础研发投入的差距，这是制约我国企业技术创新的重要因素（陈爱贞，

---

① 在模型4的5个解释变量中冒险精神对品牌升级的影响系数最大并且具有1%水平的显著性。

2008）。发达国家企业的技术发展是建立在国家对基础研究高投入的基础之上的。如近几年，在美国，基础研究投入费用占全部研发经费的 20% 左右，台湾地区约占 10%，而我国仅 5% 左右。正如 Shane（2000）等指出的，创新技术的可得性是影响企业升级的一个关键环境因素，作为自身技术水平比较低的发展中国家企业，能否从外部获得技术支持是影响其技术创新预期和成功的重要因素。因此我国应当加大基础技术研发投入，建设共性技术研发平台，为企业技术创新提供技术基础。此外，还可以借鉴发达国家和地区的经验，借助企业间的协作关系和中间组织，带动、推动其他企业创新，形成有效的创新放大机制，逐渐集聚一定规模的当地技术支撑网络。如在中国台湾机床行业发展的过程中，政府拿出大量的人力和财力资源去培育桥梁机构（Bridging Institutions），有效地促进了（大型）企业的技术发展和技术在行业内的扩散（Ching - Chiang Yeh et al.，2003）。

在营销方面，目前多数企业对营销理念认识不足，很多企业还保留着推销观念或产品导向的营销观念。因此，企业应正确理解并深刻认识市场营销的真正内涵和重要意义，积极转变营销理念，坚持观念创新，即要敢于在营销方面加大投入，不仅注重产品、技术创新，也要注重商业模式创新，要有市场敏感性和理解力，善于寻找新顾客、开辟新市场、提供新服务，凭借其敏锐的眼光把握未来的发展趋势，捕捉营销机会，果断做出营销决策，抢先一步占领市场，使企业具备顽强的生命力。要加大高素质专业营销人才的培养和训练，以提高营销人员的综合技能来推动企业营销战略的实施。要突出企业营销人员在企业中的地位和作用，把企业中最优秀的人才放在营销岗位上，并根据企业自身规模、企业性质、产品类型、目标顾客等特征去打造一个健全的营销人员队伍，并建立激励和约束互补机制来最大限度地调动营销人员的积极性。当然，建立强大的营销网络、加强客户关系管理、锻造服务营销理念也是提高营销能力的不错之举。

值得一提的是，企业技术能力和营销能力的提升虽然要以研发、营销投入为重要前提条件，但二者不能等同，关键是要将这些流量投入物化为企业的关键技术和关键装备，人格化为企业的人力资本积累，顺利实现"研发/营销投入增加→研发/营销能力提升→企业升级预期转换→研发/营销投入增加"的正向循环。与制造能力提升不同，从低端环节嵌入全球价值链的发展中国家的企业研发/营销能力的提升，必然要与跨国公司的核心利益发生冲突，会遭遇到跨国公司的结构封锁与战略阻隔，难以在"干中学"，在"出口中学"，必须进行超越代工所需要的额外学习与投资，特别是人力资本的培育与储备。而这种长期投资往往是多数中小企业难以承担的，因此需要政府根据各行业发展需要，出台相关的基础配套和激励措施，尤其应当加大基础技术研发投入，建设共性技术研发平台，为企业技术创新提供技术基础。

3. 根据所在产业特性，采取差异化产业升级策略，选择适合的升级方向。生产者驱动型产业应以技术路线为主。根据前文计量回归结果，重化工业企业的技术能力提升很大程度上依赖于企业规模，而我国多数重化工业企业规模偏小，这成为提升技术能力的主要"瓶颈"。因此积极推动重化工业企业兼并重组，扩大企业规模，是提升我国重化工业企业技术能力的重要路径。购买者驱动型产业应以营销路线为主，但从我国轻纺工业企业的发展现状来看，营销能力主要局限于渠道、物流和广告投放等，市场开发、品牌维护、运营整合等更高层次的能力还相对不足，制约了品牌的影响力和高端发展，因此必须注重营销能力的层次升级，促进"脑袋"产业的分离与升级，即在"躯体"产业与"脑袋"产业分离与升级的基础上，进一步促进"大脑袋"产业与"小脑袋"产业的分离（李海舰、聂辉华，2002）。以电子信息业为代表的混合驱动型产业可相机选择或技术路线或营销路线或二者兼而有之，基于我国产业发展现状近期可以侧重于技术路线。① 但从长期考察，我国对电子信息业的产业政策需要从"市场换技术"战略转变为市场和技术双重驱动战略，引导企业从专注国际市场转变为国际国内市场并重，充分利用我国的大国优势，依托于本土市场来培育自主品牌，并逐步从本土品牌走向世界品牌。

4. 产业政策导向要立足产业特性致力于产业长期发展。在面对全球激烈竞争的背景下，为鼓励企业创新升级，我国相关部门根据本土企业与跨国公司的差距，出台了各种产业政策。这些政策在一定程度上激励了企业的创新升级，但由于这些政策更多是从追赶发达国家的立场出发，忽略了产业长期可持续发展的特性，容易诱发企业的短期行为，而无助于从根本

---

① 根据我国电子信息业振兴规划，近期我国电子信息业发展的主要任务：一是完善产业体系，加快电子元器件升级；二是立足自主创新，突破关键技术；三是强化信息技术在经济社会各领域的运用，以应用带发展。

上赶超跨国公司。另外，出口退税及地方政府对出口企业的各种补贴和优惠政策，降低了企业国际代工的成本，激励企业进行国际代工而不是依托于本土市场来培育自主品牌，这些都会抑制企业创新投入的动力。因此，为顺利实现"研发/营销投入→创新升级→竞争力上升→研发/营销能力→企业升级预期转换→研发/营销投入"的正向循环，政府相关部门应该立足产业特性，引导企业提升能力。为此，政府可推进有效的产学研合作模式，通过企业与院校、科研机构的 R&D 合作，从源头上为企业的技术突破和营销创新提供支持。同时，需要加大先进生产者服务投入，通过专业服务提高企业研发和营销成功的预期。此外，还需要通过努力培育中国的中等收入阶层来培育中国本土高层次市场，增强企业从培育本土品牌走向世界品牌的信心。

本土企业的自主品牌建设一般都遵循先在国内树立品牌信誉、开拓市场规模，然后再逐步建设成国际性品牌的道路。我国幅员广阔、人口众多，市场空间巨大，为企业培育自主品牌、促进产业垂直升级创造了极好条件。但是长期以来我国地方政府间的恶性竞争造成的国内各个区域市场的相互封锁、相互分割，严重阻碍了这一天然市场规模优势的发挥，掣肘了自主品牌建设。因此中央政府应致力于消除各级地方政府的地方保护和市场分割行为，建设"统一、开放、竞争、有序"的现代市场体系，为培育国内品牌、促进国内价值链的转型升级创造广阔的市场空间。

随着企业能力层次的不断提升，其所需要的知识复杂度也不断提高，此时仅仅依赖企业自身力量往往难以胜任。从发达国家的跨国公司升级成功经验来看，它们除了依靠自身资源和自身力量锻造升级能力外，还注重借助其主导的全球价值链整合、重组全球资源，使企业升级能力演变为其主导全球价值链条和价值网络的能力。因此，我国企业在参与全球价值链分工中，不仅要注重自身能力培育，还要通过价值链在区域间的传递和带动，积极链接、整合上下游资源，借力使力，在关键环节构建自身的核心能力，逐步成为区域乃至全球价值链的链主企业。

第五章

国际产业转移与
地方产业集聚

　　国际产业转移规模的不断扩大与国际产业分工的日益深化，必然引发全球价值链与国内价值链的相互渗透与相互驱动。在开放经济条件下，我国地方产业集群既与国际价值链衔接参与国际分工，又依托国内价值链参与国内分工，逐步形成外生性产业集群与内生性产业集群并存的二元结构。它们在市场结构、市场行为和市场绩效等诸多方面都有各自的基本特点和运行规律。因此促进地方产业集群二元结构的均衡与融合，突破产业升级中的双重背离障碍，推动地方产业集群从过程升级到产品升级、从链条升级到功能升级的转变，是发展地方产业集群的重要任务。

一　全球价值链与地方产业集群

1. 全球价值链（GVC）与国内价值链（NVC）

　　价值链（Value Chains）指的是将一项产品或服务从提出概念与设计，经过不同阶段的加工、制成成品送到消费者手中，直到消费者使用后进行最终处置的整个过程。随着全球化的深入，越来越多的发达国家或地区的跨国公司纷纷把某些产品的加工制造工序分散到发展中国家或地区，以利用发展中国家或地区的劳动力资源和自然资源优势进行生产加工，降低产品的成本压力，培育竞争优势，从而形成了产品在全球范围内的价值链，即全球商品链（Global Commodity Chains）或全球价值链（Global Value Chains，GVC）。

可以说，国际分工的不断深化，使生产经营活动不再像过去那样受国家或地区边界的限制，由此推动了产品不同生产环节在全球不同地区的分散化发展。也就是说，国际分工深化或者说国际垂直分工发展是全球价值链发展的外部推动力。而从全球价值链内部来看，各个环节在空间上的分离、重组和正常运行，又需要由价值链驱动者来组织和推动，即需要内部驱动力。

关于全球价值链的内部驱动力，Gereffi 等（1994）认为主要有生产者驱动（producer‑driven）和购买者驱动（buyer‑driven）两种类型。生产者驱动，是指由生产者投资来推动市场需求，形成本地生产供应链的垂直分工体系，投资者可以是拥有技术优势、谋求市场扩张的跨国公司，也可以是力图推动地方经济发展、建立自主工业体系的本国政府。购买者驱动，是指拥有强大品牌优势和国内销售渠道的发达国家企业通过全球采购和 OEM 生产等组织起来的跨国商品流通网络，形成强大的市场需求，拉动那些奉行出口导向战略的发展中地区的工业化。生产者驱动的价值链条大多是如同汽车、航空、计算机、半导体和装备制造等的技术、资本密集型产业或一些新兴的现代制造业；购买者驱动的价值链条大多是如同鞋业、服装、自行车和玩具等的劳动密集型传统产业（Gereffi，1999b）。

我国学者张辉（2006）认为，在现实世界，同一产业部门内两种动力机制是有可能共存的，甚至同一产业部门内部不同价值环节的动力机制有可能完全相悖，这也是导致同一行业内不同企业行为差异的一个重要原因。也就是说，在实际经济活动中，除了购买者驱动和生产者驱动的产业链条外，还有许多产业链条处于两者之间，即同时具备了购买者驱动和生产者驱动的特征。例如 IT 行业，其公认的核心竞争能力来源于 CPU 和操作系统等典型的生产环节，不过戴尔等企业在流通环节的出色表现，也说明了该行业中也存在购买者驱动的特征。为此，他提出，全球价值链从驱动力上主要分为生产者、采购者和混合类型。同时，他认为，目前在世界范围内，有一股从生产者驱动模式向购买者驱动模式转变的趋势，典型的如汽车和计算机产业的全球价值链。

SEÂNO Riain（2004）也认为，Gereffi 的区分忽略了生产网络的重要特征，即控制技术设计、标准和路径（trajectories）是企业实力的核心要素。为此他提出，多数研发密集型行业的价值链类型属于技术驱动型（technology - driven）。如图5-1所示，对于研究密集型的行业，控制技术标准和平台的企业，控制了价值链中的关键技术，将占据高附加值环节，成为全球价值链的驱动者和领导者。

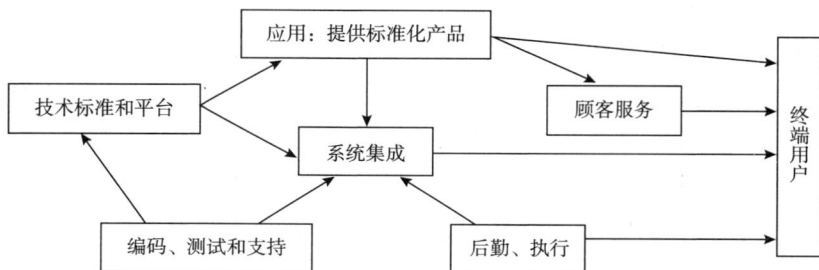

图 5 - 1　技术驱动型价值链

资料来源：SEÂNO Riain（2004）。

很显然，全球价值链驱动类型与产业特性息息相关。全球价值链发展，是外部推力（国际分工）与内部驱动力（驱动者）相互作用的结果。随着国际分工的不断深化，跨国公司会把越来越多的生产环节外包。如Peter（2008）分析指出，随着汽车生产商把更多的生产环节外包，其在全球价值链附加值中的比重从1955年的75%下降到1975年的50%，以及1995年的25%。Couch（2002）估计，目前汽车生产商外包率大约80%，供应商大约承担70%的设计。

而国际分工在推动更多生产环节外包、延长全球价值链链条的同时，也会推动内部驱动力的进一步演化。Sturgeon（2002）研究发现，美国电子产业已经发展成为模块化生产体系，先前的生产者转向产品发展和品牌营销环节，而把生产环节转包给庞大的统包采购供应商（turnkey suppliers）或OEM企业，使该价值链从生产者驱动价值链向购买者驱动价值链转移。对此，Ponte等（2005）认为，目前全球价值链的趋势是从生产者驱动类型向购买者驱动类型转变。这意味着越来越多的全球价值链向开放式终端（open ended）发展，这将使更多的发展中国家企业有机会参与全球价值链，使更多发展中国家企业能够通过知识和技术溢出效应、专业化分工深化、人力资源汇聚等获取外部经济性所带来的各种好处。据此，跨国公司主导的全球价值链的整体竞争优势也能得以进一步强化，从而推动整个全球价值链的发展。

Hobday（1995）对亚洲四小龙电子产业发展的研究发现，这些国家和地区在为日本和美国等发达国家代工过程中掌握了技术诀窍和产品、工艺技能，而且通过学习和消化、吸收技术，获得了一定的创新能力。为此他提出，发展中国家的企业升级一般遵循的路径是 OEM → ODM → OBM。Gereffi（1999a）也强调，参与全球价值链能使企业和经济置于学习曲线的潜在机制下，因此是发展中国家产业升级的必要步骤。他甚至乐观地认为，发展中国家在参与购买者驱动（buyer - driven）价值链的过程中，存在快速升级的自动传递过程：组装进口零配件→进行全生产过程→设计自主产品→在国内外市场销售自主品牌产品（Gereffi, 1999b）。为此，通过吸收外来投资，发展当地配套企业及企业网络，或承接国际订单，以代工方式嵌入全球价值链，被视为是发展中国家在新的全球化格局下实现工业化道路的有效战略。

从现实来看，在过去的 20 多年里，随着生产和贸易全球化的不断深入，发展中国家通过吸收外资、接受从发达国家转移过来的生产制造等价值环节，嵌入了全球价值链中，的确获得了前所未有的发展。然而引起普遍关注的是，参与 GVC 的发展中国家在实现价值链攀升的过程中，在经历了快速的产品升级（product upgrading）和工艺升级（process upgrading）之后，功能升级（functional upgrading）和链的升级（inter - sectoral upgrading）却面临重重阻力，从而被限制在了低附加值的生产制造环节。对此，Schmitz（2004）指出，发展中国家借助于这种基于全球价值链代工体系的工业化发展道路，虽然有利于实现起飞或低端阶段的工业化进程，但是在向高端工业化前进的过程中，却广泛出现了被"俘获"的现象。

发展中国家在国际分工中的产业升级受限，迫使一些学者开始转向寻找影响产业竞争力的自身内部因素和路径。UNCTAD（1999）的研究报告强调，发展中国家的本土化技术能力和水平才是其在参与国际分工中获得及时有效的技术转让的关键因素。很多学者强调，在经济全球化越来越深化的今天，本土产业环境变得越发重要，产业竞争优势越来越依赖于本地化的知识、关系以及内在动力（Dichen et al., 1994；Porter, 1998；

Maskell et al. , 1999）。Rutten 等（2007）强调区域创新网把技术转换成企业竞争力的重要性，认为企业或产业在与国际伙伴链接前，应该先形成区域网络。一些发展中国家的经验也表明，凭借国内市场发育而成长，然后进入区域或全球市场的本土企业，在全球价值链中往往会表现出很强的功能升级与部门升级能力（Schmitz，2004）。

相对于全球价值链，国内价值链或国家价值链（National Value Chain，NVC），是基于国内本土市场需求发育而成的，由本土企业掌握产品价值链的核心环节，在本土市场获得品牌和销售终端渠道以及自主研发创新能力的产品链高端竞争力，然后进入区域或全球市场的价值链分工生产体系（刘志彪等，2009）。国内价值链的一个重要特征是，从产品的研发、金融服务、设计、关键零部件的制造、一般零部件的制造，到加工组装、物流、分销渠道、品牌等整个价值链全部或者大部分由国内企业分工完成（罗建兵，2010）。即与全球价值链相同，一条完整的国内价值链必然由包含不同附加值、不同要素密集度的各个价值链环节构成，这需要由具有不同要素禀赋与发展水平的地区和产业共同构建。这也意味着，国内价值链是与全球价值链并行的、相对独立的价值链。

国内价值链与全球价值链的重要区别在于，前者立足国内本土市场需求，创建自主品牌，并可能借力"本土市场效应"，实现品牌升级。由此反观发展中国家企业参与全球价值链，的确能获得学习效应和技术溢出，但由于仅仅是嵌入跨国公司与国际大买家主导与控制的全球价值链进行国际代工，在技术势力与市场势力双重缺失的情况下，必然受到发达国家跨国公司的"结构封锁"，进而形成代工锁定。而且发展中国家制造业从整体上加入由发达国家跨国企业所支配和控制的 GVC 环节，其"两头在外"的外向化发展模式，使发展中国家装备工业赖以生存和发展的国内产业关联和循环体系发生"断点"和"裂缝"，使原来服务于消费品生产的国内重工业体系，尤其是重装备工业在开放滞后的前提下，研发、生产和销售体系发生全面萎缩（刘志彪等，2009）。可见，发展中国家如果只偏重于参与全球价值链，就容易使国家内部的价值链链条被割裂，影响国内资源的优化配置和企业间的产业关联互动。

因此，在参与全球价值链的同时，积极构建国内价值链，可能是发展中国家企业实现产业升级，破解"增长与升级"两难选择问题的突破口。刘志彪等（2008，2009）以中国为例研究指出，要从被俘获的全球价值链中突围，以及在动态的竞争中实现价值链的攀升和区域经济的良性互动，需要在东部沿海地区已有的全球价值链基础上，着力延伸和大力发展国内价值链，通过产业内迁和产业链的延伸，构建以本土企业为主体、以本土市场需求为基础的国内价值链，重新整合中国企业的商业网络以及产业循环体系，重新塑造国家价值链的治理结构，重新调整区域间的产业关系结构。

同时，很多研究也强调国内价值链或区域分工网络应该是开放性的。如 Sturgeon（2002）强调，一个国家的企业和产业系统是根植于各自国家经济内部的，但在全球规模的生产网络下，各国企业和产业系统是交互联系的，开放网络获取外部资源很重要。黎继子等（2005）也指出要通过全球价值链与中国地方产业集群进行耦合实现产业升级。他们根据中国国内地方集群的发展程度和条件差异，探讨了三种耦合模式。卓越（2009）对中国制造企业的实证分析发现，全球价值链中，俘获型与层级型治理模式下企业高端升级的空间较小，均衡网络型治理模式下企业高端升级空间较大；国内价值链中，均衡网络型治理对企业升级没有明显作用，俘获型和层级型治理有利于企业升级。他认为，单纯基于全球价值链的代工体系或国内价值链的集群工业化都不是中西部地区的最优选择，两者的结合可能更现实。"亚洲四小龙"的制造业国际品牌的创建过程就是比较典型的例子，20 世纪六七十年代这些国家或地区参与全球价值链，但只能置于全球价值链低端环节，在此基础上，它们并行地构建了根植于国内价值链的企业，在立足国内市场的同时，进入国际市场，最终实现了品牌升级并形成了较强的国际竞争力，从而也增强了在全球价值链分工中的地位。

2. 全球价值链片段化与地理空间集聚

在国际分工不断深化的背景下，生产链各个基本功能环节在地理空间上越来越分离，形成了全球离散布局的地理特征，但是分离出去的各个生产区段或环节一般都具有高度地理集中的特征，国际分散化生产与产业地理集聚往往相伴而生。Jones 和 Kierzkowski（1990）把这种分工形态称为"国际分散化生产"（international fragmented production），并认为这种新的国际分工形态成为 20 世纪后半期兴起的全球化浪潮不同于 19 世纪兴起的全球化浪潮的典型特征（Jones and Kierzkowski，2003）。当然迄今为止，对于上述现象，经济学家们并未达成一个统一的概念性分析框架，存在着多样性表述，如价值链片段化（slicing up the value chain）、外包（outsourcing）、全球经济生产非一体化（disintegration of production in the global economy）、垂直专业化（vertical Specialization）、产品内分工（intraproduct specialization）等。这些表述尽管方式各异，内涵也不完全相同，但总体上都表达了产业价值链具有"不同环节全球分散化生产和同一生产环节地理空间集聚"的特征，并称之为全球价值链的片段化与地理空间集聚。

这类以工序、区段为对象的国际分工，在计算机、家用电器、汽车、服装玩具、机械装备等诸多制造业获得了相当普遍的发展。甚至过去认为不可贸易的劳务产品，近期也出现了程度不等的具有工序分工性质的新型国际分工方式。国际分散化生产在国际贸易中表现为零部件贸易的飞速增长和不同国家垂直专业化程度的提高。在 1998 年国际金融危机爆发前的十多年中世界经济年均增长速度为 3%，全球贸易年均增长速度为 6%，而零部件贸易的年均增长速度却高达 9%。Yeats（2001）估计，全球制成品贸易的 30% 是零部件贸易。

全球价值链的片断化和空间垂直分离过程，主要有外包和对外直接投资两种具体表现形式。外包是企业外部分散化生产，企业将非核心产品或业务外包给其他企业，而自身则专注于核心产品或业务，可通过专业化生产最大限度地提高生产效率；对外投资则是企业内部分散化生产，企业将某一生产环节或区段转移到其他区域生产，以充分发挥多样化区位优势，如资源禀赋、工资差异、基础设施、优惠政策等。而同时在这两个方向上进行国际分散化生产，使企业既能享受到区位优势又能享受到专业化优势，可大大降低生产成本。全球价值链的片段化过程，必然会导致企业内部或企业之间的交易成本，包括地理距离产生的交易成本（诸如运输、通信和贸易壁垒等）和非一体化产生的交易成本（诸如搜寻成本、信息成本、合约风险等）。这种交易成本必须足够低，否则将会抵消区位优势和专业化优势，使企业没有进行分散化生产的激励（见表 5-1）。

表 5 - 1　全球价值链片段化的交易成本与生产成本

	交易成本增加（C1）	生产成本节约（C2）	集中生产条件	分散生产条件
水平分散化生产	地理空间距离产生成本：运输、通信、贸易壁垒	由于区位优势导致成本节约：资源禀赋、工资、基础设施、优惠条件等	C1 > C2	C1 < C2
垂直分散化生产	非一体化生产产生成本：搜寻成本、信息成本、合约风险等	由于专业化生产导致成本节约：专注核心业务、高效率合作伙伴	C1 > C2	C1 < C2

由于发展中国家或地区的技术水平不高，所以跨国公司的分散化生产最初是由国内投资或国内外包开始的，随后才开始国外投资，在发展中国家或地区直接设立子公司进行某些工序的生产。如 20 世纪六七十年代美国和日本在中国台湾地区和韩国建立工厂，以 FDI 的形式将产业转移到发展中国家和地区。随着产品进入生命周期的成熟期和发展中国家当地企业的发展，跨国公司才开始直接把生产工序外包给发展中国家的本土企业，由其进行 OEM 生产。而这些发展中国家企业随着制造能力的不断增强，逐渐承担了产品的部分设计功能，为了降低成本，这些企业又将较低级的生产工序，以 FDI 或发包的形式转向经济更落后的发展中国家和地区。国际分散化生产不仅是生产区段的地理空间分散，还包括服务区段（诸如总部服务、研发、物流、市场营销等活动）的地理空间分散，并由此导致了产业空间层次的二元集聚：生产性集聚和功能性集聚。前者系指来自相同产业的各种生产区段在地理空间上的集中，后者系指来自不同产业但功能相同的服务活动在地理空间上的集中。

可见，随着国际分工的发展，从空间距离考察，全球价值链的片段化沿着"发达国家→发展中国家→更落后的发展中国家"的路径不断延伸、扩展；从价值链非一体化程度考察，则沿着"国内投资→国内外包→国外投资→国外外包"的顺序不断深化。由此，全球价值链领寻者需要对分散在世界范围的价值链内的经济活动进行组织和协调，形成不同类型的价值链治理结构。价值链治理是指通过价值链来实现企业之间的关系和制度安排，进而实现价值链内部不同经济活动和不同环节之间的办调。跨国公司由于拥有核心技术，且是推动全球价值链片段化的组织者，因此是绝大多数全球价值链的控制者和领导者（见图 5 - 2）。

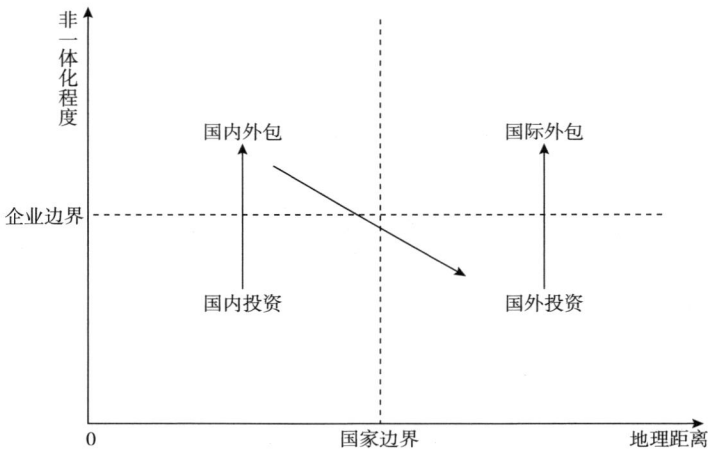

图 5 - 2　全球价值链片段化的二维结构图

资料来源：根据 Kimura 和 Ando（2005）修改。

Humphrey 和 Schmitz（2002）提出了三种典型的治理模式：①网络治理模式，即具有互补能力的企业对价值链重要环节进行分工，各方共同定义产品。②准层级治理模式，即一家企业对其他企业实施高度控制，常常要指定产品各种特征以及要遵循的流程。③层级治理模式，即主导企业对价值链上的某些运行环节采取直接股权控制。Gereffi 等（2003）进一步完善并提出了市场型、模块型、关系型、领导型和层级型五种价值链治理模式。这五种治理模式的根本区别在于，领导型企业与配套企业之间的控制与被控制关系强度不同，即领导型企业治理力度不同。不同类型的领导型企业会根据与其配套企业的竞争实力大小选择不同的治理模式，从而也会对整个价值链升级造成不同的影响。

Humphrey 和 Schmitz（2004）强调，不同类型的价值链治理模式，决定了低端企业升级机会的不同。俘获型的治理模式（captive governance）主要提供的是工艺和产品升级，但阻碍功能升级和链的升级；关系型治理模式（relational governance）有助于功能升级；市场型治理模式（market based governance）对产业升级的影响是中立的。Messner（2004）指出，那种依附型（quasi - hierarchical）的全球价值链治理结构和其中的非对称性力量，会导致发展中国家地方产业集群在升级过程中被锁定。Schmitz（2004）也认为，目前发达国家的领导型企业与发展中国家的企业之间的价值链治理模式主要为俘获型，因此领导型企业能凭借其市场势力阻止发展中国家的企业获得功能升级与链的升级所需要的新能力，以避免发展中国家企业与其共享核心能力，对其垄断势力与既得利益构成威胁。这从Giuliani 等人（2005）对拉丁美洲复杂产品如汽车等产业的升级研究中得到了验证，他们发现，全球价值链中的领导型企业对当地供应商应用技术标准等方面所提供的帮助非常有限。而我国学者文嫮（2006）却持比较乐观的观点，她以集成电路产业为例的分析认为，伴随经济发展和技术进步，企业的价值创造活动会发生剧烈变化，价值链的空间角度会发生形变，其治理模式也呈现高度的动态性。这使弱势主体完全可能通过获取新的能力、开辟新的市场而快速成长，从而通过在价值链中的升级，改变与强势主体之间的关系。

还有学者认为，价值链治理模式的差异不仅仅体现在不同价值链之间，同一条价值链中可能就存在不同类型的治理模式。Peter（2008）指出，生产者主要与高层次供应商直接联系，它们之间的价值链治理模式表现为关系型；低层次供应商即二、三级以及更低的供应商，它们与一级供应商之间的关系主要是市场形式的外包—接包关系，或其他更紧密形式的关系，它们之间的价值链治理模式表现为俘获型。这种分层次的价值链环节关系，使生产者与一级供应商之间的合作更紧密，一级供应商能获得更多的学习和升级机会。但低层次的供应商与高级供应商之间只是外包—接包关系，价值链治理模式主要是俘获型。

综上所述，全球价值链片段化发展，为发展中国家参与国际分工获得学习效应和产业发展提供了机会；但跨国公司对价值链的治理与控制也可能使发展中国家企业在获得发展的同时，却被制约在了价值链的低端环节，只能实现低端路径发展。

全球价值链从其各个环节的外在表现形式来看，是生产链条诸多功能环节散落在全球各地，地理分化趋势增强，但从某个环节的外在表现形式来看，出现了地理集聚的趋势，由此在参与全球价值链的国家内出现了地方产业集群发展的趋势。

技术的复杂程度、默示性和适用性程度会影响全球价值链的治理结构以及参与全球价值链的企业的机会、升级速度和密度、方向（Morrison et al.，2008）。在那些技术复杂程度比较低的传统制造行业或环节，企业即使自身的技术能力比较低，也能较容易地加入全球价值链，因此，就会有较多地区企业进入这些环节或行业，形成地方产业集群。但技术密集型行业或环节的技术通常是可编码的（codified），其技术的复杂性要求企业自身需要有一定的内部化技术能力，这样才能获得代工订单（Giuliani，2005），由此形成的地方产业集群相对比较少，竞争也就相对没那么激烈。

因此，全球价值链无论从地理空间还是企业层面来看，都具有附加值越高的环节对应的集群集中度也越高、附加值越低的环节片断化或集群分散程度也越高的特性（Milberg，2003）。这样就意味着，环节所在的附加值越高，门槛也就越高，该环节也就越趋于垄断，即地理弹性越小，只在极少数地区集聚；反之，则趋于完全竞争，地理弹性越大，就会有越多地区进入形成集聚，使得低附加值环节的地方产业集群在空间上趋于扩散。由此，占据不同价值环节的地方产业集群，在全球形成了严格的空间等级体系。在该等级体系中，既紧密合作又相互激烈竞争的各个层级的地方产业集群时刻演绎着升级和反升级的较量（张辉，2005）。可见，参与的全球价值链环节高低，是影响地方产业集群升级的一个重要基础。

改革开放以来，随着我国市场准入限制逐渐取消，庞大的国内市场、丰富的自然资源、低廉的简单型劳动力和富足的高素质人力资本，吸引着大量 FDI 进驻中国市场，不仅带动了上下游外资企业的群体迁入，同时也刺激了中国本土配套企业的衍生。尤其中国台湾、日本、韩国等亚洲地区的企业通常都具有群体迁移的特征，在新的投资地能够快速产生集群效应。而且由于 FDI 带动产业转移过程中明显的地区偏向，我国东部沿海地区形成了新的产业集群，即形成了大量围绕特定产业的 FDI 驱动型产业集群，有的学者称其为外生性产业集群。典型的如无锡的光电子和资讯零件加工产业群、上海浦东 IC 产业集群等。尤其是随着韩国、新加坡、中国台湾、中国香港等国家和地区生产成本的逐渐提高，大量外资企业尤其是发达国家和地区的跨国公司和大型企业，出于比较优势的考虑，加快了向中国大陆转移的速度。

这种 FDI 驱动型的产业集群，是一种源于国际资本迁移和流动而形成的、跨国企业在直接投资过程中出现的产业集群现象，其领导者往往是跨国公司，跨国公司成为全球生产网络与地方产业集群联系的主要载体。有些学者从嵌入性（embeddedness）视角分析了 FDI 驱动型产业集群的特性：

①集群内的 FDI 属于移动型投资（mobile investment），主要只是为了利用发展中国家廉价的地方劳动力和市场资源，并不在本地生根；②FDI 驱动型的产业集群内部网络与其他集群本土企业网络存在一定的替代关系，其替代程度不仅取决于跨国公司分公司中间投入品的性质，还取决于跨国公司所属国文化和集群当地文化的兼容性（文嫣等，2007）。这使 FDI 驱动型的产业集群往往"地域嵌入性不足"（local under - embedded），变成"飞地经济"。

20 世纪 80 年代后期以来，跨国公司开始把较低级的生产工序往珠江三角洲转移；从 90 年代中期起，跨国公司开始加快向沿海地区外包业务和下代工订单的速度，由此在沿海地区形成了众多以出口为导向的外生性产业集群，典型的如虎门的服装产业集群等。而不少以出口为导向的外生性产业集群其领导企业是 FDI，也是典型的 FDI 驱动型的产业集群。

不少学者的研究肯定了参与全球价值链对地方产业集群发展和产业升级的积极作用。Birkinshaw（2000）研究指出，FDI 可以为地方产业集群提供全球性的技术和观念，从而提高地方产业集群在世界范围内的知名度，促进区域产业集群的发展。梁琦（2004）认为，FDI 的持续进入提升了我国地区专业化生产的程度，即提升了地方产业集聚水平，扩大了产业规模，增强了集群效应。Gereffi（1999）甚至认为，出口型产业集群如果不整合到全球客户驱动的商品链中就不可能取得成功。童昕等（2003）以东莞为例，分析了"生产者主导"和"订户主导"两种全球价值链在地方产业集群升级中的作用。卢洋等（2007）指出，地方产业集群发展到一定阶段后容易出现集群锁定、集群升级能力缺失和企业转移等现象，嵌入到全球价值链中，对克服集群负效应，推动集群向附加值更高的环节升级或是跃迁能起到积极作用，对单独的企业更是如此。

从参与全球价值链承接国际产业转移过程中地方产业集群的发展机制来看，其主要从以下两个路径对当地经济发展起积极的影响作用。

一是促进产业集群规模发展，获得知识溢出与学习效应。通过吸收外来投资发展出口加工，当地企业可以与跨国公司进行产业配套，从而更好地吸收跨国公司的技术溢出，并获得国际营销技术和渠道。当地集聚相当数量的企业，一方面从跨国公司直接溢出到接包企业的技术会进一步在集群内扩散，促进其他企业技术的进一步提升；另一方面，产业集群的各个企业在协作竞争合作过程中通过某些交流机制会促进技术和管理新知识不断在集群内部流动和传播，从而将单个企业的技术和管理水平的提升扩散为整个产业集群技术和管理水平的提高。这也意味着，集群区域内包括承接国际外包企业、FDI 企业以及出口企业等在内的各种国际分工参与者通过产业集群效应，将其从国际合作者那里获取的技术溢出，再转传导至集群内的其他企业，可以实现产业集群技术创新的"放大效应"，促进地区内整个产业集群的技术进步，并最终推动当地企业竞争力的提高和在全球价值链上的攀升（隆国强，2003；刘志彪，2004）。

二是促进产业集群规模发展，增加参与国际分工的机会。伴随经济全球化进程的加快，产业活动的分离和整合日益在更大的空间范围内上演，地方产业集群作为区域经济发展的一种载体，正快速地以不同方式嵌入全球产业价值链（Humphrey & Schmitz，2000；Humphrey，2003）。而且产业集群由于其规模效应、溢出效应、产业配套效应、区域品牌效应等成为提升区域竞争力的重要途径，因此也进一步推动了发展中国家的企业以地方产业集群的方式嵌入全球价值链。有些学者发现，中国产业集群内部存在扎堆、集而不群的现象，而且大量产业区因非创新性的大批量制造企业聚集而难以走出"低端道路"，沿海外向型集群发展到一定阶段后"逐底竞争"和"集群转移"特征明显（王缉慈等，2008，2009；郑江淮等，2008）。产业集群自身的低水平分工和低水平发展，也是限制其在国际分工中地位的主要原因。

但随着全球化程度的加深，发展中国家的产业集群受外商直接投资和跨国公司的影响日益深刻，尤其是对后者的技术依赖性增强也引起了众多学者关注（Giuliani et al.，2005；朱华晟，2004）。

一是外生性产业集群自身特性会抑制当地经济的发展。地方政府为了政绩或当地 GDP 增长，会与其他地区竞争，往往会出台各种优惠政策以吸引 FDI 或建立出口加工区等，但多数外生性的产业集群往往具有封闭性，对本土其他产业发展的带动效应和技术溢出效应并不强，甚至还可能因为资源挤出效应等影响本土企业的发展。同时，不少外生性产业集群还具有低端特性，如戴勇等（2011）指出，以出口为导向的外生性产业集群发展存在较大的弊端和隐患：集群企业大多以 OEM 形式嵌入全球价值链的制造环节，以牺牲资源、能源、环境，以劳动者低廉的价格、恶劣的劳动条件为代价；出口产品大都处在价值链低端，缺乏关键知识产权和自主创新的能力，没有自己的品牌，利润十分微薄。

二是通过承接国际外包发展起来的地方产业集群能否有效促进企业创新并实现集群升级，还与发包方跨国公司的市场势力大小相关。如张晔（2006）研究发现，近几年来伴随着跨国公司的大量入驻及其当地化采购策略的推行，苏州的当地配套企业获得了迅速发展。在外包配套最为发达的昆山，2003～2005年，当地企业的配套销售额从100多亿元上升到200亿元。但是，由于受发包方跨国公司的压榨，昆山当地配套企业虽然销售收入在近几年有了较大增长，但利润率却呈迅速下降的趋势。这就容易出现承接国际外包量增长，地方产业集群规模扩大，但创新能力逐渐下降的趋势。

三是外生性产业集群与当地经济的联系直接决定了其知识溢出效应及其对当地经济的带动效应。UNCTAD（2001）指出，对东道国来说，外资企业与当地产业联系越强，当地经济越能从中获益。Tain－Jy等（2004）认为，对外资企业来说，建立与当地产业的联系是一种投资行为，受其所在的生产网络（Production Network）特性等因素影响。Markusen（1996）研究发现，这种以外资为主体的外生性产业集群，往往与当地企业和产业关联性比较弱，而且由于其根植性较差而可能在不同的国家和地区间移动。根据新经济社会学观点，外生性产业集群的形成是嵌入在跨国公司内部和全球生产网络中的，集群内部的外资企业主要与其母公司和其他地方的子公司联系，并没有嵌入到当地的社会网络和生产网络中（Markusen，1996）。因此，这种产业集群的形成往往具有不稳定性，与内生性产业集群"产业长时期地锁定在某个区域"的机制不同。

二　国际产业转移与地方产业集群二元结构

1. 内生性与外生性：地方产业集群二元结构

我国东部沿海地区经济发展的一个重要特征是依托地方产业集群的发展而发展。从实践来看，我国东部沿海地区的地方产业集群对当地经济发展的带动很好地验证了其经济效应。但2008年下半年以来以东莞地区为代表的产业集群倒闭潮引起了社会的普遍关注。尤其是东莞玩具行业，20世纪 90 年代就开始形成产业集群。鼎盛时期，在工商局登记的玩具厂有 4000 多家，还有 2000 多家与玩具生产相关的企业。由此，东莞素有"世界玩具城"之称，玩具是其八大支柱产业之一。其产量约占世界的 31.5%，其中 90% 以上的玩具出口欧美。但 2007 年底以来，一方面由于人民币升值、全球经济疲软造成海外订单骤降，另一方面由于原材料和员工工资上涨造成生产成本大幅攀升，不少玩具企业倒闭，出口出现近年来的首次下降。甚至连玩具巨头合俊集团旗下的合俊玩具厂和俊领玩具厂也宣告倒闭。同样，广东的制鞋业、制衣、电子加工等劳动密集型行业都出现了大量企业倒闭的现象。另外，2007 年在青岛也发生了近百家韩资企业集体外逃事件。2008 年 11 月厦门工艺品业最大的外资企业星星工艺品有限公司的股东也因为资金链断裂而逃匿。

而据我们对福建省晋江市的调研发现，虽然面对同样的经济不景气问题，一些晋江中小企业选择的是歇业而不是倒闭。可以说，一个地方产业集群内部企业歇业，一般是企业应对危机的一种短期的暂时性的市场退出行为，一旦外部环境好转，企业便可较快地恢复生产，产业集群可以继续演进。而相比较而言，一个地方产业集群内部一定数量企业尤其是龙头企业的倒闭，一般意味着这些企业放弃了在该地方集群中的发展，是一种转移或终止的行为。当外部环境好转时，当地的产业集群往往无法比较快地恢复发展速度。

由于 2009 年下半年全球经济有所恢复，倒闭潮才没有进一步蔓延。但在全球经济不稳定因素增多的背景下，从经济持续稳定发展的角度考虑，我们需要思考，为什么面对同样的国内外宏观环境，不同集群内部的企业有的选择倒闭而有的选择歇业？大量企业的选择而形成的产业集群行为，会对地方经济造成怎样的影响？

如果从内生性和外生性产业集群的特征再来重新考察我国集群内企业的倒闭和歇业现象，可以发现，企业倒闭现象多发生在外生性产业集群内，而企业歇业现象多发生在内生性产业集群内。因此，本书将在承接国际产业转移背景下，深入分析不同类型地方产业集群发展的动力机制及其应对市场的产业行为，从而进一步分析其对地区经济发展的影响。

随着大量跨国公司进驻以及加工贸易的发展，由于形成路径、产业组织模式及发展动力不同，我国形成了内生性和外生性地方产业集群。因各自嵌入不同的网络结构形成二元性网络，我国产业集群呈现为二元结构特性。

（1）二元结构产业集群的形成路径差异。我国以本土企业为主导的内生性产业集群形成有多种路径。一种是历史上的传统产业，通过优势积累循环，不断发育、繁衍，缓慢集聚、扩张，集群成长一般要延续几十年甚至上百年，如江西景德镇的瓷器产业集群等。另一种是在我国改革开放后伴随民营经济崛起而发展起来的。20世纪80年代后我国先行发展起来的东部沿海地区的乡镇企业进行了大规模的股份化改制，打破了地域固化的束缚，掀起了企业迁移浪潮，原来一乡一品或一镇一业的遍地开花的乡镇企业开始向小城镇相对集聚，产业集群迅速发展，专业化市场兴起，形成了经济规模较大、产业特色显著的集群。还有一些地方性产业集聚是由一些大型国有企业分裂而形成的，或是通过大型国有企业技术、知识溢出以及零部件外包等，不断衍生出各种相关和配套企业，在此基础上相关企业不断繁殖，集群规模不断壮大。如2007年入选"中国百佳产业集群"的福建福安电机集群，主要是大型国有企业闽东电机的技术骨干和营销人员利用自身的技术优势或市场信息优势，外出创办企业，或被民营企业"挖墙脚"，不断分裂、衍生出与电机相关和配套的企业700多家。另外，在地方政府园区规划下，不少民营企业进驻园区并迅速发展，在此基础上促进大量相关企业在园区集聚，由此形成了一定规模的产业集群。典型的有民营科技企业群，诸如中关村IT产业集群、南京电力自动化产业集群、武汉光电子产业集群、环太湖计算机及其外设集群、上海光通信集群等（王缉慈，2004）。

我国外生性产业集群是以外资企业为主导，伴随境外资本进入而不断发展、壮大起来的。20世纪80年代主要以港澳台中小投资者为主，占我国外商投资总额的75%左右，即使美国、日本、欧盟等国家和地区的在华投资，也以中小型项目为主。由于东部沿海地区在经济发展水平、配套能力、市场化水平、区位条件、政府政策等方面具有优势，因此外资进入具有很强的地区偏向性，行业则偏向成品加工业尤其是生活消费品行业。在此基础上逐渐发展起来的产业集群，往往以外资企业为龙头企业。由于这些行业属于劳动密集型，进入门槛比较低，于是在这些外资龙头企业带动下，国内企业相继进入。典型的如东莞制鞋业集群，是在1987年台资企业将鞋业加工转移过来的基础上发展起来的。2007 年该集群有 4000 多家鞋厂，但龙头企业主要是港澳台资企业，外围大量的中小企业主要是港澳台资企业和从国内其他地区进入投资的，当地企业所占比重比较小。可以说，对东莞来说，这是一个外生性的产业集群。如 2007 年鞋产量达到 6 亿双、占东莞全市产量 1/3 的厚街镇，除了一小部分本土企业，多数是台港、温州企业，其中台资、港资等外资企业数量占将近一半。

进入 20 世纪 90 年代，大型跨国公司开始在中国大量进入。由于东部沿海地区的这些优势，以及已经发展起来的内生性产业集群和已进入的一定规模的外资企业，大型跨国公司的进入也强烈偏向东部沿海地区。同时，这些大型跨国公司的行业偏向主要以化工、电子及通信设备制造等技术和资本相对比较高的行业为主。更主要的是，此时期国际分工从产品分工向要素分工发展，跨国公司纷纷把产品生产过程的不同环节分散到不同的发展中国家和地区，利用当地廉价的资源进行生产以降低成本，增强产品的市场竞争力，从而推动了全球价值链的片断化和空间重组。因此，从整合全球资源的视角出发，跨国公司往往根据发展中国家的优势来转移某个环节，转移的是集合了相关配套产业、具有较完整功能的企业群，由此出现了集聚化的特点。典型的如昆山的笔记本电脑集群、苏州的自行车集群、深圳和厦门的电子信息产业集群等。而相对而言，本土企业在这些行业的发展水平比较低，这些跨国公司居于龙头地位的产业集群对当地来说是新移植过来的产业集群。

（2）二元结构产业集群的产业组织模式差异。由于内生性产业集群以本土企业（主要是民营企业）为主，在市场竞争中，主要依托本土资源，以低廉的劳动力、市场的亲和力和机动灵活的管理体制取胜，因此这些在市场夹缝中成长起来的民营企业一般以中小企业居多。集群形成初期，往往通过简单模仿效应，使大量产品相近、相关的中小企业在特定空间大量繁衍，并进行以价格战为主的低层次、同构化竞争。但近年来随着市场竞争的深化，产业集群之间开始由同质化竞争转向差异化竞争，在市场细分化基础上水平分工不断深化。如福建晋江服装产业集群中，有的企业专业做男装或女装或西服，有的专门做牛仔服和休闲服。这些内生性集群的行业主要覆盖化纤纺织、丝绸纺织、制衣、制鞋、电子、信息、医药、塑料、汽摩配件、精细化工、五金制品等。这些行业技术含量比较低，产业链和工序不是太复杂，这种产业特性决定了不需要过于复杂的垂直分工，而且由于这些同类型集聚的企业以中小企业为主，它们之间的水平分工特征更明显，市场竞争比较激烈，尤其以价格竞争为主的水平竞争比较突出。

同时，这些依托当地经济发展的产业集群，其内部企业由于地缘、社会与文化背景相同，相互之间的交易和互动具有比较强的可靠性和可预见性，形成了具有坚实的人际关系基础的密切联系纽带。基于这种基础建立的密切的合作关系，可以降低合作的风险和成本，由此，通过推动企业共同构筑价值链，进行弹性专精的分工协作，形成地方生产系统，集群也深深地嵌入当地经济、社会、文化等各方面紧密联系、交织在一起的社会结构中，根植性比较强。

我国外生性产业集群是随着大量跨国公司和外资企业在特定区域的集聚、集中而形成的。20 世纪 80 年代港澳台资企业进入逐渐形成的产业集群，以劳动密集型为主，企业规模小，技术含量比较低，与内生性产业集群一样以水平分工为主要特征。但与其不同的一点是，以港澳台资企业为龙头、外围逐渐集聚大量国内企业的集群，外资龙头企业与本土企业之间没有基于地缘、社会关系而发展起来的联系纽带，根植性比较弱。

从 20 世纪 90 年代跨国公司和大量外资企业的行业进入偏向性来看，这些技术和知识含量比较高的行业，其生产过程中所需要的投入比较复杂，工序比较多，这种产业特征在初始阶段往往表现为公司内部的垂直型分工。随着跨国公司推动的生产和贸易全球化的不断深化，跨国公司主导的价值体系在全球出现了前所未有的垂直分离和重构。为比，跨国公司为了实现其以降低成本为目的的全球化生产的战略安排，需要把其在母国已经建立起来的发达而稳定的垂直分工体系和生产销售网络复制、移植到东道国，而且为了能更好地协调全球各地的生产环节，它们需要在此基础上进一步建立基于垂直分工、水平分工、斜线（diagonal）分工等多维复杂关系的全球生产网络（Henderson et al., 2002）。在跨国公司主导的多维分工的全球生产网络中，在特定的东道国内部，跨国公司"治理"的基础主要是垂直分工。

从实际来看，在 20 世纪 90 年代中期，这些跨国公司偏向的技术和知识密集型行业，我国基础比较薄弱，甚至有些行业当时还处于空白状态，因此当跨国公司进驻我国进行投资时，我国当地企业对这些新兴的技术和知识密集型行业的配套能力比较弱。而且跨国公司从自身降低交易成本、保证产品质量等方面考虑，也更偏向于已经有稳定合作的配套企业跟随进来。这样，就促使一些原来与跨国公司有着产业联系的上下游生产企业相继前来，以维持原来的产业联系并形成聚集。尤其中国台湾、日本、韩国等亚洲地区的企业通常都具有群体迁移的特征，在新的投资地能够快速产生集群效应。随着这些外生性产业集群的发展，技术外溢和带动效应及学习效应等，相应提高了本土企业的配套能力。但由于跨国公司与跟随进来的外资配套企业之间已经构成了相当严密完整的价值链，本土企业很难进入较核心环节为其配套，而只能进行外围配套。这就使这些外生性产业集群与当地产业联系较弱。如福建东南汽车城，随着台湾中华汽车的进驻，有一百多家外资配套企业跟随进来。这些配套企业与台湾中华汽车长期以来按产业链和价值链保持着稳定的合作关系。本土企业只能在一些外围、低端环节进行配套。这种服从于跨国公司全球化生产战略安排的产业集群，以依托项目为主要特征，以利用当地要素为主要目的，因此以自我配套为主、与当地产业联系弱，是一种具有"即插即用"的模块化特征的"嵌入"式产业集群，具有极强的流动性，根植性比较弱。

（3）二元结构产业集群的发展动力差异。Martin 等（1999）认为，产业集群在比较稳定的技术创新、非正规学习、合作竞争、知识共享和溢出、网络协作、区域品牌意识等驱动力下得以发展并显示出强劲的竞争优势。而内生性产业集群和外生性产业集群由于形成的基础不同，发展动力也不相同。内生性产业集群发展的动力主体是本土企业，其发展主要依赖国内资源和能力。民间资本投入、当地基础设施、配套能力与国内市场需求是其发展的动力基础。尤其是那些以内销为主的产业集群，国内需求拉动和民间资本推动是集群发展的关键动力。而产业集群能否向高端持续发展，还取决于其是否拥有引领创新的核心企业。这些核心企业相对而言创新能力比较强，而且其创新活动及其成果能通过社会网络与产业网络两大地方网络扩散到集群的其他企业，降低本地其他企业的创新成本，激励地方持续创新，提高集群整体的制造水平和创新能力。如果产业集群缺乏或散失了核心企业，其发展将缺乏持续的动力。如曾是浙江嵊州领带产业集群两大重镇之一的石璜镇，由于位置偏僻、基础设施发展滞后、交通不便，随着核心企业相继搬迁到城关镇，配套企业也相继跟随外迁，最后城关镇快速成长为领带产业的核心镇，而石璜镇因缺乏核心企业集聚规模不断缩小，最后成为以生产低档领带和领带衬布为主的家庭工场集聚地。同样的案例也发生在温州十大专业市场之一的桥头纽扣市场，随着核心企业外迁，该集群已在加速衰退（吕文栋等，2005）。

还有一些内生性产业集群以国际代工、承接国外订单等方式融入了全球价值链中，并通过"链中学"获得了工艺创新与产品创新能力。但由于受制于高端环节的外资企业，这些企业要获得功能创新和链的创新能力比较难。根据 Cohen 和 Klepper（1996）的观点，类似于工艺创新投入的补偿一般必须通过产量的扩大所形成的规模经济来实现。也因此，这些加工型的产业集群，虽然获得了更多的发展机会，但由于大部分利润被国外品牌商所瓜分，这种发展机会更多地表现为集群规模扩大，而不是高端发展。也就是说，这些产业集群的高端发展还是要依靠内生力量，其发展动力可以说属于内推型。

从外生性产业集群的形成路径来看，可以说其是全球价值链在我国国内的一种延伸，即其发展要依托所在的全球价值链。在这种以垂直分工为主的产业集群内，集群的动力主体是外资企业，其一方面作为产业集群内部的核心企业，对集群的网络深化和技术发展起着关键的统领作用，引领着整个产业集群的创新和升级方向；另一方面还通过全球价值链或全球生产网络与母公司保持着战略联系，其发展方向需要与母公司的战略意图保持一致，其创新源更主要来自母公司。因此，不管外生性产业集群的产品是以出口还是以内销为主，集群的发展虽然也要借助当地的资源和基础设施，但集群发展的持续动力更主要的还是外资企业的能力。而对外资企业来说，与本土企业相比其竞争优势主要是创新能力，这也是外资企业垄断高附加值环节、控制高额利润的保证。因此，由这些外资企业主导的外生性产业集群，其发展的持续动力主要是外资企业的创新能力。

Bair 和 Gereffi（2001）认为，跨国公司能否推动外生性集群产业升级，还取决于集群企业在全球价值链上的整合方式、价值链的权力主体以及权力实施方式。由于我国本地企业很难进入外资企业的产业网络，或者仅仅位于跨国公司主导的全球生产网络的价值低端环节，获得的外溢知识量较少。因此，尽管有些外生性产业集群在当地蓬勃发展，但当地人力资本存量还是难以增加，造成外生性产业集群的发展主动权不在当地，而在外资企业。这也正是在国内市场需求和国际市场需求稳定发展的情况下，也会发生一些外生性产业集群从珠三角、福建沿海地区"北扩"或"北移"到长三角地区、渤海湾地区的原因。可见，外生性产业集群的发展动力还取决于外资企业的母公司所主导的全球价值链的战略意图，可以说其发展动力属于外拉型。

（4）二元结构产业集群的市场行为差异。在 Rutten 等人（2007）看来，嵌入性是一种通过社会资本（Social Capital）影响企业行为的机制。可以说，内生性和外生性产业集群由于与当地经济的嵌入性不同而导致的组织特征和动力机制的不同，必然也使它们面对市场变化做出的反应和采取的产业行为不同。

一是市场竞争的产业行为。外生性产业集群一方面由于多数以出口为导向，面临的是激烈的国际市场竞争，需要满足快速变化、不断升级的国际市场需求，因此往往需要进行持续的技术创新和产品升级；另外，多数以跨国公司为主导的产业集群，其所在行业的技术和知识密集型特性，决定了其应对竞争采用的是差异化战略，为此企业也需加大研发投入，以保持技术领先和产品差异性。可见，为应对市场竞争，跨国公司和外资企业主导的外生性产业集群采取的产业行为往往是，加快技术升级、保持产品差异性，成为行业内的知识领先者和技术扩散者。

当然，外生性产业集群采取产品差异化战略并不意味着生产成本对其不重要。如上所述，为了降低成本，跨国公司会根据世界各地的比较优势来分布其生产基地，而且往往要比较各地零部件供应商的价格，甚至实行"全球价格"下的零部件采购。为了进一步强化自己主导的全球生产网络优势，跨国公司会对加盟的企业构筑相当高的质量、财务、运营等方面的门槛，这就把我国大部分本土企业阻隔在了核心配套之外。而且跨国公司还会通过质量保证、供应链管理等体制，向其加盟者扩散组织能力或让渡竞争优势，并通过战略隔绝机制避免关键知识向生产网络外的企业扩散（王益民等，2007）。这种封闭性的生产网络可以避免技术外溢，也可以降低交易成本并规避不确定性，以便最大限度地保持自身独特的资源、能力与竞争优势。尤其当其对东道国的市场依赖比较小时，其发展往往不需要与当地产业关联。这样本土企业就很难通过配套方式进入到跨国公司主导的产业集群的核心环节中，而且由于所获得的技术外溢很有限，也就无法通过在其外围形成本土相关企业的方式来融入跨国公司主导的产业集群。

内生性产业集群一方面由于其所处的行业多数是劳动密集型，因而不同地区的产业集群之间竞争激烈；另一方面，由于集群内集中了大量同质的中小企业，集群内部企业之间的竞争也很激烈，同质竞争特性明显。也因此，成本领先战略成为其竞争的主要模式，产品间的价格竞争甚至价格战打得很激烈。在这种竞争模式下，企业利润空间不断被挤压，企业技术创新的能力不断被削弱。这就容易引发中小企业采取克扣员工工资、加班、生产假冒伪劣产品等内部成本外部化的行为来降低成本，这种短期化的行为显然会影响企业乃至集群的长远发展。相对而言，集群内的核心企业创新能力比较强，而且集群内和集群间的核心企业之间的竞争也很激烈，核心企业技术创新的动力也比较大。另外，核心企业也不同程度地需要面对跨国公司及其进口产品的竞争，但长期的价格竞争约束了其与跨国公司进行高端产品竞争的能力。而且集群内中小企业比较强的模仿能力，往往使其创新的溢出效应太大。在面临竞争压力但技术创新外溢效应太大的情况下，多数核心企业往往选择动态地引进国外先进设备或先进技术来进行产品升级以及工艺升级。这是一种省时省力的创新途径，但也抑制了企业产品的功能升级和链的升级。这也正是为何制鞋行业对本土企业而言是劳动密集型行业，而对耐克、阿迪达斯等跨国公司而言是一个高技术、高附加值行业的原因所在。

如上所述，我国不少内生性产业集群以各种方式融入了跨国公司主导的全球价值链。在跨国公司主导的全球价值链中，世界不同发展层次的国家企业以不同方式嵌入了全球价值链的不同环节，我国本土代工企业需要受制于跨国公司的全球战略安排，还需要与其他国家的企业来"分享"不同的环节。而在不同环节间的竞争中，我国本土企业更主要的比较优势是生产要素成本低，而且由于总体上技术水平低，因而以低端代工为主。如作为世界上最大的纺织品生产国和贸易国，我国本土企业嵌入的环节却仅限于附加值较低的部分（黄永明等，2006）。还有如已经具备了相当发展基础的温州鞋业集群，从整体上看其在全球价值链中还处于低附加值的生产制造环节（朱允卫等，2006）。晋江制鞋业集群也存在同样情况。低端代工意味着利润空间低，而且多以加工低端产品为主，这显然会抑制本土企业的创新，学习效应相对也比较小。但由于国内市场趋向饱和，而且企业间竞争激烈，企业出于生存考虑，也只能争取代工机会。

二是应对经济波动行为。由于退出门槛高度和市场敏感性不同，内生性和外生性产业集群应对经济波动的反应方式与程度也不同。内生性产业集群中的本土企业主多数是土生土长的企业家，据我们实地调查，其信用门槛非常高，其资金的筹集，与供应商、配套商和销售商间的合作主要维系在地缘、社会关系等信用基础上。在经济不景气之际一旦倒闭退出将在市场内名誉扫地，日后要东山再起基本很困难。而且这些土生土长的企业多数都购买了厂房，退出的沉淀成本和时间成本比较高。因此，对本土企业来说，退出门槛比较高，歇业比倒闭退出是更优的选择。

相对而言，外生性产业集群中的外资企业，多数是租用厂房，退出的沉淀成本比较低，而且退出速度也可以比较快。另外，大型跨国公司的融资主要是通过市场渠道，其供应商和销售商多数是在长期合作过程中相互形成了稳定关系，并跟随其进入东道国的企业。一旦遇到市场问题，它们可以共进退而不影响它们之间的合作关系。而且，对在世界各地拥有大量子公司的大型跨国公司来讲，某个区域的子公司退出市场对其声誉影响有限。而一些规模相对比较小的外资企业，其退出某个东道国或某个区域的市场后，还可以通过重新选址、变更公司名称等方式再战市场。因此，当市场危机使它们面临亏损时，它们可能以"弃厂而去"的方式快速退出市场。因此，相对而言，外资企业的退出门槛比较低。也正因此一些外资企业如合俊玩具厂和俊领玩具厂等，面临市场不景气时，选择了在拖欠员工工资未结的情况下全身撤出市场。

外生性产业集群在某个特定区域形成，往往出于利用当地生产要素以降低成本的目的，其市场以出口为导向，对国际市场依赖性高，是一种外向型发展模式。因此，当国际市场快速发展时，这些对外贸依存度比较高的外生性产业集群也借机获得了蓬勃发展的机会，产业规模和出口量迅速增长。但一旦全球经济出现波动而影响国际市场需求，这些以出口为导向的外生性产业集群的市场就会受到致命打击，出口受阻，市场规模急剧萎缩。因而，外生性产业集群对市场波动的敏感性比较强，一旦国际市场疲软使其市场需求迅速下降到亏损状态，其市场反应将很强烈，其市场反应方式可能是倒闭或撤离市场。

内生性产业集群本身是立足国内市场、伴随其发展而逐渐形成的，虽然随着经济全球化进程，不少内生性产业集群内的本土企业通过代工、承接订单等方式融入全球价值链，对国际市场的依赖有所上升。但是，这些扎根于当地经济的本土企业，往往还与国内市场保持着千丝万缕的关系，国内市场还是其主要的根据地。因此，当国际市场发展加快，内生性产业集群也会通过代工、承接订单等方式加大出口；一旦国际市场疲软，其市场规模也会受到影响，但这些立足国内市场的企业往往体现出较高的灵活性，可以较快地将更多的重心转向国内市场，对世界市场波动的敏感性不会太强，由此市场反应也不会太强烈。典型的如晋江的制鞋业，共有3000余家运动鞋企业，其中超过80%的企业为出口型企业。但其多数企业尤其是大型企业在面向国际市场的同时，并没有放弃国内市场，相反它们在代工的同时，更扎实地立足国内市场，实行自主品牌与贴牌加工同时并举的混合战略。近几年晋江旅游运动鞋年产10多亿双，其旅游运动鞋出口量占世界20%的同时，也占领了国内40%的市场，培育出了安踏、361度、特步、德尔惠、乔丹、鸿星尔克等一批知名的运动鞋品牌。因此，在国际市场遭遇寒流之际，晋江制鞋业的龙头企业并没有显著地受到国际市场波动的影响，而是更积极地从国内市场中找出路，保持了较为稳定的发展态势。

2. 地方产业集群二元结构的均衡与融合

对一个地方乃至国家的经济来讲，当面对经济波动时，其产业集群内的大量企业或龙头企业是选择倒闭还是歇业，对其长期稳定发展的影响是不同的。本书的分析表明，产业集群应对市场的产业行为往往内生于该集群的组织特性，而一个产业集群的组织模式又内生于其形成路径。以外资企业为主导的外生性产业集群，由其形成路径所决定的内生的产业组织及其应对市场波动的产业行为，使其根植性比较差；而另一方面，其应对市场竞争虽体现出极强的技术升级能力，但其封闭的生产网络把本土企业隔绝在了核心配套环节之外。以本土企业为主导的内生性集群，其形成的基础和发展的动力表明，它们是扎扎实实地根植于本土的，一个地区以及一个国家经济发展的根基也在于此。但问题是，像我国这样的发展中国家，由大量中小企业组成的内生性集群技术创新和升级乏力。可见，一个地区或一个国家的经济发展如果过度依赖外生性集群，经济的稳定性容易受到影响；如果过度依赖内生性集群，也存在产业升级和从全球价值链低端向高端攀升的难题。因此，其经济政策过于偏向外资企业或过于偏向本土企业都是不可取的。从经济长期发展和融入全球价值链获取创新源的角度考虑，一方面，应该谋求内生性集群和外生性集群的均衡发展；另一方面，更重要的是，要谋求外资企业和本土企业的融合互动。

以外资为主体的外生性产业集群的根植性取决于其与东道国产业的联系强弱。而其与东道国产业的联系强弱往往又是由其内生的产业组织模式和投资战略驱动的。因此，地方政府一而再再而三地出台各种越来越优惠的引资政策，并不能阻止外资迁移增强其根植性。对地方来讲，重要的不是外在地加强培育根植性，而应该设计出一种在外资外移发生之前就能从其溢出效应中获得足够收益以推动本地经济发展的新机制，要借助这些溢出效应尽可能地启动本土资源，最终形成以本土经济为主导的经济格局（项后军，2004）。

目前，一个地区某个行业的产业集群分布主要有三种状况：①以内生性产业集群为主；②以外生性产业集群为主；③内生性和外生性产业集群同时存在。根据上文对内生性和外生性产业集群的形成基础和应对市场的产业行为的分析，内生性和外生性产业集群二元结构的融合互动可以走两条路径。

一是本土企业着力提高自身的发展水平和配套能力，以自身发展实力吸引大型跨国公司和外资企业入驻，在本地形成一定规模的内生性产业集群的基础上形成外资"融入式"产业集群。而跨国公司能否"融入"以本土企业为主的内生性产业集群而不是"嵌入"其全球生产网络，一方面取决于该内生性产业集群对跨国公司的吸引力。不少实证研究表明，目前一些地区的集聚性优势已经超过基础性优势成为吸引跨国公司的更重要因素。即产业集群的发展水平以及本土企业的竞争实力，对影响跨国公司入驻很重要。另一方面，"融入"区别于"嵌入"的一个重要标志是，跨国公司是否与本土企业建立比较强的联系。但在一个新的环境中建立新的联系需要花费联系成本（linkage costs），如果该成本太高，就会影响外资企业建立与当地产业的联系（Tain - Jy et al.，2004），从而影响其融入本土企业集聚的产业群。Kinch（1992）也指出，与结构松散的网络相比，要在一个结构紧密的网络中占有一席之地往往要困难得多。可见，要促进跨国公司融入本土集聚的产业群，需要自身发展达到一定的水平以具备相当的吸引力，同时需要"开放"产业集群，以降低跨国公司融入的联系成本。

二是本土企业积极融入跨国公司形成的产业集群。对本土相关企业发展规模和水平尚未达到相当程度的地区，应该通过相应措施鼓励当地企业或国内其他地区相关企业进入，为以跨国公司和外资企业为主导的外生性产业集群配套。并通过相关鼓励措施激励其不断学习，逐步实现从"外围配套"走向"核心配套"，最后实现本土企业和外资企业的融合。戴尔1998年落户厦门，但十年来当地企业为其提供的配套仍主要是运输和包装，占戴尔所有采购额的5%左右，当地也没有吸引相关配套企业进来。正因此，戴尔一直没有放弃外迁到其国内配套重要基地长三角的打算。对当地已经同时形成内生性和外生性产业集群的地区，应引导内生性产业集群积极寻求机会向外生性产业集群网络渗透，或促进外生性产业集群网络向内生性产业集群网络延伸。如集群之间人才流动，外生性产业集群内某些人才外流创业，或某些外资配套企业升级为成品商等，都可能使外资企业原有的网络变得不稳定，给本土企业提供获得订单和代工的机会。另外，市场目标为国际市场是外生性产业集群网络封闭性的一个重要原因。在国际市场萎缩，我国启动内需之际，一些跨国公司和外资企业很有可能把目标市场从国际转向我国国内。我国本土企业具有机制灵活、人缘地缘关系好、用工成本低的竞争优势。因此，外资企业转战国内市场，将本土企业作为很好的战略伙伴，提供了本土企业与外资企业融合互动的机会。典型的如苏州地区的昆山和太仓陆渡镇的自行车产业集群，以台资企业为主的外生性产业集群在将目标市场从国外逐渐转向国内的过程中，不断与本土企业的内生性产业集群进行网络相互渗透，实现了内生性和外生性产业集群的融合（张晔等，2008）。

三 地方产业集群的升级困境与突破路径： 以福建省为例

1. 地方产业集群升级

大量实践已经证实，地方产业集群由于其规模效应、溢出效应、产业配套效应、区域品牌效应等成为提升区域竞争力的重要途径。如德国南部的汽车制造业、美国硅谷的 IT 产业、中国昆山的笔记本电脑生产业、温州的皮鞋业等的发展过程，都是产业集群带动区域经济发展的典型案例。但同时，两个现象也引起了相关部门和学者对承接国际产业转移背景下地方产业集群发展的再思考。

（1）在欧洲经济一体化带来贸易壁垒消除的过程中，产业集群在中、北、南、西部进行了一次大洗牌，如纺织业集群在中部开始分散而迁移集聚到西部和南部，皮革业集群在南部不断集聚而在其他地区不断收缩等。在中国，重工业尤其是机械制造业集聚中心从东北地区往长三角和珠三角地区转移，江苏昆山、吴江和深圳等地电子信息产业集群迅速崛起等，也是产业集群中心不断外扩、转移的过程。

（2）美国《华尔街日刊》曾报道，Logi - tech 公司在中国苏州生产的无线鼠标零售价为 40 美元，其中 Logi - tech 通过设计、组织生产和品牌推广获得 8 美元，芯片和传感器制造商获得 14 美元，零售和批发环节获得 15 美元，处于生产加工环节的苏州只能获得工资、动力、物流费用 3 美元。这种由于处于全球价值链低端环节而收益受到高端环节压榨的现象在我国纺织服装、电子信息、声像设备等行业中同样存在。

这两个现象表明，地方产业集群发展不但面临国内其他地方产业集群的竞争，而且越来越受制于跨国公司主导的全球生产网络，产业集群升级成为地方产业集聚发展的重要推动力。本书将以福建省为例进行分析。

改革开放以来，福建的发展是区域经济一体化的形成过程，更是地方产业集群带动发展的结果。目前全省已初步形成近 60 个大小产业集群，其中重点产业集群 30 多个，2008 年完成工业产值 6325 亿元，约占全省规模以上工业产值的 42%。但是，一方面，与长三角和珠三角省市比较，福建省产业集群在规模和质量上还有比较大的差距。2008 年全国产值 10 亿元以上的产业集群，福建有 59 个、浙江有 285 个、广东有 91 个，产值 100 亿元以上的产业集群福建有 13 个、浙江有 37 个、广东有 24 个；在"中国百佳产业集群"中，浙江有 36 个、广东有 21 个、江苏有 17 个、山东有 6 个、福建有 5 个。另一方面，福建省产业集群也同样属于低层次扎堆、集群内部企业之间恶性竞争激烈的小企业群生型模式，而且与长三角和珠三角等沿海省市比较，其被制约于全球价值链低端、走低端道路的威胁更大（见表 5 - 2）。

表 5 - 2 2008 年福建省重点产业集群发展情况简表

单位：个，亿元

	产业集群	行业	企业数	销售收入
1	福州显示器产业集群	电子信息	30	419.84
2	厦漳视听设备产业集群		21	120.85
3	福厦计算机及外设产业群		25	506.57
4	厦漳移动通信产业集群		10	50.16
5	福州汽车产业集群	机械	74	103.78
6	厦门汽车产业集群		62	196.89
7	厦门工程机械产业集群		21	75.02
8	龙岩运输及专用设备产业集群		74	88.76
9	福安电机电气产业集群		133	117.11
10	泉港石化产业集群	石化	219	325.79
11	厦门海沧石化产业集群		25	187.05
12	泉州纺织产业集群	纺织服装鞋	1162	940.70
13	长乐纺织产业集群		202	332.84
14	泉州鞋业产业集群		568	602.72
15	莆田鞋业产业集群		224	198.24
16	福州塑胶产业集群		119	130.50
17	德化工艺陶瓷产业集群	轻工制品	147	54.59
18	泉州箱包产业集群		246	103.68
19	漳州家具产业集群		116	52.72
20	厦漳闽台合作农产品加工产业集群	食品	543	418.81
21	泉州休闲食品产业集群		88	145.43
22	福州农产品产业集群		213	183.78

续表

	产业集群	行业	企业数	销售收入
23	晋江、南安建陶产业集群		359	230.75
24	南安水暖器材产业集群	建材	46	60.95
25	闽南石材产业集群		624	262.76
26	南平林产工业产业集群	林产	440	105.98
27	三明林产工业产业集群		276	82.01
28	厦门生物医药产业集群		14	13.49
29	厦门半导体照明产业集群	新兴产业	29	64.37
30	厦门钨制品深加工产业集群		3	26.70

资料来源：根据福建省经贸委内部资料整理。

Giuliani 等（2005）认为，产业集群发展走的是低端道路还是高端道路，区别在于地方产业集群升级能力的差异。Poter（1990）也指出，发展中国家的企业要在劳动密集型和资本密集型产品贸易中获得竞争优势，最好的办法就是实现升级，即生产更好的产品、更有效率地生产或转移到更具技能的活动。在全球价值链视角下，产业集群升级表现为向价值链高端攀升的增加附加值的创新过程。

Giuliani 等（2005）指出，在经济全球化背景下，影响产业集群升级的因素除了企业自身的努力、行为，还有集群的集体效率、价值链治理模式和特定部门特有的学习和创新模式等。地方产业集群是由相互关联的企业和相关机构组成的有机体，其升级不完全是集群内部单个企业的创新活动，而是集群内部利益相关者的集体行为。因此，在一些领导型企业将过时技术环节不断剥离以凸显核心业务的升级过程中，集群内相关企业能否在分工协作的基础上与其配套、协同发展，将决定集群集体效率的大小，也将影响领导型企业升级的动力。在全球价值链中处于领导地位的跨国公司对价值链的控制力，会影响参与价值链不同环节的地方产业集群的升级空间（Gereffi，1999b）；在国内价值链中不同地方产业集群之间的竞争，也会影响地方产业集群的升级机会。由此，地方产业集群升级往往体现为地方产业集群通过集体学习提升创新能力，对抗不同价值链环节市场势力和市场竞争的过程。而不同行业技术特性的不同决定了其需要通过与外部不同环节的技术联系来获得升级能力，如传统制造业的大部分工艺创新是由设备、材料供应等投入品生产者引进的，其学习和创新就需要与上游协作。

综上所述，地方产业集群升级是个复杂过程，其影响因素是多维的，对其分析需要立足地方实际情况。同时需要看到的是，上文分析包含着一个既定前提，即地方产业集群已经集聚到一定规模。而从我国实际来看，不少地方产业集群的规模还偏小，影响了产业集群升级所需要的集体效率和学习、创新能力。但这并不意味着产业集群升级问题需要让步于产业集聚，否则的话地方产业集群扎堆现象还将不断重复，而一旦形成低层次锁定效应再实现产业集群升级将极其困难。因此，对我国多数地方的产业集群来说，在推动产业集聚过程中实现产业集群升级是更现实、更迫切的问题。

2. 产业集群升级的双重背离

按照 Kaplinsky 和 Morris（2002）的观点，地方产业集群升级有四种类型，即过程升级、产品升级、功能升级和链条升级。过程升级是指改进工艺流程，提升生产效率，降低生产成本；产品升级是指开发新产品，改进产品质量，实现产品差异化；功能升级主要体现为由价值链低端环节向高端环节提升；链条升级方向一般为劳动密集型产业链条向资本密集型和技术密集型产业链条提升。普遍认为地方产业集群升级一般都遵循从过程升级到产品升级再到功能升级最后到链条升级的顺序。但对福建省产业集群进行深入剖析可以发现，其产业集群升级存在"双重背离"的现象。

一是产业集群过程升级与产品升级的背离。在福建省经济发展过程中，随着企业规模的扩大和市场竞争的加剧，企业为提高产品质量和降低生产成本，开始逐渐加大对设备、工艺流程改造方面的投资；同时，外资企业进入往往也引进了新设备和工艺流程，而且随着代工活动和产品出口的增多，企业加强成本优势和达到发包企业技术和质量要求的压力增大，从而强化了企业改造工艺流程的动力。到 2009 年福建规模以上工业企业固定资产原值达到 7039 亿元，是 2005 年 3838 亿元的 1.83 倍，其中微电子控制设备占生产经营用设备原价的比重为 20.8%，高于全国 12.1% 的平均水平。设备投资的增加，装备水平的提升，有力地促进了福建产业集群的过程升级，使其生产效率快速提升。

但与过程升级相背离的是，福建产业集群的产品升级速度比较慢。一方面，由于研发活动风险比较大而且受企业资金、技术实力的约束，福建产业集群的研发投入严重不足。2010年全省R&D投入占GDP的比重为1.15%，不仅大大低于世界发达国家3%的水平，而且也低于全国1.75%的平均水平。另一方面，福建企业的研发活动普遍存在短视行为，乐于从事短平快项目，而对重大技术发明，由于研发费用大，投入产出周期较长，往往不愿承担。2009年全省专利授权数为11282项，其中发明824项，仅占7.3%，其余92%以上主要是短平快的外观设计与实用新型类。而在西方发达国家，发明在专利申请中一般要占80%以上。此外，福建企业也同样存在"重引进轻消化"现象。福建的外向度比较高，企业技术80%靠引进，但消化不良，技术引进费用与技术消化再创新费用的比例只达到1：0.16，远低于日、韩在工业高速增长时期1：5~8的水平，使不少企业陷入"引进→使用→再引进"的恶性循环。这些都制约了福建产业集群的产品升级。

一般来说，过程升级所带来的成本降低，对传统的劳动密集型和资源密集型行业增强竞争优势作用比较明显。相对而言，产品升级的技术创新和新产品销售率的提升，对资本密集型和技术密集型行业的竞争优势更重要。福建产业集群过程升级较快而产品升级较慢，进一步使福建产业集群的竞争优势主要集中在劳动密集型和资源密集型行业，资本密集型和技术密集型行业的竞争优势比较弱。

表5-3显示了福建主要产业集群的区位熵，从2010年的数据看，作为支柱行业的电子信息产业集群，其行业区位熵只有1.88，集群竞争力一般，明显弱于上海和广东。其他两个主导行业，石化集群的区位熵为1.23，其中石油加工业的区位熵只有0.98，总体竞争力偏弱；机械集群的区位熵小于1，且小于长三角和珠三角省份，竞争力比较弱。行业区位熵小于1的还有冶金、交通运输设备制造、医药等技术和资金密集型产业集群，且它们的竞争力也小于长三角和珠三角各省。相对而言，食品、纺织服装鞋、林业产品、非金属矿物制品等劳动密集型传统产业集群的竞争力比较强，其中纺织服装鞋制造业的区位熵为3.53，竞争力最强。

表 5 - 3　福建与周边地区主要产业集群区位熵的比较

	食品			纺织服装鞋			林业产品			石化		
	1997 年	2010 年	变动值	1997 年	2010 年	变动值	1997 年	2010 年	变动值	1997 年	2010 年	变动值
上海市	0.66	0.33	-0.33	0.94	0.45	-0.49	0.81	0.58	-0.23	1.29	0.95	-0.34
江苏省	0.72	0.33	-0.39	1.48	1.16	-0.32	0.79	0.92	0.13	1.19	0.98	-0.21
浙江省	0.96	0.42	-0.54	2.14	2.92	0.78	1.02	1.55	0.53	1.32	1.51	0.19
福建省	1.38	1.75	0.37	1.93	3.53	1.60	1.90	2.45	0.55	1.25	1.23	-0.02
广东省	0.98	0.87	-0.11	0.95	1.82	0.87	0.93	2.03	1.1	0.97	1.45	0.48

	非金属矿物制品业			冶金			机械			交通运输设备制造业		
	1997 年	2010 年	变动值	1997 年	2010 年	变动值	1997 年	2010 年	变动值	1997 年	2010 年	变动值
上海市	0.41	0.34	-0.07	1.34	0.66	-0.68	1.38	1.16	-0.22	2.12	1.73	-0.93
江苏省	0.92	0.69	-0.23	0.93	0.89	-0.04	1.52	1.31	-0.21	0.87	0.99	0.12
浙江省	0.91	0.76	-0.15	0.83	0.95	0.12	1.19	1.64	0.45	0.56	1.09	0.53
福建省	1.12	1.86	0.74	0.63	0.84	0.21	0.63	0.93	0.30	0.47	0.84	0.37
广东省	0.84	1.30	0.46	0.72	1.14	0.42	0.84	1.74	0.90	0.62	1.28	0.66

	医药			电子信息		
	1997 年	2010 年	变动值	1997 年	2010 年	变动值
上海市	1.18	0.75	-0.43	1.33	2.35	1.02
江苏省	0.77	0.87	0.10	1.01	1.46	0.45
浙江省	0.88	1.10	0.22	0.83	0.60	-0.23
福建省	0.50	0.57	0.07	1.87	1.88	0.01
广东省	0.84	0.93	0.09	2.64	4.78	2.14

注：（1）食品集群为农副食品加工业和食品制造业；纺织服装鞋集群为纺织业和服装帽制造业，皮革、毛皮及其制品业；林业产品集群为木材加工及制品业、家具制造业、造纸及纸制品业；石化集群为石油加工及炼焦加工业、化学原料及化学制品制造业、化学纤维制造业、橡胶制品业、塑料制品业；冶金集群为黑色金属冶炼及压延工业、有色金属冶炼及压延加工业、金属制品业；机械集群为通用设备制造业、专用设备制造业、电气机械及器材制造业。（2）区位熵（LQ）＝（区域某产业产值/区域制造业产值）/（全国该产业产值/全国制造业产值）。

资料来源：1997 年区位熵根据独立核算工业企业销售收入计算，原始数据来自《中国工业经济统计年鉴》（1998）；2010 年数据根据规模以上工业企业行业产值计算，原始数据来自全国及各省市统计年鉴（2011）。

动态考察，从 1997 年到 2010 年，福建产业集群的行业发生了较大变化。从表 5 - 3 可见，行业区位熵除了石化行业略有下降之外，其他集群的区位熵都呈现上升态势，其中纺织服装鞋业和非金属矿物制品业集群区位熵上升幅度比较大，而长三角和珠三角大部分省份这两个行业区位熵上升幅度比较小。福建电子信息产业集群区位熵，从 1.87 上升到 1.88，只上升了一个百分点，而同期，上海和江苏该集群行业区位熵分别上升了 1.02 和 2.14。可见，过程升级所带来的成本领先强化了福建劳动密集型轻纺工业的竞争优势，而产品升级乏力导致大量的资本、技术密集型产业竞争优势比较弱。

二是产业集群链条升级与功能升级的背离。在产业不断集聚、集群发展过程中，由于各行业自身发展条件和外部市场环境的演变，其产业集群的横向结构也随之不断演变，呈现出明显的产业集群链条升级的演进轨迹，即产业集群由以劳动密集型为主向以资本密集型和技术密集型为主演变。

改革开放以来，随着民营经济在泉州、晋江、石狮等沿海地区迅速崛起，纺织服装鞋帽业首先在这些地方得到了快速发展，并逐渐在泉州、晋江、石狮、福州、莆田、长乐等地形成了各具特色的产业集群。1991 年纺织服装鞋帽业占福建工业总产值的 10.3%，是福建经济发展的重要引擎。20 世纪 90 年代初期，受消费需求拉动，依托福建传统工艺和资源优势，工艺美术品、塑料制品、造纸及制浆、食品等四大轻工业也开始迅速发展和集聚。到"八五"期末的 1995 年，福建的轻工业产值达到 1042.20 亿元，占福建工业总产值的 59.7%。

但自"九五"规划以后，福建省抓住我国重化工业沿海化浪潮的机遇，充分利用港口资源的比较优势，使重工业得到快速发展，轻、重工业产值比例从 1995 年的 59.7∶40.3 发展到 2002 年的 50∶50，2009 年达 54∶46。电子信息、机械装备和石油化工三大主导产业发展强劲，2010 年增加值为 2204 亿元，约占全省工业比重的 35.3%，对全省的工业增长贡献率达 45%。按照 OECD 对制造业的技术分类，目前福建省以电子信息、医药制造业为主的高技术产业和以电器机械和化学制品制造业为主的中高技术产业，已占全部制造业的 30% 以上，其中以电子信息产业为代表的高技术产业发展迅猛，已经形成以计算机产业集群、手机产业集群和数字视听产业集群为代表的福厦沿海电子信息产业基地，实现了由模拟技术向数字技术的跃迁。在福建，产业集群升级经历了"纺织业→轻工业→重工业→高科技产业"的演变路径，产业链条升级速度较快，产业集群的技术和资金密集度不断上升。

相对而言，福建省产业集群的功能升级速度比较慢。一般来说，跨国公司价值链的区位选择，可以在一定程度上反映区域产业功能升级的基本状况（Li and Park，2006）。目前在福建集聚的跨国公司不仅数量少，而且主要分布在制造环节，与北京、上海、广东的差距很大。这在一定程度上说明在价值链高端环节企业集聚度比较小，其中以竞争优势最强的传统制造业纺织服装产业集群和高科技支柱产业电子信息产业集群表现最为明显（见表5－4）。

表5－4　2006年跨国公司价值链省市分布状况

地区	制造	研发	营运	总计	地区	制造	研发	营运	总计
北京	144	64	54	262	广东	119	22	23	164
上海	264	73	77	414	福建	9	3	3	15

资料来源：引自徐康宁、陈健《跨国公司价值链的区位选择及其决定因素》，《经济研究》2008年第3期。制造、研发、营运单位为跨国公司的家数。

从纺织服装产业集群考察，2010年福建纺织服装及鞋帽（包括皮革制品）等工业的增加值为910亿元，约占全省工业增加值的15%，而且出口份额较大，贸易竞争指数较高，优势比较明显。与全国其他地区相比，福建是拥有全国品牌较多的省份，至2010年底拥有全国驰名商标158件，拥有中国名牌产品100个，均居全国第5位。但多数是以贴牌加工和杂牌为主的。如长乐纺织产业集群共有40多家生产企业，但产品多以低端为主，或从事贴牌生产，没有一家拥有自主知名品牌的企业。晋江鞋业产业集群有企业3000多家，除了安踏等少数品牌企业之外，其余主要为耐克、阿迪达斯、锐步等跨国公司进行贴牌生产。福建的纺织服装产业集群以下游服装为主，品牌影响不够，在全球价值链中处于低端环节，利润空间小，升级压力大。

福建电子信息产业集群的产品以手机、微型计算机、显示器、激光视盘机、打印机等为主，其中除了CRT显示器已基本形成较完善的产业链外，其他产品尚未形成完整的产业链。省内配套件数一般占整机的20%～65%，但价值只占整机的15%～50%，大部分核心技术和关键配套产品仍然依赖国外和其他省市。软件业是信息产业的核心，但软件业营业额占福建电子信息产业的比重只有6.34%，软硬件比例失调，信息化总体水平偏低。从所有制结构来看，三资企业的产值占福建电子信息产业的比重超过80%，其出口额占福建出口总额的比重超过90%，技术和营销两头在外，生产、组装为主的特征非常明显。如厦门戴尔是福建省最大的电子信息制造商，但主要以加工装配为主，在厦门没有研发中心；冠捷（含捷联）的核心技术主要依赖总部冠捷科技集团，大部分产品销往欧洲市场，营销主要控制在总部手中；华映光电的情况也类似，核心技术依赖总部，福建的企业只是总部的一个生产加工基地，自主知识产权少、核心技术掌握少，创新能力低。这些情况在福建的其他产业集群中同样存在。可见福建产业集群虽然链条升级比较快，但总体来说垂直竞争地位比较低，处于全球价值链中低端环节，存在功能升级和链条升级背离的现象。从产业链和价值链不同环节的垂直视角来看，处于不同环节的产业集群会由于技术势力差异或对市场销售终端控制能力差异所产生的市场势力的不同，在产业链和价值链中享有不同的技术创新主动权和利润分配空间（张杰等，2007；陈爱贞，2008）。因此产业集群功能升级比较慢使产业集群面临被压制在价值链低端的危险。

3. 产业集聚因素演变及其对集群升级的影响

根据斯密的大市场理论，一个大经济区域总比一个小经济区域更可能产生专业化分工。对我国的实证分析也表明，随着产业集聚的形成和发展，产业的垂直分工水平和专业化生产在不断深化（陈建军等，2006）。福建产业集群升级的双重背离，其深层的原因不仅在于单个产业集群的规模小，还在于整个区域产业集聚发展的溢出效应和产业关联效应小。从图 5 – 3 可见，改革开放以来，福建的工业相对集聚程度在不同阶段的发展是非均衡的，表现出明显的两头低、中间高的倒 "U" 形曲线。

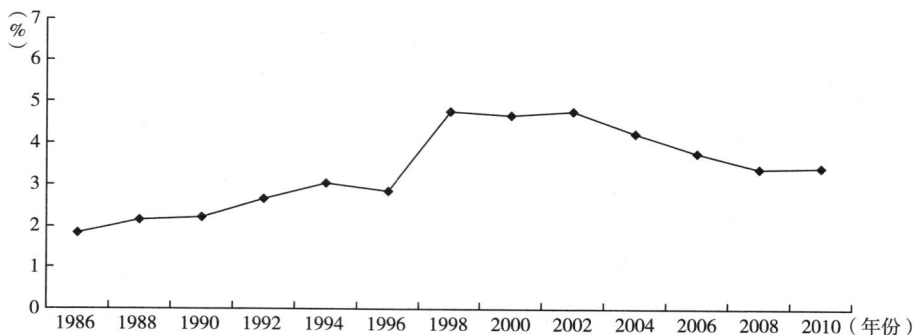

图 5 – 3　福建工业占全国比重的演变情况

资料来源：根据《中国统计年鉴》历年数据计算。

关于影响区域产业集聚的具体因素，传统经济地理学和新经济地理学强调了资源禀赋、区位优势、产业配套、运输成本、市场规模以及人力资本、历史等因素。近年来，越来越多的学者开始特别强调 FDI 对地方产业集群升级的影响（Birkinshaw，2000）。而从实际来看，这些因素对产业集聚的影响不是等量齐观、平起平坐的。在不同的国家、地区，或在同一国家或地区的不同发展阶段，影响产业集聚的所有因素中，有些因素的作用力可能会强些，成为主导因素，而有些因素的作用力可能会弱些，成为非主导因素，这些因素交替演进、不断变化，导致不同地区或同一地区不同阶段的产业发展呈现出非均衡发展态势。这也是福建产业集聚的发展速度时快时慢、相对规模时而扩张时而萎缩，由此影响产业集群升级的原因所在。

在改革开放以前，我国实行高度集权、封闭的计划经济，政府政策和资源禀赋在地区经济发展中起着至关重要的作用。在这一时期，由于"左"的思想影响，加上帝国主义对我国实行政治、经济封锁和海峡两岸军事对峙的紧张局势，全国集中财力和物力主要用于三线建设，福建作为海防前线少有经济建设投资，在大陆地区福建是唯一没有国家大型建设项目投资的省份，加上交通等基础设施落后，地理区位相对闭塞，自然资源禀赋相对贫乏，严重阻碍了工业的发展，导致发展速度缓慢，经济总量偏小，直至1978年福建地区生产总值仅为63亿元，占全国工业比重的1.49%。

改革开放以后，我国的经济政策开始由封闭型转向开放型，兼具地理优势和政策优势的福州、厦门等福建东南沿海地区，不仅具有沿海港口优势，而且享受经济特区、经济开发区和沿海开放城市等多重政策优惠，在吸收境外资本、发展外向型工业方面具有其他地区不可比拟的优势。泉州等地则依靠民营经济的诱致性制度创新和历史上具有经商传统的路径依赖，迅速崛起，进而出现这些地区工业集聚加速的现象。特别是1992年邓小平同志南行以后，福建工业发展更是异常迅猛，工业集聚规模不断扩大，全省工业增加值从当年的188亿元增加到1998年的1133亿元，年均增长32%，大大高于同期全国平均增长水平，占全国工业的比重也上升到5.83%。

进入20世纪末期以后，我国区域发展政策开始由非均衡型逐步转向均衡型，西部大开发、中部崛起、振兴东北等战略相继提出，对推动我国欠发达地区的工业振兴和各地经济的均衡发展起到了很大作用，不少中西部省份的工业增长速度开始超过福建。而福建在这轮经济发展中处于尴尬地位，既不是"东西"，也无缘"振兴"与"崛起"。与此同时，随着世界性产业结构调整的加快，产业转移和外资流入为我国地方产业集群的发展带来了历史性的机遇。由此在我国区域经济发展中，资源禀赋、区位等传统经济地理学因素的作用在逐步减弱，而产业配套、人力资本和市场条件等新经济地理因素的作用逐步增强，越来越成为吸引投资和产业集聚的重要环境。长三角和珠三角等周边地区在新一轮的国际产业重组中，凭借其在产业配套、人力资本、市场条件和交通运输等方面的竞争优势，大量承接国际转移过来的产业，以各种方式融入全球价值链中。相对而言，福建在这些方面的竞争优势不如前者，导致对国内外资本和资源的吸引力相对下降，工业集聚效应开始减弱。甚至中国台湾的第三轮产业转移选择了落户广东而不是福建，更有不少台资企业把目标地转向了长三角和珠三角。新经济地理学的这些因素往往具有收益递增的自我增强正反馈机制，即经济越发达的地区，这些条件越具备，工业发展和产业集聚的速率也越快；经济发展越是落后的地区，这些因素作用力越弱，工业发展和产业集聚的速率也越慢。工业发展影响因素和工业发展结果的相互作用、正反馈循环，造成福建与广东、浙江、江苏和山东等沿海地区的经济差距不断扩大，工业在全国的比重自 1998 年到达顶峰后不断回落，2010 年福建工业增加值占全国的比重已由 1998 年的 5.83% 降到 3.64%。表 5-5 总结了福建产业集聚发展主要影响因素的历史演变过程。这些因素在交替演进影响福建产业集聚的过程中，也对其产业集群升级产生了基础性影响。

表 5-5　福建产业集群发展主要影响因素的历史演变

	改革开放以前	改革开放初期到 20 世纪 90 年代中期	20 世纪 90 年代末至今
主要影响因素演变	计划经济政策，资源禀赋等	开放政策，区域非均衡发展政策，诱致性制度创新，区位因素，交通设施等	区域均衡发展政策，产业配套，人力资本，市场条件等
主要因素演变对福建产业集群发展的影响	计划经济政策因素，特别是"三线"建设政策，对福建产业集聚具有负面影响，加上交通设施落后，地理区位相对闭塞，严重阻碍工业发展	开放政策和区域非均衡发展政策使福建收益甚多，而且区位优势开始呈现，加上交通等基础设施改善，有力推动了福建工业集聚、发展的速度	区域均衡发展政策少有惠及，产业配套、人力资本和市场条件又处于相对劣势，而这些因素与产业发展水平具有自我增强正反馈机制，造成福建与周边经济发达地区差距不断扩大

资料来源：笔者整理。

诱致性制度创新促进了民营经济的蓬勃发展，是福建纺织业和轻工业集群发展的重要基础。而在开放政策、区域非均衡发展政策、地处台湾西岸的区位优势等条件下，以港澳台资为主的企业大量进入，进一步促进了福建纺织业、轻工业的集群发展。同时，以港澳台资为主的企业进入也带来了先进的设备和流程，促进了过程升级。进入21世纪，港澳台资和外资企业的投资开始更多地投向重工业和高科技行业。改革开放以来，福建省实际利用外资共计1400亿美元，大量外资进入，尤其是一些大型跨国公司的进驻，有力地带动了福建重工业和高科技行业的集群发展，推动了福建产业集群的链条升级。张宇等（2008）对我国产业集聚程度的总体考察发现，行业技术含量越高其集聚的程度也越高，如广东省的高技术产业就占到了全国的36%。他们认为原因在于，技术含量越高的行业生产过程中所需要的投入也越为复杂，对区位的经济技术水平、基础设施以及人力资本的要求也越严格，由此导致大量高技术行业聚集在能够满足其要求的有限区域中。福建的电子信息产业在引入一些大型外资企业的基础上，产业集群达到了一定的规模。但是，一方面，由于受交通设施、人力资本、市场条件等的限制，配套企业没有进一步大规模跟进、发展，约束了福建产业配套的完善，由此也弱化了其在与其他地区竞争中对国内外资本的吸引力。如摩托罗拉本来规划在厦门成立公司，但由于在福建招聘高级专业人才比较困难而最终放弃；戴尔也曾经因厦门配套不完善而想外迁。另一方面，长三角、珠三角、环渤海等区域经济进一步发展，竞争优势进一步强化，同时这些地区也在加大对中高新技术产业的吸引力度。而由于资本的流动性，一旦投资地的政策环境发生变化或出现了更具优势的地区，资本就会发生转移，这也是导致福建经济波动的深层原因。这种因为行业配套能力弱和区域总体经济技术竞争力弱而影响产业集群竞争力的情况在石化、机械、医药等其他中高技术产业集群中同样存在。相对而言，低技术产业由于原料多为农副产品，会在某些特定的原料产地形成一定程度的集聚。以上也是福建在技术和资本密集型行业中还缺乏竞争优势，在劳动密集型行业具有一定竞争优势的主要原因。

可以说，与其他地区产业集群间的水平竞争能力弱是导致福建产业集群产品升级和功能升级能力弱的重要原因。Krugman（1991）曾把产业集群的外部性概括为专业化分工、劳动力市场经济和知识外溢。其中专业化分工是中间品生产专业化不断深化的基础，是提高生产率的重要因素和报酬递增的主要源泉；一定规模基础上的劳动力流动、产业关联、示范以及外溢效应是本地企业技术升级的关键。从这个意义上说，相对较小的竞争规模弱化了福建产业集群的外部性，限制了企业增加研发、技术创新的活动，也抑制了产业集群向价值链高端攀升的动力。尤其那些对外依存度比较高的产业集群，区域产业集群外部性比较弱会影响外资在当地投资的持续性和根植性，其对这些产业集群产品升级和功能升级的影响更长远。Birkinshaw（2000）运用生命周期理论分析认为，FDI 对成熟产业集群的技术升级有积极影响，而对高成长的产业集群虽然会产生短期正面影响，但在跨国公司的子公司根植性较低、价值链较窄、产业关联较少的情况下，对集群技术升级的促进作用很有限。在福建，外资进入比较多和参与跨国公司主导的全球生产网络的产业集群有电子信息、纺织服装鞋、化纤制造、金属制品、汽车制造、食品等行业。其中在电子信息、化纤制造、汽车制造等技术含量较高的产业集群中，跨国公司往往基于全球生产网络效应而在福建进行产业链移植或产业链复制。但是，福建产业集群的规模、配套和竞争力比较弱，而且较低的产业集群外部性降低了更多相关或配套企业迁移进来的机会，使跨国公司往往只能利用其主导的全球生产网络由其他地区的供应链为福建生产提供部分配套，这就使跨国公司主导的全球生产网络具有内在的封闭性，当地根植性及与当地产业的关联被弱化。其结果，一方面是福建在跨国公司主导的全球生产网络中的地位降低，价值链高端环节一般不往福建转移，研发投入很少；另一方面，当地企业所能获得的溢出效应比较小，这些限制了福建产业集群产品升级和功能升级的能力。而在纺织服装鞋、金属制品、食品等产业集群中，不少当地企业以贴牌生产或提供投入品等方式融入到跨国公司主导的全球价值链中。但是，由于其集群规模比较小，对抗跨国公司的市场势力比较小，所能获得的集群租金也比较少，它们容易长期停滞于贴牌生产、被控制在低附加值环节，企业产品升级则主要是迫于发包商的要求。而嵊州领带生产占全国的 80% 和全球的 30%，其在跨国公司主导的全球价值链中占有举足轻重的地位，因而争取利润和升级空间的市场势力比较大。因此，水平竞争能力弱所决定的低市场势力与弱外部性之间的恶性循环，容易把福建产业集群制约在价值链低端，产品升级和功能升级能力被弱化。

4. 地方产业集群升级突破路径

本书的分析表明，地方产业集群存在产品升级和过程升级、功能升级和链条升级双重背离现象，而产业集群水平竞争力弱是制约产品升级和功能升级的重要瓶颈因素。进一步对福建产业集聚因素演变及其对集群升级影响的分析也表明，在国内外竞争加剧的背景下，整个地区的产业集群竞争实力是影响地方产业集群产品升级和功能升级动力、能力的重要因素。可以说，推动产业集群升级其实就是促进产业集聚过程中提升产业集群竞争力的过程。上文的分析也显示，产业配套、人力资本、市场条件等新经济地理学所强调的因素对产业集聚和集群升级的重要性越来越突出。这与波特（2003）的观点其实是一致的，他认为产业集群竞争力取决于该地区的要素条件、市场需求条件、关联产业和辅助产业以及企业的战略、结构和竞争。

为此，企业和政府需要立足我国实际采取相应措施。

（1）企业对策

从福建产业集群内部企业之间的关系来看，福建存在中小企业与大企业分工协作水平不高、大企业之间相互竞争、互相挖人才和争夺原材料的现象。这不但影响了企业发展自主品牌，也增加了建立有影响力的区域品牌的难度。而企业以及整个产业集群要走出区域、走向世界，需要依托区域品牌，其影响的不单是国际和国内资源的流向，还将影响企业参与全球价值链的方式及其在全球价值链中的地位。因此，企业在努力培育自身品牌的同时，更应该在与龙头企业分工协作的基础上，通过凸显强势企业品牌推动塑造区域品牌，然后在发挥集聚效应的基础上增强企业自身品牌的影响力，提高其在全球价值链中的地位。

从产业集群组织结构与市场条件之间的关系来看，过度竞争的组织结构会破坏良性市场的形成。根据福建现有的条件，企业应在竞争中形成大企业主导、大中小企业共生的产业组织结构，以及产业链内上中下游的协作、互动关系，构建本地网络，还应该加强与集群外相关企业的协作、合作。这可以包括一些非核心配套产品由其他地区产业集群提供，也可以是与集群外的企业加强在研发、市场营销等方面的合作，还可以通过积极与跨国公司合作，形成国际联盟以实现技术和市场份额的更快跨越。

从福建产业集群与外部产业集群之间的关系来看，福建企业在融入全球价值链的同时，更应该积极参与国内价值链。上文的分析表明，由于与跨国公司的竞争实力差距，福建产业集群内的企业在参与跨国公司主导的全球价值链中，容易受到跨国公司的压榨，被锁定在低端环节。Schmitz（2004）从对印度和巴西的研究中发现，那些专注于国内市场的企业更有可能发展自己的设计、品牌和营销渠道。福建企业可以在参与全球价值链的同时，通过参与国内价值链，实现在国内价值链中向价值链高端攀升，再通过国内价值链与全球价值链的对接，提升产业集群在全球价值链中的地位。

（2）政府政策选择

从上文分析也可知道，在现有国内外竞争格局下，波特所强调的地区要素条件最主要的是产业配套和人力资本；其所强调的市场需求条件，对一个区域来说，中间投入品和终端产品需求要受制于当地产业发展规模和交通设施等条件；其所强调的关联产业和辅助产业，在现有条件下更主要的是高级要素的发展和金融服务等高端配套产业的发展。基于此，政府在大力改善交通设施条件的同时，还需要着力做好以下几个方面。

其一，加强人力资本培育。人力资本是企业和产业集群发展、创新的首要因素，但受地理位置较偏、经济技术实力不够强以及高校较少的限制，不少欠发达地区高级人才缺乏却又很难吸引到急需人才。因此，在加大人才引进力度的同时，这些地区一方面需要自己培育专有人才，根据产业集群发展需要，在有条件的地方发展专业学校，加强专业人才和劳动力的培训；另一方面，需要学习深圳，通过各种合作方式引进高校技术支持，加强产学研联合，促进企业和产业集群建立有效的科技创新平台，培育核心竞争力。

其二，大力发展生产性现代服务业。产业配套条件是吸引国内外资本和产业集群发展的重要因素，其中生产性服务业尤其是现代生产性服务业的发展，是奠定制造业和其他服务业竞争力的基础。因此，根据福建现有的条件和产业集群发展、升级的需要，目前要大力发展先进生产性服务业，如生产前的市场和定位调研服务、研发中的设计服务、研发合作，生产中的人才培训、法律和产权服务、管理咨询服务，以及生产后的品牌服务、物流服务、出口服务等，通过对这些难以竞争、难以模仿以及可持续创造价值的高级要素的投入，为提升福建产业集群竞争力提供智力支持。

为此，政府一方面要加大对先进生产性服务业的投入、为推动集群内的企业服务外包提供条件；另一方面还应该调整引资政策，吸引跨国先进生产性服务业进入，直接为当地企业自主创新提供智力外援，同时带动福建生产性服务业的发展。常州武进高新技术产业开发区内的"津通国际工业园"，通过引进现代服务业来增强当地制造业竞争力的做法值得福建借鉴和学习。

其三，构建金融服务平台。从吸引外资方面来看，福建吸引港澳台资企业力量最强。但近年来，福建对港澳台资企业的吸引力已经有所下降，这除了与福建产业配套不完善、竞争力弱有关外，还与在福建融资困难约束企业发展有关。对此，福建应该加快出台专门针对港澳台资企业的柜台交易，以吸引港澳台资企业进来，促进产业集群的进一步发展。同时，福建产业集群内大部分企业为中小企业，其资金很大部分来自民间资本，这种融资模式一定程度上制约了企业的进一步发展。因此，福建也应根据实际情况，由财政、企业共同出资，按照"谁出资，谁受益"的原则，组建中小企业担保公司，推动建立银行与担保机构风险共担、利益共享的协作关系。积极运用银团贷款、融资租赁、项目融资、财务顾问等多种业务方式，支持产业集群的项目建设。简化资产抵押担保、评估、审查的手续，降低收费标准，适当提高房产、土地、设备等资产抵押贷款的比例，给予抵押贷款额度，尽可能提高企业授信贷款额度，促进产业集群发展。

其四，培育区域品牌。区域品牌的产业性能和质量的地理性标志，具有经济外部性，可以为该区域内的众多同类企业所共享。因此，与培育企业品牌不同，政府行为应主要是培育区域品牌，提供相应平台和一定的资金支持，促进地方产业集群共用品牌的建设，打造国际区域品牌。如东莞大朗毛衣、中山小榄五金、潮州陶瓷、福建德化瓷器、南平武夷山茶叶等，在探索培育区域品牌等方面，都取得了较好成效，值得学习与借鉴。

第六章

我国 FDI 区域集聚
与空间收敛

本章从空间经济与地缘经济双重视角，研究我国 FDI 的空间运动规律。从 20 世纪 90 年代以来，我国 FDI 的区域分布存在显著的空间自相关性，整体呈现先发散而后收敛的运行趋势，但东部、中部和西部有所差异。从泰尔指数和 Moran's I 指数考察，东部地区的 FDI 空间布局收敛特征十分明显，收敛速率加快，收敛区域范围不断扩大；中部各省区出现分化现象，临近东部的省区与东部省区之间呈现 β-收敛趋势；远离东部的省区，有的随着区域增长极的崛起与周边地区形成发散状态，有的则与西部省区之间呈现 β-收敛趋势。长期存在的东部、中部和西部的 FDI 三大收敛"俱乐部"，随着时间推移，有可能逐步演变成东—中部和中—西部两大收敛"俱乐部"。根据 β-条件收敛分析，基础设施、开放程度、市场容量、市场化程度、人力资本、政府优惠政策、集聚效应是吸引外商直接投资的重要因素，也是影响 FDI 区域集聚与扩散收敛的条件因素，但在不同地区和时段，这些因素作用的程度有所差异。

一 地理学第一定律： FDI 俱乐部重组机理分析

经济俱乐部是指在经济增长初始条件和结构特征相似且空间相邻的一组区域的经济增长收敛于系统的稳态（Barro & Sala-I-Martin，1991）。FDI 的地理空间集聚也存在着相同现象，我们称之为 FDI 俱乐部。FDI 俱乐部成员不是一成不变的，而是处于不断的分化重组之中。FDI 空间俱乐部成员的分化重组机理，可以从以下两个视角加以考察。

从时间维度考察，俱乐部成员的分化与重组是规模收益递增效应与规模收益递减效应两种力量交替作用的结果。一般而言，由于各个区域的资源禀赋、区位条件、产业基础、基础设施等具有差异性，外资在进入初期，往往是从点上突破，并在产业关联效应、规模经济效应和技术溢出效应的共同作用下，使外资区域集聚规模收益递增趋势，基于累积循环因果效应，使我国不同区域之间 FDI 分布的非均衡性不断强化，导致 FDI 的空间分布出现积聚趋势。但是随着中心区 FDI 集聚度的不断增大，又会出现拥挤效应，地区内部要素资源相对紧张的问题会逐渐突显和恶化，造成原材料价格、人力资本、运输费用、用地成本等生产要素价格大幅度上升，一旦拥挤成本大于积聚收益，FDI 中心集聚区的规模收益递减将替代规模收益递增而发挥主导作用。特别是随着区域之间交通等基础设施的不断完善，当运输成本低到能够抵消中心区与外围区的要素价格差时，就会导致 FDI 从集聚中心区向外围地区转移、迁徙，进而使该区域的 FDI 空间布局出现收敛倾向。

从空间维度考察，区域 FDI 空间积聚并非完全独立，由于空间相互作用，一个区域单元上的某种地理现象或某一属性值是与邻近区域单元上同一现象或属性值存在相关性的，一个区域 FDI 的增长不仅依赖于自身的投资环境和初始经济条件，也取决于周边区域的 FDI 增长轨迹，它们相互促进、互为补充，形成正向的带动效应，促进区域 FDI 的趋同，形成 FDI 区域俱乐部的收敛，在现实经济中，表现为 FDI 密集区域和 FDI 稀疏区域往往是连片分布的。这种现象称为 FDI 集聚区域的空间作用机制。FDI 集聚区域的空间作用机制主要通过三种路径来实现，即示范—模仿效应、产业链纵向关联效应和劳动力等生产要素自由流动效应。

当前不少国内外学者应用空间经济学理论，对 FDI 集聚的空间溢出效应进行了有益的探讨。Coughlin 和 Segev（2000）最早应用空间误差模型（SEM）考察了 FDI 在中国各省的分布，结果发现存在正空间效应。Blonigen 等（2004；2005）使用空间权重解释变量研究表明，流入一个国家的 FDI 数量取决于邻近国的 FDI，在地里空间临近的 FDI 之间具有相互依赖、相互影响的特征。Baltagi 等（2007）进一步发展了空间模型，指出只有将所有具有统计意义的变量及其空间滞后变量纳入实证模型，才能更加完整和准确地描述 FDI 中的"第三方效应"。何兴强（2008）在"第三国效应"理论基础上，运用空间面板计量方法，对 1985～2005 年我国 30 个省市区的 154 个地级及以上城市的 FDI 区位分布的空间效应进行检验，发现全样本 154 个城市的 FDI 之间存在显著的集聚与溢出空间效应，但不同地区之间与地区内部的 FDI 空间溢出效应不尽相同。魏浩（2009）、冯涛（2008）借鉴空间统计分析方法，对 1985～2007 年我国 29 个省市区实际利用外资的空间自相关性进行了研究，并测量了空间集聚效应和空间辐射效应：FDI 在我国东部和中部地区具有正向辐射效应，形成高高集聚型区域板块；而在西部地区具有负向辐射效应，并形成低低集聚型区域板块。Baltagi（2007）和杨海生（2010）考察各省 FDI 区位选择时，进一步提高了理论及方法的完备性和准确性，不仅考虑到因变量 FDI 邻近区域投资量，而且重视周边省份的经济、社会及地理等因素的交叉影响，研究发现"第三方效应"在 FDI 的区位选择中表现十分突出。近年来不少学者还借鉴新古典经济增长收敛框架，探讨我国 FDI 区域分布的趋同与发散现象。冯涛（2008）应用空间统计学和 β - 收敛模型分析我国 FDI 地区分布的非均衡性，研究发现 1987～2005 年各省区间 FDI 空间分布的非均衡状态没有出现显著改善，但部分区域存在明显的俱乐部收敛。金雪军（2009）以 1986～2004 年数据发现我国不存在 σ - 收敛但存在 β - 收敛，部分区域存在一定程度的俱乐部收敛。

　　FDI 俱乐部的演变是遵循着时间和空间的双重维度进行的。[①] FDI 集聚的时空效应可以应用地理学第一定律（Tobler's First Law）加以解释。地理学第一定律认为，人类的经济社会活动存在着区域间的自相关效应，即一个地区空间单元上的某种经济独立现象或某一属性与邻近地区单元上的同一现象或属性值具有一定的相关性。这种地理空间自相关效应，随着地区空间距离增加而减弱，随着时间的推移而增强，即其强度与时间长度呈正相关关系，而与空间距离呈负相关关系。这种地理空间数据相关性的时空效应，可用图 6-1 表示。图中横坐标代表空间距离，用区域之间地理距离的倒数表示；纵坐标代表时间，用距离某一时点的时间长度表示。为此可将坐标图划分为四个象限：第 Ⅰ 象限表示两地之间距离较远，时间较短，

---

　　① 当前一些学者在对俱乐部趋同的研究中，往往从概念上将时间维度的俱乐部趋同与空间维度的俱乐部趋同割裂开来，这种研究方法值得商榷。参见覃成林等（2012）。

区域之间基本上不存在相关关系；第Ⅱ象限表示两地之间距离较远，但时间较长，区域之间存在较弱自相关关系；第Ⅲ象限表示两地之间距离较近，但时间较短，区域之间存在一定程度自相关关系；第Ⅳ象限表示两地之间距离较近，时间较长，区域之间存在较强自相关关系。FDI 集聚中的区域互动正是地理学第一定律的具体体现。

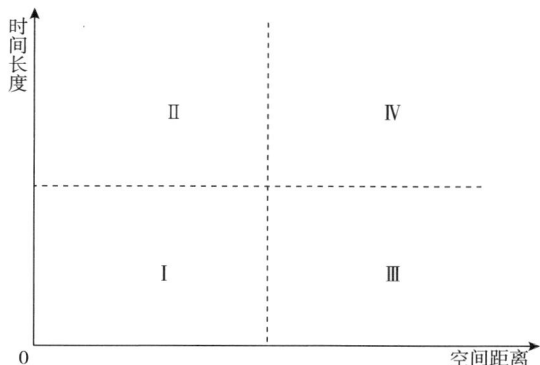

图 6 - 1　空间数据相关性的时空效应

空间分布的收敛性，遵循由 FDI 中心集聚区向临近外围地域、再向远程外围区域递进转移的路径，导致 FDI 俱乐部成员处于不断分化、重组之中。在我国主要表现为：东部沿海地区率先开放进而利用外资数量居于全国前列的省市（如江苏、广东、上海、福建等），首先向具有相似区位条件、资源禀赋和经济结构的东部地区其他省市转移，使得近几年来东部地区各省市之间的 FDI 空间布局呈现逐步收敛状态。其后东部地区 FDI 集聚度不断提升，导致了拥挤效应，又促使东部沿海 FDI 不断向周边区域扩散，进而出现双重效应：一方面由于与东部临近的中西部省市（如四川、湖南、湖北、河北、江西和安徽等省）FDI 大幅度增加，中部与西部地区各省市之间 FDI 空间分布的非均衡化程度不断加剧；另一方面由于外资的转移与迁徙，东部地区与其周边省市的 FDI 空间分布呈现收敛趋势。

二　我国 FDI 区域集聚与收敛实证描述

1. 跨越性与非均衡性：我国 FDI 运行的主要特点

自改革开放以来，外商在华直接投资（FDI）呈现出两个主要特点。

一是外资流入量持续、快速增长,外商直接投资从 1992 年的 118.80 亿美元上升到 2008 年的 1421.57 亿美元,增长 11.96 倍,年均增长 16.77%,并在 2003 年超过美国成为世界第一大国际直接投资流入国。二是外商直接投资在我国的地理分布极其不平衡,我国 FDI 主要集中在东部沿海地区,东部地区 FDI 占全国总量的 80% 左右,中部占全国的比重约为 15%,西部所占的份额很少,基本在 5% 以下波动。在东部沿海地区中,FDI 又主要集聚在广东、江苏、山东、上海、浙江、福建等省份。从 1992 年到 2008 年全国总共实际利用外资总额为 9771.82 亿美元,其中广东利用外资总额全国排名第一位,占全国利用外资总额的 19.77%,江苏占 16.15%,山东占 8.56%,上海占 8.16%,浙江占 6.55%,福建占 6.12%,六个主要省市占全国的 65.13%(见表 6 - 1)。

表 6 - 1　1992 ~ 2008 年我国 29 个省份 FDI 总额排序情况

单位:百万美元,%

地　区	金　额	百分比	排序	地　区	金　额	百分比	排序
广　东	193189.50	19.77	1	安　徽	13046.43	1.34	16
江　苏	157790.50	16.15	2	海　南	11918.57	1.22	17
山　东	83636.20	8.56	3	广　西	10115.14	1.04	18
上　海	79771.97	8.16	4	内蒙古	9103.07	0.93	19
浙　江	63968.78	6.55	5	黑龙江	8296.57	0.85	20
福　建	59821.78	6.12	6	陕　西	7932.65	0.81	21
辽　宁	58604.85	6.00	7	吉　林	7187.00	0.74	22
北　京	39987.17	4.09	8	山　西	5536.14	0.57	23
天　津	39179.67	4.01	9	云　南	3143.90	0.32	24
四　川	21823.80	2.23	10	青　海	1444.78	0.15	25
湖　北	21631.79	2.21	11	贵　州	1027.29	0.11	26
湖　南	21232.86	2.17	12	甘　肃	958.06	0.10	27
河　北	19925.20	2.04	13	新　疆	879.80	0.09	28
江　西	19717.25	2.02	14	宁　夏	582.12	0.06	29
河　南	15644.46	1.60	15	—	—	—	—

2. FDI 空间布局的泰尔指数分析

衡量 FDI 的空间分布差异,与衡量地区之间经济发展的差异一样,可有多种测量指标，如基尼系数（Gini coefficient）、变异系数（Coefficient of variation）、泰尔指数（Theil index）都是用来测量经济发展均等程度的重要工具，其中泰尔指数以其具有某些良好的统计性质，具有可加可分解性、收入零次齐次性、人口规模独立性以及 Pigou - Dalton 转移定理等特点，特别引起关注。

泰尔指数又称锡尔熵，最早由 Theil 和 Henri 于 1967 年提出，在分析和分解差异性、不平等性方面得到广泛应用。指数值在 0 ~ 1 之间，泰尔指数值为零，表示区域之间发展绝对平衡，数值越大，表示区域之间不平衡性越明显。用泰尔指数来衡量不平等的一个最大优点是，它可以衡量组内差距和组间差距对总差距的贡献。

表示全国利用外资地区差异的泰尔指数计算如下：

$$TP = \sum_i \sum_j \frac{fdi_{ij}}{fdi} \log \frac{fdi_{ij}/fdi}{p_{ij}/p} \qquad (6-1)$$

式中：$i = 1$，2，3，分别代表东部、中部、西部三个区域，其中东部包括北京、天津、河北、辽宁、上海、江苏、浙江、福建、山东、广东、广西和海南；中部地区包括山西、内蒙古、吉林、黑龙江、安徽、江西、河南、湖北、湖南；西部包括四川（考虑到数据的连续性和可获得性，本书把重庆归到四川来考察）、贵州、云南、西藏、陕西、甘肃、青海、宁夏和新疆。$j = 1$，2，3，…，29，分别表示我国 29 个省；fdi、p 代表所有省份的 FDI、GDP 总和；fdi_i/fdi 表示某地区 FDI 占全国 FDI 的比重，p_i/p 表示某地区 GDP 占全国国内生产总值的比重。

根据泰尔指数的可加可分解性公式，式（6 - 1）中的我国整体 FDI 地区差异泰尔指数 TP 可被具体分解为东部、中部、西部地区内部省际差异，以及东部、中部和西部区域之间的差异即组内差异和组间差异两部分。公式为：

$$TP = \sum_i \frac{fdi_i}{\overline{fdi}} TP_i + \sum_i \frac{fdi_i}{\overline{fdi}} \log \frac{fdi_i / \overline{fdi}}{p_i/p} \qquad (6-2)$$

通过指数分解，可以计算组内和组间对总体差异的贡献率，第 i 组内部差异对总体差异贡献率的计算表达式为：

$$TW_i = \frac{fdi_i}{\overline{fdi}}TP_i/TP \qquad (6-3)$$

组间差异对总体差异贡献率的计算表达式为：

$$TB = \sum_i \frac{fdi_i}{\overline{fdi}}\log\frac{fdi_i/\overline{fdi}}{gdp_i/\overline{gdp}}/TP \qquad (6-4)$$

代入数据得到 1993～2008 年我国 FDI 区域内部及区域间的泰尔指数及贡献率的变化情况（见表 6－2）。

表 6－2　我国 FDI 区域分布泰尔指数及贡献率变化情况

年份	总体泰尔指数	区域内及区域间泰尔指数值				区域内及区域间贡献率（%）			
		东部	中部	西部	区域间	东部	中部	西部	区域间
1993	0.763037	0.379098	0.011758	0.002829	0.532574	39.50	0.88	0.66	58.96
1994	0.785456	0.301434	0.006739	0.005012	0.449852	39.37	1.03	0.88	58.72
1995	0.772429	0.309272	0.008080	0.006885	0.461219	39.15	1.19	0.96	58.71
1996	0.804226	0.302400	0.009160	0.007395	0.453475	39.85	1.03	0.77	58.36
1997	0.755265	0.320447	0.008245	0.006210	0.469324	39.88	1.10	1.48	57.55
1998	0.759611	0.301174	0.008297	0.011164	0.434631	37.72	1.25	0.85	60.19
1999	0.803278	0.286494	0.009511	0.006421	0.457183	39.58	1.18	0.60	58.63
2000	0.735917	0.317960	0.009494	0.004834	0.470990	35.49	1.12	0.92	62.46
2001	0.764116	0.261179	0.008269	0.006791	0.459678	36.44	1.55	1.07	60.94
2002	0.706471	0.278439	0.011838	0.008162	0.465676	31.42	2.84	0.86	64.88
2003	0.697787	0.221962	0.020083	0.006064	0.458362	30.66	4.51	0.83	64.00
2004	0.687089	0.213945	0.031488	0.005769	0.446585	32.69	5.28	1.40	60.63
2005	0.534039	0.224615	0.036255	0.009648	0.416572	31.83	4.65	1.99	61.54
2006	0.560533	0.169968	0.024806	0.010637	0.328628	32.27	4.45	1.92	61.36
2007	0.480324	0.180905	0.024932	0.010759	0.343937	35.78	2.64	2.03	59.56
2008	0.458805	0.171870	0.012657	0.009729	0.286067	41.76	2.63	3.61	52.00
平均数	0.691774	0.265073	0.015101	0.007394	0.433422	36.46	1.46	1.30	59.91

资料来源：《新中国五十年统计资料汇编》《中国统计年鉴》（1996～2009 年）、各省（直辖市、自治区）统计年鉴、中经网等。

表 6 - 2 揭示了中国 FDI 区域分布的差异程度及其变化轨迹。

首先，从我国各省市之间 FDI 的集聚差异性考察。我国各地利用外资的差异化程度较高，近十多年泰尔指数均值高达 0.6917，但呈现总体下降的变化趋势。1993 年以来，我国 FDI 泰尔指数在经历了初始近十年的高位盘整后，21 世纪初开始呈现出缓慢下降的轨迹，泰尔指数从 2001 年的 0.764 下降到 2008 年的 0.458。

其次，从我国东部、中部和西部各地区内部考察，FDI 分布的区域差异不尽相同。东部泰尔指数总体上较高，平均值为 0.265073，对全国总体泰尔指数的贡献率处于 30% ~ 40% 之间，说明我国整体的 FDI 集聚差异中有很大一部分是由东部差异引起的，但十多年来呈现持续下降趋势，由 1993 年的 0.301 下降到 2008 年的 0.191。中部与西部 FDI 数量较少且分布较为均衡，其平均泰尔指数分别为 0.015101 和 0.007394；但近几年来中部地区各省市之间的 FDI 差异系数呈缓慢上升态势，由 1993 年的 0.006 上升到 2008 年的 0.012，中部差异对我国 FDI 整体差异的贡献程度，2004 年达到最高点，为 5.28%。西部地区 FDI 泰尔指数的变动幅度不大，近 20 年来在 0.005 左右波动。

再次，从东部、中部和西部的区域间差异来考察，我国东、中、西部之间的 FDI 泰尔指数最高，十多年来平均值高达 0.433422，尽管近年来有所下降，从 1993 年的 0.532574 降到 2008 年的 0.286067，但对全国整体差异的贡献程度仍达到 52.00%。这说明我国 FDI 东、中、西部分布的非均衡性是影响我国 FDI 分布严重失衡的最重要因素。

3. 我国 FDI 空间布局的收敛性分析

根据索洛新古典增长理论，由于生产要素、资本可以自由流动，并具有边际报酬递减特性，因此资本等生产要素会从分布较为密集、边际产出较低的发达地区逐步流向分布较为稀疏、边际产出较高的欠发达地区，直至不同地区之间的资本边际产出趋于相等或接近相等为止。因此从长期来看，在开放条件下区域经济体都会逐渐趋于一个稳定的均衡状态，这个过程就是资本空间分布绝对收敛的过程。

区域经济社会增长收敛存在三种方式，即 σ-收敛、β-收敛和俱乐部收敛。σ-收敛是指不同区域之间经济指标标准差随时间的推移而趋于缩小；β-收敛指落后地区经济增长速度高于发达地区经济增长速度，进而经济指标逐步接近发达地区水平；β-收敛是 σ-收敛的必要条件（但不是充分条件），σ-收敛是 β-收敛的结果，即落后地区具有比发达地区更高的增长速度，是不同地区之间经济指标区域收敛的重要条件。β-收敛又包括绝对收敛与条件收敛两种情况，条件 β-收敛是指控制了一系列其他影响因素后，不同地区之间出现收敛现象；而绝对 β-收敛是指即使不控制这些条件因素，地区之间也呈现收敛现象。俱乐部收敛是指初期经济发展水平相近、主要经济结构特征相似的各个地区内部（即各个俱乐部）存在收敛现象，但各个地区之间（即各俱乐部之间）不存在收敛（R. J. Barro，1991）。

FDI 区域分布的差异与收敛，主要是两种力量相互作用的均衡结果。一方面 FDI 区域性集聚具有累积性因果循环正反馈效应，使我国不同区域之间 FDI 分布的非均衡性不断强化。由于区位条件、产业基础、教育水平、政策优惠、历史文化等多种因素的作用，我国东南沿海地区成为改革开放以来 FDI 捷足先登的首选之地。已集聚的外商再通过示范效应、产业关联效应等，吸引更多新外商遵循"路径依赖"的规律加快向东部沿海地区的投资，进一步强化了累积效应，使 FDI 中心集聚地区对外资的吸引力不断增强。另一方面中心区 FDI 集聚度的不断增大，又会造成拥挤效应。地区内部自然资源相对紧张的问题逐渐凸显和恶化，造成了原材料费用、人力资本、运输费用、用地成本等生产经营成本大幅度上升，特别是随着东北振兴、中部崛起、西部大开发等战略的实施，原先东南沿海所特有的利用外资的政策，开始出现泛化、扩大化现象，导致 FDI 地区分布的扩散力量在与集聚力量的相互较量中逐渐占据上风，逐步出现由中心向外围扩散的趋势，呈现出 FDI 空间布局的收敛性。

根据我们的定量动态分析，FDI 地区之间分布的收敛性，主要表现为经济系统中不同区域的 FDI 增长速度与初期 FDI 积累量之间呈现负相关关系，即 FDI 集聚量小的区域比 FDI 集聚量大的区域具有更高的 FDI 增长率，增量的不断积累会导致各区域省份期初的 FDI 积累量差异逐步消失。根据 Barro 和 Sala – I – Martin（1997）的公式推导过程，区域之间 FDI 空间分布的 β-收敛可用回归方程表示如下：

$$\Delta FDI_{i,t} = \alpha + \beta \ln FDI_{i,0} + \varepsilon_{i,t}$$

其中，$\triangle FDI_{i,t}$ 是第 i 个地方在 t 时期内 FDI 的平均增长率，$FDI_{i,0}$ 是第 i 个地方的起始年 FDI 存量总和，α 和 β 是待估参数，ε 是随机误差项。如果 $\beta < 0$，则表明该地区在某时段内的 FDI 年平均增速与 FDI 期初存量为负相关关系，FDI 在各地区之间的集聚是收敛的，FDI 的空间分布趋于均衡化；$\beta > 0$，则表明该地区 FDI 年平均增速与 FDI 初期存量为正相关关系，说明区域 FDI 是发散的，FDI 的区域分布趋于非均衡化。

由于不同的初始年份对区域 FDI 收敛结果的影响很大，本书为了更精确地呈现出 20 世纪 90 年代以来我国 FDI 区域集聚与区域扩散的状况，将初始年份选择为 1993 年。主要基于以下几点考虑：首先，1992 年党的十四大提出建立社会主义市场经济体制的改革目标，1993 年党的十四届三中全会做出《关于建立社会主义市场经济体制若干问题的决定》，并陆续颁布实施了一系列适应社会主义市场机制的政策措施，标志着我国正式确立了社会主义市场经济的地位。因此以 1993 年作为起点可以系统考察在新的经济体制条件下 FDI 在我国空间布局的变化趋势。其次，由于种种原因，1992 年以前我国的统计数据往往不完整，而且统计口径不一致，难以进行分析比较。而在 1993 年以后，随着我国统计制度的不断完善，统计资料与统计数据具有一定的完整性与可比性。

为了实证考察我国 FDI 区域集聚的时空变化趋势，我们利用绝对收敛模型分别对我国各个区域 FDI 的面板数据进行回归检验，求出 β 系数。按照不同时段，回归方程分为三个：方程 1 的时段为 1993 ~ 2008 年，方程 2 和方程 3 的时段分别为 1993 ~ 2000 年和 2001 ~ 2008 年，目的是揭示不同时段 FDI 空间收敛的特征。得到的回归结果如表 6 - 3 所示。

表 6 - 3　A：1993 ~ 2008 年我国 FDI 区域绝对收敛 β 系数

区　域	三大区域间	东部	中部	西部
α	1.676	1.199	1.416	1.420
β	- 0.0255 *	- 0.033 *	0.0194 *	0.068 * *
T 统计值	- 9.54	- 7.25	6.79	6.26
R^2	0.57	0.45	0.68	0.47

B：1993～2000 年我国 FDI 区域绝对收敛 β 系数

区域	三大区域间	东部	中部	西部
α	1.124	1.058	1.128	1.175
β	0.0017*	0.0111*	0.0247*	0.0145**
T 统计值	5.007	6.624	6.810	7.470
R^2	0.43	0.29	0.28	0.49

C：2001～2008 年我国 FDI 区域绝对收敛 β 系数

区域	三大区域间	东部	中部	西部
α	2.189	1.570	2.230	1.113
β	−0.0156*	−0.0097*	0.0219*	0.0212**
T 统计值	−8.610	−6.937	5.764	6.990
R^2	0.67	0.71	0.52	0.64

注：＊表示 5% 显著水平，＊＊表示 1% 显著水平。

在上述回归方程中，收敛系数均通过 T 统计量的显著性检验，说明回归方程的结果较为理想。从表 6-3 中 FDI 区域绝对收敛系数 β 的变化情况，可以看出我国 FDI 空间布局并不存在单一收敛模式，而是呈现出差异化、多元化的收敛与发散并存的模式。

首先从长期趋势（1993～2008 年）考察，我国东部、中部和西部三大区域之间的 β 系数为负值（−0.0255），且在 5% 水平上显著，表明区域 FDI 增速与该区域 FDI 存量呈负相关关系，FDI 在三大区域之间的集聚是收敛的，FDI 的空间分布存在均衡化趋势。在东部各省市之间也存在类似情况，FDI 的空间分布 β 系数为 −0.033，显示东部各省市之间的 FDI 分布呈现出长期均衡化趋势。但中部、西部内部各省市之间 FDI 的空间分布呈非均衡性加剧态势，β 系数分别为 0.0194 和 0.068，说明中、西部各省市外商投资空间分布表现出"强者愈强、弱者愈弱"的马太效应。

如果分时段考察（1993～2000 年为第一时段，2001～2008 年为第二时段），情形则发生了某些微妙变化。在中部、西部内部的各省市之间，无论在何种时段，FDI 地区分布的 β 系数均为正值，保持不变。在第一阶段与第二阶段中，中部地区 β 系数分别为 0.0247 和 0.0219；

西部地区 β 系数分别为 0.0145 和 0.0212。而在东部内部各个省市间，1993～2000 年时段的 β 系数为正值 0.0111，大量 FDI 集聚在东部的广东、江苏、山东、上海、浙江、福建等省份，这些省份的 FDI 占全国 FDI 的 2/3 左右；而在 2001～2008 年时段系数变为 −0.0097，意味着 FDI 在东部内部开始由上述省市向东部其他省市（如天津、河北、辽宁、广西、海南等）扩散。同样，在东部、中部与西部三大区域之间，不同阶段 FDI 区域分布的 β 系数性质也发生了根本变化，在 1993～2000 年时段为正值，而在 2001～2008 年时段变为负值，表明我国东、中、西部之间的 FDI 分布表现出先向东部地区集聚而后又逐步向中西部发散的转变。造成这些现象的原因主要有两个方面。

一是区域 FDI 空间布局的变化是与经济发展水平与利用外资规模密切相关的。外资在进入初期往往是从点上突破，并在产业关联效应、规模经济效应和技术溢出效应的共同作用下，在该区域不断集聚，因此 FDI 的空间分布出现集中趋势，目前我国中部与西部的 FDI 空间布局正处于这个阶段，所以外资空间分布的非均衡性不断增强。但随着该区域 FDI 集聚度的不断上升，过度集聚的拥挤效应开始出现，导致土地、劳动力等生产要素成本上升。而随着交通等基础设施的不断完善，当运输成本低到足够抵消外资集聚效应所能带来的成本节约时，FDI 又会从集聚中心区向外围地区转移、迁徙，进而使该区域的 FDI 空间布局出现发散倾向。目前我国东部地区的 FDI 空间分布均衡化倾向，正是东部地区经济发展与外资集聚到一定程度所导致的必然结果。

二是外资空间分布发散，遵循由 FDI 中心集聚区向临近外围地域、再向远程外围区域递进转移的路径。主要表现为：东部沿海地区率先开放，而后利用外资数量居于全国前列的省市（如江苏、广东、上海、福建等）首先向具有相似区位条件、资源禀赋和经济结构的东部地区其他省市转移，使近几年来东部地区各省市之间的 FDI 空间布局呈现逐步收敛状态。其后东部地区 FDI 集聚度不断提升而导致的拥挤效应，促使东部沿海 FDI 又不断向周边区域扩散，进而出现双重效应：一方面与东部临近的中、西部省份（如四川、湖南、湖北、河北、江西和安徽等省）FDI 大幅度增加，导致中部与西部地区各省市之间 FDI 空间分布的非均衡化程度不断加剧；另一方面外资的转移与迁徙，使东部地区与其周边省市的 FDI 空间分布呈现收敛趋势，可称为区位临近俱乐部收敛。

三　FDI 俱乐部分化与收敛的空间效应分析

1. FDI 集聚的空间作用机制

一般而言，区域 FDI 空间数据间并非完全独立，由于空间的相互作用，一个区域单元上的某种地理现象或某一属性值与邻近区域单元上的同一现象或属性值存在相关性。随着区域分工和区域经济一体化的发展及我国市场体制的深化和完善，区域之间的经济联系越来越紧密，相邻地区经济的相互依赖性越来越强，致使一个区域的 FDI 增长不仅依赖于自身的投资环境，也取决于其他区域的 FDI 增长轨迹，它们相互促进、互为补充，形成正向带动效应，促进区域 FDI 的收敛、趋同。这种现象称为 FDI 集聚区域的空间作用机制。

FDI 集聚区域的空间作用机制主要通过三种路径来实现，即示范—模仿效应、产业链纵向关联效应和劳动力等生产要素自由流动效应。

一是区域间的示范—模仿效应。我国东部沿海地区特别是长三角、珠三角和环渤海区域由于政策优惠、基础设施完备、市场机制健全等有利因素成为我国的 FDI 先行区，集聚了大量的 FDI，对内陆地区起着很好的示范作用；内陆地区纷纷采取多项措施学习、模仿东部沿海招商引资的经验，改善投资环境，吸引更多外商，这客观上使相邻区域吸引FDI 的能力不断接近，长期将导致 FDI 的积聚量渐渐持平。另外，已在我国投资的外商对后来者起着很好的示范作用，很大一部分外商追随先到者的足迹，先后在我国不同区域落户。同时，20 世纪 50 年代瑞典著名学者哈格斯特朗认为外商高集聚区的知识、技术、人力资本等能够提高生产效率、节约生产要素，使该集聚区域对周围有示范作用，在地理空间中产生"位势差"。为了消除这种差异，一种平衡力量就会促使优势向外传播和扩散，同时，周围地区也会积极地学习和模仿，从而缩小区域间的"位势差"。因此，邻近区域通过示范及模仿效应日益成为一体。

二是产业链纵向关联效应。外商为了降低成本，充分发挥各区域的

比较优势，趋向于将垂直产业链分布在不同的区域，造成区际分工以
"垂直型"分工为主。由于东部地区经济技术水平等都高于中西部地区，
所以东部地区处于产业链的下游，而中西部地区由于原材料、能源等资
源丰富处于生产网络的上游。上游产业要为下游产业供应原材料、能源、
初级加工品等中间投入品，为了保证高质量且低成本的生产，下游企业
即东部区域要不断地强化上游产业的生产效率标准，进而带动了上游产
业的发展，也加强了下游企业即东部区域与上游企业即中西部区域之间
的相互依赖性。我国目前出现的一种相对较为高级的区际垂直分工表现
为沿海与内陆地区共同参与的国际分工。有研究认为，沿海外向型经济
体如福建省、广东省、上海市等正在逐步形成涵盖广泛地理范围的价值
链，内陆地区的企业也正在参与到外向型经济的价值链中（陈柳、江
静，2008）。很多跨国公司往往将研究中心，或是总部设在经济活跃的
上海地区，而将生产制造基地设在重庆、湖北、安徽等省市，充分发挥
各地的比较优势。因此，我国区域间的 FDI 空间效应会通过产业链的波
及效应得到加强。

三是劳动力等生产要素的流动效应。改革开放的推进和经济一体化的
深入促进了各区域间劳动力、资本、知识等生产要素的自由流动。生产要
素的流动、扩散也是一种模仿、学习行为。技术、知识、资本等落后的地
区可以通过学习、模仿先进地区来推动本区域生产要素质量的提高和利用
效率的改善。从我国各个区域来看，东部发达地区的科研及技术水平、知
识、人力资本等各方面均领先于落后的中西部地区，中西部地区通过模
仿、直接引进、间接转移、劳动力回流等方式正逐渐从东部地区的生产要
素扩散中受益，也因此填补了区域间发展不平衡的差异。

FDI 集聚区域空间作用机制的形成还与区域经济体制创新有关。我国
改革的深入，逐步消除了区域间产品与生产要素自由流动的制度壁垒与非
制度障碍，通过产业分工与合作、产业前后向关联效应推动区域产业融
合，促进了区域间产业的有效转移，渐渐形成了区域一体化的市场机制体
系、产业体系与对外开放体系。区域经济一体化为外商直接投资创造了良
好的外部环境，鼓励了生产要素在区域间的自由流动，使生产资源在区域
内部实现了最优配置。同时，扩大市场容量和地理空间及其带来的范围经
济效应，极大地吸引了区域内外的外商直接投资，实现了所谓的"投资创

造"效应。一体化实施导致了区域外外商对区域内投资及区域内各省份之间投资的净增加，并使区域各省份受惠于日趋集中的产业活动。国际直接投资发展所导致的资本、技术和劳动力等要素在各区域间更为自由的流动，使一体化区域内各省份之间的经济合作关系更为紧密。显然，区域一体化经济体制为区域空间效应提供了制度保障，有效地促进了 FDI 区域集聚与区域扩散，促进了区域 FDI 趋同。

2. FDI 集聚整体空间效应：基于全局 Moran's I 的指数分析

基于以上分析可知，我国相邻区域省份间存在复杂、动态的空间自相关性。目前，对 FDI 分布的空间结构形态进行分析，一般采用全局 Moran's I 指数和局部 Moran's I 指数比较合适（Moran，1950）。

全局 Moran's I 指数是用来度量空间相互依赖性的全局指标，反映的是空间邻接或空间邻近的区域单元属性值的相似程度。由于地理上接近，邻近区域的 FDI 属性值可能出现相似性。本书利用全局 Moran's I 指数测量省际利用外商直接投资在空间或是地理上的集聚相似程度，即空间上的集聚和地理上的相邻使外商直接投资不同属性值（高、低）在空间上的集聚程度。全局 Moran's I 指数的计算公式如下：

$$I = \frac{n \sum\limits_{i=1}^{n} \sum\limits_{j=1}^{n} w_{ij}(fdi_i - \overline{fdi})(fdi_j - \overline{fdi})}{\sum\limits_{i=1}^{n} \sum\limits_{j=1}^{n} w_{ij}(fdi_i - \overline{fdi})^2} = \frac{\sum\limits_{i=1}^{n} \sum\limits_{j=1}^{n} w_{ij}(fdi_i - \overline{fdi})(fdi_j - \overline{fdi})}{s^2 \sum\limits_{i=1}^{n} \sum\limits_{j=1}^{n} w_{ij}}$$

$$(6-5)$$

其中：fdi_i 与 fdi_j 为 i、j 省区实际利用外资额，I 为 Moran's 指数；s^2 为区域间 FDI 变量的方差，$s^2 = \frac{1}{n} \sum\limits_{i=1}^{n} (fdi_i - \overline{fdi})^2$，其中 $\overline{fdi}$ 为区域 FDI 变量的平均数，$\overline{fdi} = \frac{1}{n} \sum\limits_{i=1}^{n} fdi_i$；$w$ 为空间权重矩阵，通常定义一个二元对称空间权重 w 来表示 n 个省份的空间区域邻近关系。本书没有采用简单的二元邻接矩阵（0，1），而是应用具体的省际距离数值。w_{ij} 是 i 到 j 的两个城市的距离矩阵，用两省省会的直线距离的倒数作为其元素取值，为 $n \times n$（29×29）阶的对称矩阵。Moran's I 指数的取值在 [-1，1] 之间，I 小于 0 表示负相关，说明空间上邻接的目标区域数据具有不相似的属性值，意味着 FDI 观测值趋于分散分布，邻近区域间集聚效应比较差；I 等于 0 表示不相关，观测变量间呈独立随机分布，那么相邻区域间基本不存在相互作用；I 大于 0 表示正相关，表明区域的 FDI 在空间区位上相似，同时也有相似的属性值，意味着 FDI 趋于空间收敛，邻近区域间的 FDI 相互带动、辐射回流效应较明显。

对于 Moran's I 指数，一般可用标准化统计量 Z 来检验 n 个区域是否存在空间自相关关系，Z 的计算公式为：

$$Z = \frac{I - E(I)}{\sqrt{VAR(I)}}$$

其中 $E(I) = \dfrac{-1}{N-1}$，当 $Z < -1.96$ 或 $Z > 1.96$ 时拒绝零假设，结果显示观测值空间自相关显著。

利用我国 1993 ~ 2008 年 29 个省市区的外商直接投资额数据，通过 MATLAB 7.1 软件计算，结果如表 6 - 4 所示。本书直接给出 Moran's I 指数值及 P 检验值。

表 6 - 4 我国各省市区 FDI 的 Moran's I 统计指标

年份	Moran I	P 值	年份	Moran I	P 值
1993	0.075	0.0000	2002	0.230	0.0002
1994	0.089	0.0000	2003	0.255	0.0002
1995	0.117	0.0000	2004	0.276	0.0003
1996	0.129	0.0001	2005	0.298	0.0003
1997	0.160	0.0001	2006	0.288	0.0002
1998	0.170	0.0001	2007	0.286	0.0002
1999	0.202	0.0002	2008	0.310	0.0003
2000	0.227	0.0002	—	—	—

资料来源：《新中国五十年统计资料汇编》、1996 ~ 2009 年《中国统计年鉴》、中经网等；W 距离矩阵数据为 http：//www. distancefromto. net/查询的两个城市间的直线距离。

在观测的年份内，Moran's I 统计值均大于零，统计值都能在 1% 的显著性水平通过显著性检验，意味着我国区域 FDI 分布具有很强的空间自相关性，邻近区域空间集聚效应明显，相邻区域 FDI 属性值趋于相似。也就是说，我国区域 FDI 分布高集聚区对周边的区域具有很强的带动效应，以至于 FDI 高集聚的富裕区域倾向于在相邻近地理上集聚在一起；反之亦然，FDI 吸引量比较少的落后区域也在地理上靠近。从我国 29 个省市区 FDI 的 Moran's I 统计值的时间演化来分析，我国的区域 FDI 的空间全局自相关 Moran's I 统计值呈缓慢的上升趋势，已由 1992 年的 0.044 上升为 2008 年的 0.310，FDI 集聚的空间自相关显著性具有不断增强的趋势。

3. FDI 区域空间辐射效应：基于局部 Moran's I 指数的分析

Moran's I 全局指数反映我国区域 FDI 的全局自相关情况，有可能掩盖单个区域的情况，不能反映内部空间局部区域集聚的动态特征。局部 Moran's I 指数能够表示哪个区域单元对全局空间自相关的贡献更大，从而弥补了全局指标的缺陷。从本书研究的角度来说，应用 Moran's I 局部指数可衡量 FDI 高集聚区或低集聚区对地理上相邻近区域的辐射效应。Moran's I 局部指数值越大，对邻近区域的辐射作用越大，FDI 的扩散效应越明显，对全局自相关的贡献也越大，相邻区域某个属性值越有可能趋于相似。

根据 FDI 吸引量多少，我们把区域分为三种不同类型：H—H（"高—高"：区域 FDI 吸收量多，相邻省份 FDI 吸引量也多）、H—L（"高—低"）、L—L（"低—低"）。Moran's I 局部指数的计算公式如下：

$$I_i = \frac{(fdi_i - \overline{fdi})}{s^2} \sum_{i=1}^n w_{ij}(fdi_j - \overline{fdi}) \qquad (6-6)$$

式中，I_i 为第 i 个分布对象的局部相关性系数；$s^2 = \frac{1}{n-1}\sum_{i \neq 1, j=1}^n$

$(fdi_j - \overline{fdi})^2$；$I_i > 0$ 表示该空间单元与邻近单元的属性值相似（"高—高"或"低—低"）。如果一个省份处于"高—高"集聚区，则表明该省份外商投资比较多，其对周边的区域具有较强的正向带动效应。如果一个省份属于"低—低"型的，则表明该省份外商投资少，其对邻近区域有负向扩散效应。也是就说，$I_i > 0$ 显示了 FDI 在邻近区域有明显的"极化效应"。I_i 值的大小表示属性特征相同区域间的 FDI 扩散强度。$I_i < 0$ 表示该空间单元与邻近单元的属性值不相似（"高—低"

或"低—高")。I_i 值大小表示了属性特征不相同区域间的 FDI 扩散强度。表 6 – 5 以 1993 年、2001 年、2008 年为三个时段,具体考察我国 FDI"高—高"集聚、"低—低"集聚、"高—低"集聚型板块的变化情况。

表 6 – 5　我国各省市区实际利用 FDI 的 Moran's I 局部指标

	1993 年			2001 年			2008 年		
	地区	局部 I	P 值	地区	局部 I	P 值	地区	局部 I	P 值
"高—高"集聚型	上　海	0.516	0.010	北　京	1.120	0.002	北　京	0.425	0.001
	江　苏	3.610	0.040	天　津	2.010	0.001	上　海	6.150	0.002
	浙　江	0.107	0.020	上　海	0.601	0.003	天　津	4.940	0.010
	福　建	0.545	0.002	江　苏	3.930	0.001	江　苏	1.502	0.040
	广　东	0.303	0.032	浙　江	0.384	0.040	浙　江	0.127	0.060
				福　建	0.512	0.021	福　建	0.782	0.020
				广　东	2.080	0.003	广　东	0.500	0.010
				山　东	0.107	0.005	山　东	1.530	0.004
							河　北	1.400	0.070
							河　南	0.447	0.002
							江　西	0.300	0.017
							湖　北	0.555	0.033
							湖　南	0.421	0.004
							安　徽	0.253	0.060
"低—低"集聚型	新　疆	2.860	0.020	新　疆	1.480	0.040	新　疆	1.370	0.030
	宁　夏	2.230	0.040	宁　夏	0.810	0.050	宁　夏	0.640	0.040
	甘　肃	1.340	0.010	甘　肃	0.690	0.010	青　海	0.160	0.001
	青　海	0.450	0.003	青　海	0.320	0.040	云　南	0.049	0.090
	贵　州	2.010	0.020	云　南	0.473	0.000			
	云　南	1.970	0.005						
	山　西	0.410	0.002						
	陕　西	0.170	0.070						
	内蒙古	1.402	0.009						
	四　川	0.620	0.043						

续表

	1993 年			2001 年			2008 年		
	地区	局部 I	P 值	地区	局部 I	P 值	地区	局部 I	P 值
"高—低"或"低—高"集聚型	辽 宁	-1.660	0.071	辽 宁	-0.690	0.012	辽 宁	-0.164	0.0036
	吉 林	-0.990	0.008	吉 林	-0.624	0.003	吉 林	-0.668	0.0071
	黑龙江	-0.506	0.001	黑龙江	-0.523	0.005	黑龙江	-0.302	0.0043
	山 东	-0.305	0.003	陕 西	-0.410	0.001	陕 西	-0.135	0.0060
	河 北	-0.709	0.003	山 西	-0.323	0.036	山 西	-0.154	0.0010
	河 南	-1.500	0.020	内蒙古	-1.060	0.003	内蒙古	-0.851	0.0020
	湖 北	-0.188	0.065	四 川	-0.710	0.003	四 川	-0.254	0.0060
	湖 南	-0.568	0.031	贵 州	-0.490	0.001	贵 州	-0.570	0.0030
	江 西	-0.937	0.029	江 西	-0.342	0.000	甘 肃	-1.030	0.0540
	安 徽	-0.286	0.056	河 北	-1.620	0.004	广 西	-0.119	0.0280
	广 西	-0.815	0.017	河 南	-0.830	0.000			
				湖 北	-0.847	0.007			
				湖 南	-0.261	0.009			

注：西藏数据缺失，无法考察；重庆设立直辖市时间较短，统计数据不全，研究时并入四川。
W 距离矩阵数据在为 http：//www.distancefromto.net/查询的两个城市间的直线距离。

资料来源：《新中国五十年统计资料汇编》《中国统计年鉴》（1996～2009 年）、中经网等。

从表 6-5 可以看出 1993～2008 年我国 FDI 空间集聚的变化轨迹。20 世纪 90 年代初，我国 FDI "高—高"集聚型省份数量较少，而且基本上集中在东南沿海地区，形成广东、福建、江苏和上海等 FDI 密集区。经过 1993～2008 年的发展，FDI "高—高"集聚区的范围不断扩大，并由东南沿海地区不断向周边延伸，从北部沿海的北京、天津到南部沿海的福建、广东，形成一条沿海 FDI "高—高"集聚带。中部地区和东北地区的 FDI 集聚区则发生分化，一部分临近东部地区的省份（如河南、湖北、湖南、江西等）加入"高—高"集聚区俱乐部，另一部分则受到区域增长极（如四川、陕西和辽宁等）崛起的影响，对周边地区辐射力增强而形成了"高—低"集聚区。而 FDI "低—低"集聚区的范围在不断缩小，目前仅局限于西部地区若干省区（如新疆、青海、宁夏等），且空间效应强度明显呈下降趋势。

4. FDI 区域俱乐部的分化与重组

为了进一步验证我国 FDI 空间布局的分化、重组情况，本书把我国 29

个省份分为两组研究对象，一是我国东部 12 个省份加上临近东部的中部省份（主要是河南、湖北、湖南、安徽、江西）及西部四川，称为东—中部地区；二是西部和临近西部的中部其他省份（主要是山西、内蒙古、吉林、黑龙江）称为中—西部地区。利用空间误差绝对收敛模型 $\Delta FDI_{i,t} = \alpha + \beta \ln(FDI_{i,0}) + (I - \lambda w)^{-1} U_{i,t}$ 和空间滞后绝对收敛模型 $\Delta FDI_{i,t} = \alpha + \beta \ln(fdi_{i,0}) + \rho w \Delta FDI_{i,t} + \varepsilon_{i,t}$，对这两个研究对象进行验证，结果如表 6 - 6 所示。

表 6 - 6　1993 ~ 2008 年我国 FDI 发达地区与相对不发达地区的空间绝对收敛系数

	东—中部	中—西部
估计方法	SEM	SAR
α	0.43	1.05
β	- 0.035 [- 5.36]	- 0.00846 [- 2.46]
λ	—	0.4098
ρ	0.9089	—
收敛速度	3.56%	0.84%
半生命周期	19.45 年	81.68 年
Lik	- 81.32	- 98.45
空间依赖性检验	—	—
LM - Error	37.65 （0.000）	1.156 （0.282）
Ro - LM - Error	110.10 （0.000）	3.762 （0.052）
LM - Lag	0.9375 （0.333）	2.1562 （0.14）
Ro - LM - Lag	1.182 （0.277）	4.8521 （0.028）

资料来源：《新中国五十年统计资料汇编》、1996 ~ 2009 年《中国统计年鉴》、中经网等；W 距离矩阵数据为在 http：//www. distancefromto. net/查询的两个城市间的直线距离。

表 6 - 6 中，Lik 是检验模型拟合度指标，Lik 值越大，说明模型拟合度越好。$LM - Error$、$Ro - LM - Error$、$LM - Lag$、$Ro - LM - Lag$ 是模型空间依赖诊断指标。假如 $LM - Error$ 和 $LM - Lag$ 都通过显著性检验，则继续

进行 Robust – LM 检验；如果 Ro – LM – Error 显著，则运行空间误差模型；如果 Ro – LM – Lag 显著，则运行空间滞后模型。如果两个都显著，则可以选择 Lik 值比较大的模型。可见，东—中部地区适用 SEM 模型，中—西部地区适合 SAR 模型。τ 为收敛半生命周期，表示 FDI 集聚落后地区赶上 FDI 集聚发达地区所需的时间；θ 为收敛速度，表示不同地区 FDI 分布趋同速度；γ_0 为收敛达到的稳态值；其中 $\gamma_0 = \alpha/(1 - \beta)$，$\theta = -ln(1 + \beta)/t$，$\tau = ln(2)/\theta$。方括号内数值表示 T 统计值，圆括号内数值表示 P 值。

从表 6 – 6 可以看出，我国东部与靠近东部的湖南、湖北、安徽、江西等省份 FDI 出现 β 绝对收敛趋势，收敛系数为 – 0.035，收敛速度为 3.56%，这些省份 FDI 达到趋同的半生命周期为 19.45 年。同时，远离东部地区的中部如山西、内蒙古、吉林等则与西部 FDI 存在 β 收敛趋势，不过收敛系数很小，为 – 0.0084，而且收敛速度慢，收敛半生命周期比东—中部地区长很多。可见，东—中部俱乐部的空间互动强度 0.9089 远远超过中—西部俱乐部的 0.4098，FDI 高集聚区的空间效应明显强于 FDI 低集聚区。近年来我国的 FDI 空间自相关性呈现显著上升趋势，这意味着东部 FDI "强—强" 集聚区正向空间效应不断提升，范围不断扩大，逐步向周边地区扩展，集聚在东部和部分中部地区；西部 FDI "弱—弱" 集聚区负向空间效应则逐步减弱，范围趋于缩小；而中部各省区 FDI 集聚出现分化现象，临近东部的省区（如湖南、湖北、安徽以及属于西部的四川等）与东部省区之间呈现β-收敛趋势；远离东部省区的省市（如山西、内蒙古、吉林、黑龙江等）则与西部省区之间呈现β-收敛趋势。过去东部、中部和西部的 FDI 三大收敛 "俱乐部"，随着时间推移将逐步演变成东—中部和中—西部两大收敛 "俱乐部"。

四　FDI 区域收敛影响因素的空间计量模型分析

1. 我国 FDI 区域集聚收敛的影响因素

相邻区域 FDI 具有空间依赖性，区域 FDI 增长对周边地区 FDI 有正负带动效应，邻近区域 FDI 多与少也会影响本区域的 FDI 集聚量。同时区域省份由于本身历史、地理、政策、经济等内部投资环境的差异，也决定了区域

FDI 收敛的程度与速度，影响我国 FDI 集聚收敛的主要有以下几个因素。

一是区域经济发展水平。地区经济发展水平是决定一个地方市场空间的基础条件，也是 FDI 在区位选择时考虑的一个重要因素。FDI 区域集聚与当地经济发展水平存在很强的互动性，一方面 FDI 进入有利于利用国际资本，引进国外先进技术与管理经验，促进当地经济发展；另一方面东道国经济发展，意味着市场规模扩大及市场增长潜力增强，有助于基础设施建设和产业配套能力提升，这些构成利用外资的重要环境。因此区域经济发展水平成为影响 FDI 区域集聚的主要因素。本书用人均 GDP 取对数表示区域经济发展水平（X_1），区域经济发展水平越高，市场规模越大，对 FDI 越有吸引力，区域之间经济发展水平收敛是影响 FDI 区域分布趋同的主要因素。

二是对外开放程度。地区的开放程度高意味着与外界经济、文化、政治等领域的交流与合作更频繁，对待外资的态度也更为开明和积极，更容易引进和吸收国际先进的人员、科技、思想、制度等有形和无形的生产要素，会极大地促进当地经济效率的提升，对 FDI 吸引力也就大。对外开放程度是影响 FDI 集聚与扩散的不可缺少的条件因素。本书用进出口总额与生产总值的比例来表示区域开放度（X_2）。

三是基础设施。基础设施是实现 FDI 区域集聚、自由流动与转移的基础性保障。便利完善的基础设施网络可有效地促进生产要素的自由流动、实现优化配置，降低企业经济活动的运输成本、信息成本、交易成本等，是外资流入的重要条件。一般来说，完善的基础设施与 FDI 流入量正相关。本书以单位国土面积上的公路里程数表示（X_3）。

四是市场化程度。一个地区的市场化程度高低不仅决定着这个地区的产品、要素价格能否客观地反映供求状况，还决定着该地区的经济活动是否规范、有序、健康，也关系到政府的职能定位是否合理，这些因素直接决定企业成本和投资收益的高低。区域市场机制的完善程度，对区域 FDI 的分布状况具有一定的解释力。一般而言，国有经济比重较高的区域，往往政府对经济的干预程度很高，计划经济的成分很大，市场化程度偏低；反之则反是。因此本书用国有经济产值/当地工业总产值表示市场化程度（X_4），预计该指标与吸引 FDI 呈负相关关系。

五是政府优惠政策。当前我国政府利用外资的优惠政策，主要有税收优惠、信贷优惠、土地优惠和产业准入政策等。鲁明泓（1999）认为，地方政府政策在所有吸引 FDI 的影响因素中起着最为重要的作用，税收优惠措施是通过减少跨国公司在东道国投资的成本、增加其收益这一机理达到吸引外商直接投资的目的的。政府利用外资政策在时间和区域上的差异性，往往在很大程度上成为我国 FDI 区域非均衡分布的一个诱因。当然由于现实经济社会环境的动态不确定性，计量政策优惠的边际效益非常困难。本书参考万莹（2006）、祝树金（2008）等的研究方法，用三资工业企业所得税/三资企业工业总产值作为衡量政府优惠政策的指标（X_5），预期该指标与吸引 FDI 呈负相关。

六是人力资本。舒尔茨认为，人力资本是体现在劳动者身上的一种资本类型，包括两个方面的内容，一是劳动力成本，二是劳动力质量，表示劳动者的文化程度、技术水平、工作能力以及健康状况等方面价值的总和。丰富低廉的劳动力是我国最初吸引 FDI 的突出比较优势。同时劳动力素质高低，决定企业的技术水平和管理水平，成为影响外资进入的重要因素。本书用各地区劳动力实际工资总额/当地工业增加值来反映当地劳动力成本（X_6）。一般认为，我国劳动力成本与外商直接投资呈反向相关关系。本书用高校在校生人数/就业人数表示当地劳动力素质（X_7），比例越高说明当地的人力资本水平越高，越有利于吸引外商直接投资，特别是高技术的外资企业。

七是 FDI 的集聚效应。产业关联效应、技术溢出效应、成功企业示范效应、基础设施和优惠政策效应等多重因素往往会导致 FDI 在特定区域集聚的现象，已有的外资存量往往成为吸引新的外资增量的重要因素，外商对我国的直接投资具有很强的自我强化效应。但是外资集聚到一定程度又会导致"拥挤效应"，FDI 集聚区内部生产要素供给趋于紧张，基础设施日益拥挤，集聚中心区域市场趋于饱和，交易成本不断增加。于是扩散力量在与集聚力量的相互较量中慢慢占据上风，导致 FDI 开始由中心集聚区域往周围的地区扩散，出现区域间 FDI 的趋同。本书用滞后一期 FDI 取对数来表示外商直接投资的集聚程度（X_8）。

综上所述，区域的对外开放程度、基础设施、优惠政策、劳动力因素、市场化和 FDI 集聚程度等，都是地区吸引外商直接投资不可缺少的因素。各个区域由于这些条件因素存在差异性，FDI 分布极其不均衡，而且这种非均衡性受到各地区条件因素动态变化的牵动，使得我国东部、中部、西部等不同地区的 FDI 集聚呈现出扩散或收敛的不同趋势。

2. 模型选择与数据选取

从上述研究可以看出，我国各地区 FDI 的空间收敛，不仅与地区 FDI 前期集聚量有关，而且与区域经济发展水平、基础设施、市场化程度、人力资本以及政府政策等其他影响因素有关。收敛理论称之为条件收敛（conditional convergence）。研究 FDI 空间布局条件收敛，主要有两种模型受到学者普遍关注。

一是空间误差模型（Spatial Error Model，简记 SEM）。这种模型认为空间的相互关系主要通过误差项来体现，模型首先测量邻近地区因变量的误差冲击对本地区观测值的影响程度，然后通过空间转换矩阵 $(I - \lambda W)^{-1}$ 进一步计算对其他地区 FDI 集聚量产生的作用，最后扩散到整个系统。也就是说邻近区域 FDI 误差项的影响具有乘数效应，这种影响是整体性、系统性的。我们把空间误差模型变量引入收敛模型，结合式（2-5）的绝对收敛、式（2-6）的条件收敛模型，参考林光平（2005）、刘生龙（2009）、徐现祥（2005）的文章，把 FDI 条件收敛空间误差模型的式子表示为：

$$\Delta FDI_{i,t} = \alpha + \beta \ln(fdi_{i,0}) + \varphi X_{i,t} + (I - \lambda w)^{-1} U_{i,t} \qquad (6-7)$$

其中，λ 是空间误差系数，即相邻地区的观察值 y 对本地区观察值 y 的影响方向和程度，取值范围为（-1，1）。$\lambda > 0$ 说明区域空间效应为正，区域间的关系是互补的，FDI 空间自相关有效地促进了区域 FDI 集聚的趋同；$\lambda < 0$ 表明存在负的空间效应，空间的相互关系是替代的，邻近区域的 FDI 空间依赖性阻碍了区域 FDI 收敛，说明 FDI 分布差异程度进一步恶化。u 满足 $u \sim N(0, \sigma^2 I)$ 分布。w 是空间距离矩阵。

二是空间滞后模型，也称为空间自回归模型（Spatial Autoregressive Model，简记 SAR），主要用于分析相邻区域或地区行为对整个系统内其他机构或地区的经济行为存在影响的情况。提示了区域内每个省份 FDI 的吸收量不仅取决于本省初始 FDI 的集聚量还跟相邻其他省份的 FDI 有关系。FDI 条件收敛空间自回归模型方程表示为：

$$\Delta FDI_{i,t} = \alpha + \beta \ln(fdi_{i,0}) + \rho w \Delta FDI_{i,t} + \varphi X_{i,t} + \varepsilon_{i,t} \qquad (6-8)$$

其中，ρ 是空间自回归系数，空间自回归系数为正，说明区域内部省份 FDI 增长较快，对本地的 FDI 增长速度具有较强的带动效果，区域空间效应会有效地促进区域 FDI 分布的趋同。$\rho < 0$ 意味着 FDI 的空间自相关性会成为邻近区域 FDI 趋同的瓶颈，区域 FDI 的差距扩大。

在具体实践中，究竟要不要采用空间计量模型进行估计？或是究竟要选择空间误差模型还是要选择空间滞后模型？根据 Anselin 建议，需要进行测试、诊断。

首先，运用 OLS 方法对模型进行回归，并进行相应的拉格朗日检验（LM）。如果 LM – Error 和 LM – Lag 都不显著，则放弃使用空间依赖模型，保持 OLS 估计结果。假如 LM – Error 和 LM – Lag 都通过显著性检验，则继续进行 Robust LM 检验，如果 Robust LM – Error 显著则运行空间误差模型，如果 Robust LM – Lag 显著则运行空间滞后模型。如果 LM – Error 和 LM – Lag 其中一个显著，则哪个显著采用哪个相应的空间回归模型。如果两个都显著，则两个都适合，这时可以选择 Lik 值比较大的模型。在对空间计量模型进行估计时，通常采用极大似然法或是广义矩方法，本书采用极大似然法。

其次，从各个区域适合的模型来分析，全国区域间、中部、西部比较适合空间自回归模型 SAR，说明该地区 FDI 分布受到邻近区域原始变量的影响相对比较明显。东部比较适合的模型是空间误差模型 SEM，说明该地区 FDI 分布与相邻区域 FDI 的原始积累量没有多大关系，但受到邻近区域 FDI 增长量的影响。并且，东部各地区 FDI 增长率的残差项对周围地区 FDI 的增长率有扩散乘数效应。也就是说东部地区的 FDI 增长率不仅会影响到该地区的 FDI 增长，而且会通过空间转换矩阵传递给整个系统，引起整个区域 FDI 增长的波动。

3. FDI 空间条件收敛效应计量结果与讨论

在区域 FDI 增长收敛理论的基础上，我们综合以上我国区域 FDI 收敛的条件因素及空间效应，把区域收敛模型引入空间自回归模型或者空间误差模型，采用 MATLAB 7.1，其中，空间效应模型程序编写主要参考 LeSage's 网站（www. spatial – econometrics. com）关于 Panel – sem 和 Panel – sar 模型的程序，并在此基础上做了适当的改动。根据式（6 – 7）、式（6 – 8），我们采用区域间、东部、中部、西部区域的样本，对 1993 ~ 2008 年和 2001 ~ 2008 年的数据用最大似然估计法进行条件 β – 收敛检验，估计结果如表 6 – 7所示。

表 6 - 7　我国 FDI 区域空间条件收敛估计结果

	全国			东部			中部			西部		
	1993~2008年	1993~2000年	2001~2008年	2003~2008年	1993~2000年	2001~2008年	1993~2008年	1993~2000年	2001~2008年	1993~2008年	1993~2000年	2001~2008年
	SAR	SAR	SAR	SEM	SEM	SEM	SEM	SEM	SEM	SAR	SAR	SAR
α	2.26 [0.16]	0.47 [2.2]	0.97 [3.01]	3.7 [0.01]	1.06 [1.53]	1.45 [4.023]	2.9 [0.024]	0.9 [1.09]	0.32 [1.92]	1.52 [5.03]	1.63 [3.27]	3.02 [6.18]
β	-0.012 [-4.27]	-0.005 [-1.98]	-0.028 [-3.35]	-0.047 [-7.92]	0.021 [3.19]	-0.053 [-2.93]	0.0098 [9.09]	0.001 [2.91]	0.024 [7.43]	0.02 [5.83]	0.014 [2.41]	0.037 [1.77]
λ	—	—	—	0.68 [4.039]	0.71 [3.48]	0.83 [7.93]	0.684 [17.91]	0.705 [3.98]	0.762 [2.13]	-0.56 [-1.92]	-0.21 [-1.89]	-0.263 [-2.07]
ρ	0.746 [19.88]	0.613 [22.32]	0.286 [0.515]	—	—	—	—	—	—	—	—	—
人均GDP X_1	0.036 [3.17]	0.11 [1.91]	0.14 [4.7]**	0.043 [1.906]	0.0131 [1.73]	0.31 [5.6]	0.0672 [2.50]	0.43 [2.3]	0.163 [2.7]	0.0222 [0.328]	0.012 [1.33]	0.299 [3.28]
开放程度 X_2	0.016 [4.51]	0.095 [2.9]	0.013 [1.24]	0.0128 [2.414]	0.018 [1.9]	0.085 [2.43]	0.146 [3.33]	0.194 [1.055]	0.015 [0.10]	0.082 [0.45]	0.03 [3.23]	0.026 [2.32]
基础设施 X_3	0.029 [3.35]	0.12 [1.77]	0.078 [1.21]	0.083 [2.19]	0.065 [0.26]	0.054 [0.833]	0.019 [2.18]	0.046 [0.78]	0.017 [2.68]	0.076 [1.89]	0.059 [0.88]	0.04 [3.31]
市场化程度 X_4	-0.48 [-3.8]	-0.62 [-2.12]	0.027 [-2.0]	-0.376 [-4.89]	-0.061 [-2.82]	-0.069 [-0.63]	-0.322 [-2.98]	-0.63 [-0.3]	-0.081 [-0.65]	-0.399 [-1.39]	-0.139 [-3.9]	-0.158 [-1.99]
优惠政策 X_5	-0.1713 [0.523]	-0.306 [-2.66]	-0.104 [-0.22]	-0.435 [-1.89]	-0.41 [-2.01]	-0.114 [-0.30]	-0.386 [-5.26]	-0.26 [-6.4]	-0.204 [-4.33]	-0.933 [-0.74]	-0.53 [-0.68]	-3.36 [-2.28]
劳动力成本 X_6	-0.24 [-7.0]	-0.16 [-7.2]	-0.109 [-2.28]	-0.357 [-6.87]	-0.15 [-6.11]	-0.09 [-5.28]	-0.328 [-4.65]	-0.32 [-4.86]	-0.148 [-3.06]	-0.264 [-0.57]	-0.18 [-0.59]	-0.0026 [-1.12]

续表

	全国			东部				中部			西部		
	1993~2008年 SAR	1993~2000年 SAR	2001~2008年 SAR	2003~2008年 SEM	1993~2008年 SEM	1993~2000年 SEM	2001~2008年 SEM	1993~2008年 SEM	1993~2000年 SEM	2001~2008年 SEM	1993~2008年 SAR	1993~2000年 SAR	2001~2008年 SAR
人力资本 X_7	0.527 [4.59]	0.505 [2.07]	0.088 [3.15]	1.76 [1.98]	0.34 [1.86]	0.588 [0.428]	0.075 [1.18]	0.588 [0.428]	0.026 [0.86]	0.91 [1.74]	0.327 [0.138]	0.35 [0.16]	1.31 [0.536]
集聚效应 X_8	0.06 [3.08]	0.04 [1.98]	0.095 [3.3]	0.05 [2.85]	0.012 [1.99]	0.021 [1.81]	0.0105 [1.00]	0.021 [1.81]	0.031 [1.05]	0.136 [3.55]	0.068 [4.21]	0.01 [1.61]	0.077 [6.54]
R^2	0.5536	0.4461	0.5239	0.5876	0.4758	0.506	0.6354	0.506	0.5087	0.6730	0.5378	0.3446	0.6841
Lik	57.71	34.36	64.9	28.40	48.47	53.64	43.95	53.64	31.93	74.76	20.67	34.36	19.212
收敛速率(%)	1.21	0.5	2.84	4.81	21.12	-0.98	-5.16	-0.98	-0.1	-2.37	-1.98	-1.39	-3.63
空间依赖模型检验													
LMLAG	39.67 [0.000]	48.47 [0.00]	5.224 [0.022]	0.364 [0.790]	1.592 [0.472]	140.04 [0.000]	0.331 [0.82]	140.04 [0.000]	3.77 [0.05]	381.1 [0.000]	143.7 [0.000]	2.71 [0.09]	16.39 [0.000]
R-LMLAG	175.13 [0.000]	261.43 [0.00]	9.575 [0.002]	5.40 [0.02]	0.983 [0.324]	9.62 [0.002]	0.775 [0.378]	9.62 [0.002]	29.91 [0.00]	250.7 [0.000]	146.53 [0.000]	3.81 [0.05]	17.34 [0.000]
LMERR	5.41 [0.003]	0.029 [0.86]	0.666 [0.414]	154.93 [0.000]	5.79 [0.01]	1.23 [0.45]	6.14 [0.013]	1.23 [0.45]	0.19 [0.66]	0.594 [0.471]	289.19 [0.000]	0.04 [0.84]	6.322 [0.012]
R-LMERR	0.2477 [0.619]	0.037 [0.84]	5.021 [0.025]	123.71 [0.000]	31.93 [0.00]	0.89 [0.275]	6.879 [0.009]	0.89 [0.275]	0.16 [0.68]	3.365 [0.02]	1.036 [0.309]	0.01 [0.919]	0.081 [0.777]

注：[ ]内的值下面 [ ]内的值为 T 统计值。* 表示在10%的水平上显著。** 表示在5%的水平上显著；*** 表示在1%的水平上显著；**** 表示空间依赖模型检验。[ ]内的值为 P 值。

资料来源：《新中国五十年统计资料汇编》《中国统计年鉴》（1996~2009年）、各省（直辖市、自治区）统计年鉴、中经网等。

从整体来说，我国区域基础设施、开放程度、市场容量、市场化程度、人力资本、政府优惠政策、集聚效应等是吸引外商直接投资的重要因素，也是影响我国区域集聚与扩散的条件因素。各个因素对我国区域FDI的作用方向基本上与原假设一致。不过，这些条件因素存在相对明显的区域性和阶段性。

第一，从区域来分析。在全国区域间、东部、中部区域内，劳动力因素对吸收外商投资起着非常重要的作用，但是西部区域却没有通过显著性检验。丰富低廉的劳动力一直是我国发展经济、吸引外商的比较优势，但这种优势只体现在我国东中部区域，特别是东部地区。这与我国国情相符合。劳动力作为一种特殊的生产要素，作为知识、技术、经验、甚至资本的载体，在东部、东中部范围实现了自由流通，是该区域间FDI流动的关键纽带。而在西部，劳动力尽管成本比较低，但是素质整体不高。而且我国长期以来形成的二元经济结构，使区域间、城乡间的劳动力流动存在种种制度障碍，如户籍管理、社会保险转移对接等。这些因素成了区域FDI自由流动的一道鸿沟，在某种程度上阻滞了区域间FDI的协调发展。

第二，优惠政策是我国中西部地区招商引资中最重要的影响因素，在中西部区域FDI互动中扮演着重要角色。特别是我国中央政府实施中部崛起、西部大开发战略以来，一方面，政府不断拓展中西部对外开放的深度和广度，积极推进市场化进程，从资金、人力、资源、税收、金融等各方面加强对中西部区域的倾斜，促进当进经济的发展。这些政策为吸引外商创造了基础条件。另一方面，政府出台了一系列区域产业政策，鼓励外商到中西部地区投资。同时，为了促进东部地区产业优化升级，引导东部地区把相对落后的产业转移到中西部地区，政府带领中西部地区结合本地比较优势积极承接国际及东部的产业转移，加强了区域FDI投资偏好的政策导向性。

第三，集聚效应在东部、西部吸引外商的过程中也不可忽视。西部作为我国经济发展的后起区域，其开放程度、政府的相关政策相对比较滞后，制度也相对没那么透明，外商为了降低投资风险和信息收集成本，往往采取谨慎的跟随策略，追随已投资的外商。西部地区政府在正确引导的基础上，可以先重点引进重大项目或大型跨国公司，再形成以点带面的辐射效应。

第四，从时间阶段性分析，一个地方的经济发展水平、市场容量、FDI 集聚效应对我国区域 FDI 的分布起着越来越重要的作用。但是，劳动力成本的影响力度在减弱。进入 21 世纪以后，影响 FDI 区位选择的人均 GDP 的估计系数与显著性水平出现上升趋势。其原因是：改革开放初期，以港澳台侨为代表的境外资本主要投资出口导向型的加工贸易，因此对开放程度、基础设施（特别是满足产品进出口的港口条件）、劳动力等有着很高要求，境外资本主要向具备这些条件的东部沿海地区集聚，因此在统计上具有很强的显著性；但从 20 世纪 90 年代后期以来，随着国际跨国资本的不断进入，进入驱动力开始从要素导向逐步转向市场导向，占领国内市场成为跨国资本进入中国的主要目的。而且与港澳台资本相比，这些跨国资本往往属于资本密集型和技术密集型行业，因此对劳动成本要求的显著性水平明显下降，而对地方市场规模、市场化程度、人力资本、产品配套等条件有更高的要求。政府的优惠政策是我国招商引资中的重要影响因素，特别是在改革开放初期，经济特区、经济开发区和沿海开放城市的税收、信贷、土地等优惠对外商具有极大的吸引力。但近几年来随着西部大开发、中部崛起、东北振兴等政策的实施，特别是 2008 年两税合一政策的推出，对外商的优惠政策已经出现泛化、弱化的现象。与优惠政策相比，国际跨国公司更重视市场环境的开放度，规范、透明的市场规则和市场秩序，更能获得跨国资本的青睐与认可。因此与 20 世纪 90 年代相比，进入 21 世纪以后优惠政策这一解释变量的系数及其显著性水平都呈现减弱趋势。

由此可知，一个地区吸引外资的多少取决于该地区的经济发展水平、市场容量、集聚效应、市场化程度、政府政策等基础条件因素，不同区域间这些因素的差距及相近程度决定了 FDI 区域集聚或收敛的路径。

第五，从条件收敛与绝对收敛系数的差异来分析。从表 6-7 可以明显看出，加入新的解释变量之后，条件收敛与绝对收敛系数正、负符号均保持不变，但系数大小发生变化，系数的显著性明显提高。即我国三大区域之间与东部各区域之间的 FDI 空间布局收敛系数均为负数，而中部、西部各区域之间的 FDI 空间布局收敛系数均为正数。三大区域之间、中部、西部的 FDI 条件收敛速度基本上慢于绝对收敛速度。而东部条件收敛的速度相对比较快。这是因为经济规模、基础设施、市场化程度、开放度、人力资源和政策制度等是 FDI 进入的重要软、硬环境，上述影响因素空间分布的均衡性，往往直接决定 FDI 空间分布的均衡性，地区之间 FDI 分布的差异性，往往反映地区之间上述影响因素分布的差异性。全国、中部、西部各个省市区条件因素分布相对不平衡，在一定程度上阻碍了 FDI 由发达地区向不发达地区的扩散。而东部各个条件因素的差异程度较小，反而促进了 FDI 由核心地带向边缘地区的转移，促进了 FDI 分布的趋同性。由此可知，FDI 分布向临近区域转移需要满足一定条件，即临近区域的基础设施、开放程度、市场容量、市场化程度、人力资本、政府优惠政策等影响因素要接近 FDI 高集聚区水平。这也验证了我国 FDI 区域集聚呈明显块状结构的现状。中部属于中间地带，靠近东部地区的省市被纳入到 FDI 高集聚区，而靠近西部地区的地方却逐渐沦为 FDI 贫困地区。因此，促进区域 FDI 均衡分布，着力改善基础设施、开放程度、市场容量、市场化程度、人力资本、政府优惠政策等因素，实现这些因素的均衡势在必行。

表 6 – 8　不同收敛模型中 FDI 空间布局收敛系数 β 的比较（1993 ~ 2008 年）

	东西中三大区域	东部各区域	中部各区域	西部各区域
绝对收敛系数 β	– 0.0255 *	– 0.033 *	0.0194 *	0.068 **
条件收敛系数 β	– 0.012 ***	– 0.047 ***	0.0098 ***	0.02 ***

　　注：* 表示在 10% 的水平上显著；** 表示在 5% 的水平上显著；*** 表示在 1% 的水平上显著。

五　主要结论与政策建议

　　20 世纪 90 年代以来，随着我国对外开放程度的逐渐扩大，外商流入量持续攀升，外资大量进入极大地促进了我国区域的发展，成为这些区域经济增长的重要引擎。但是，我国 FDI 的区域分布极不平衡。以往的研究往往把区域 FDI 当做 "信息孤岛" 来处理，忽略了区域系统间错综复杂的联系。事实上，FDI 的增长不仅取决于自身投资环境也依赖于其他区域的 FDI 增长轨迹。因此，本书通过分解泰尔指数和 Moran's I 指数，结合空间经济计量模型（SEM、SAR）及区域收敛模型，在深入研究 1993 ~ 2008 年我国 FDI 分布差异动态轨迹的基础上，着重分析了空间自相关要素及地区自身条件因素在 FDI 区域增长趋同中的作用。主要研究结论概括如下。

（1）20 世纪 90 年代以来，在我国全域范围内 FDI 泰尔指数呈先升后降的倒 "U" 形动态轨迹，表明改革开放初期我国 FDI 整体空间布局呈现发散状态，以 1999 年为拐点整体空间布局趋于逐步收敛。东部 FDI 泰尔指数总体走势不断缩小，中部走势趋于扩大，西部 FDI 泰尔指数则低位波动盘整。而东部、中部与西部三大区域之间的 FDI 泰尔指数趋于下降，但其数值仍然居高不下，成为影响我国 FDI 整体差异的最大因素。

（2）空间相关性在区域 FDI 增长趋同中扮演着重要角色。一个区域的 FDI 与其邻近区域之间存在较强的依赖性，致使一个区域 FDI 的增长不仅依赖于自身投资环境，也依赖于其他区域 FDI 的增长轨迹。空间统计方法研究表明，1993 ~ 2008 年，我国 29 个省市区的 FDI 存在空间自相关性，空间集聚溢出效应逐渐增强，特别是东部地区的 FDI 空间布局收敛特征十分明显，而中部各省区出现分化现象，临近东部的省区（如湖南、湖北、安徽以及属于西部的四川等）与东部省区之间呈现 β - 收敛趋势；远离东部的省市区（如山西、内蒙古、吉林、黑龙江等）则与西部省区之间呈现 β - 收敛趋势。过去东部、中部和西部的 FDI 三大收敛 "俱乐部"，逐步演变成东—中部和中—西部两大收敛 "俱乐部"：具有正向辐射效应的 "高—高" 集聚型省市区，日益集聚在东部和部分中部地区；具有负向辐射效应的 "低—低" 集聚型省市区，日益集聚在西部和部分中部地区。

（3）我国 FDI 区域集聚及其空间收敛的条件因素有：基础设施、对外开放程度、经济发展水平、市场化程度、政府优惠政策、劳动力成本、人力资本和集聚效应。但在不同地区和时段，这些因素作用的程度有所差异。在我国改革开放初期，优惠政策、低廉劳动力、基础设施等是吸引 FDI 的关键因素，但随着时间的推移，空间经济学所强调的影响因素，诸如运输成本、产业集聚效应和人力资本等，将对 FDI 空间布局收敛起越来越大的作用。

目前，我国已成为吸引外商直接投资的强国，面临的最严峻挑战之一就是区域 FDI 分布极不平衡。本书的研究结果显示，尽管我国区域 FDI 在一定时间内呈现局部收敛的现状，区域间 FDI 的差异得到一定的缓解，但是东部与中西部间的差距依然比较大且仍呈扩大趋势。在这种情况下，促进区域 FDI 协调发展成为理论和实践界关注的重点。国家不断出台拉动中西部经济发展、加强中西部吸引 FDI 能力的一系列措施，以充分发挥外商直接投资的积聚效应和辐射效应来促进区域间 FDI 的协调增长，加快区域 FDI 收敛趋势，形成合理的区域 FDI 发展格局。基于此，本书认为我国各区域在招商引资时可以从以下几个方面做出适当的调整。

（1）东部转变引资的重点目标，着重提高外商直接投资的质量和层次。东部地区是我国最先吸引 FDI 的地区，一方面，应充分发挥东部 FDI 现有的集聚效应，提高引资的质量和层次，以工业园区、科技孵化区、开发区、集群区为载体，利用产业结构优化升级的契机，改变招商引资的重点，重点吸引资金、技术密集型投资项目，特别是高新技术项目。在吸引外商时，应根据当地外资企业聚集的行业、国别等特征及投资动机，选择关联产业和特定国家作为招商引资的重点目标，集中人力物力资源强化对这些行业和国家的招商力度，充分利用当地的聚集优势吸引潜在投资者，取得事半功倍的效果。另一方面，应鼓励劳动密集型、低增加值产业向中西部地区转移，在条件允许的情况下，对进行转移的企业给予适当的人力、物力、财力帮助，以尽快淘汰落后、高污染、高消耗产业，切实提高产业结构，创造更好的外商投资环境。

（2）中部切实改善投资环境，发挥承东启西的地缘优势。对于中部来说，重点是改善不利于引资的"瓶颈"因素，如利用中央向中部倾斜的政策等。特别是靠近西部的内蒙古、山西、吉林等省份，应该加大力度进一步建设基础设施，完善市场经济体制，剔除制度性障碍，注重基础教育、职业化教育、综合性教育，提高人力素质，加大投资支出，改善资本利用效率，促进经济的发展以进一步释放市场容量，同时，拓宽利用外资的渠道，学习东部区域招商引资的经验等，以提高吸引外商的综合能力。其次，中部应该充分发挥靠近东部沿海发达区域的地理优势，利用 FDI 的空间扩散效应，通过产业关联效应、生产要素自由流动、区域间的贸易往来、知识技术的溢出效应等加强与东部区域的联系与合作，共享东部发达地区发展的好处。以促进区域 FDI 的发展。

中部区域的发展对我国的 FDI 区域间协调发展具有重要意义，中部应该充分发挥其承东启西的地缘优势，改善投资环境的同时加强与东部发达地区的互动，顾及与西部的协调发展，以实现中部 FDI 的崛起。

（3）西部政府准确定位，充分利用比较优势。西部区域应该继续完善政府的导向支持机制，形成以政府为引导、以市场为主体的以点带面的增长方式。利用本地比较优势，培育新的增长极，力争引入一个甚至数个大型跨国公司在当地投资，作为外商直接投资的核心聚集点，依靠这些外资企业的带动引领产业聚集的初始路径。西部一些大中城市如重庆、成都、西安、兰州等，已具备了较强的科技实力，能消化外资带来的高新技术，并已初步形成电子信息、航空航天、电器制造、生物制药、基因工程等新兴的知识、技术密集型产业聚集点，对高新技术密集型的外资具有较强的吸引力。随着 FDI 聚集区和产业聚集区的逐渐形成，可带动其他区域 FDI 的发展，慢慢形成与东部自由对接、相向而行、良性互动的局面。同时，西部要抓住东部产业结构调整升级及国际产业转移的契机，依托现有的产业基础，调整产业结构，缩小与东部、国际产业的差距，壮大特色产业。最后，加大对外开放的深度和广度。允许外商以合资、独资、参股、承租经营权、收购经营等多种方式投资农业、能源、原材料工业、旅游服务业等传统产业和高新技术产业，进行综合开发，促进当地经济的发展。

（4）深化区域经济一体化，强化东中西部区域间的和谐发展。我国区域间的协调发展必须建立在地区比较优势的基础上，深化区域经济一体化建设，以加强区域间的相互依赖程度，共同促进 FDI、经济的协调发展。首先，地方政府之间应加强沟通与合作，树立全局观，着眼长远。在制定招商引资政策方面要相互协调与配合，结合自身的区位条件、产业基础、资源状况等比较优势，形成一体化的市场机制体系、产业体系与对外开放体系，以消除地区之间在招商战略与发展政策方面的不协调与冲突。同样，中央政府应该以区域协调发展为目标，从全国市场一体化与区域经济和谐发展的角度统筹区域间的竞争及市场一体化发展问题。其次，要消除区域间产品与生产要素自由流动的障碍，形成跨地区的统一的产品和生产要素市场，打破区域市场分割与垄断，以实现区域内外外商直接投资的净增加。只有打破区域市场分割，才能为不同地区的企业创造公平竞争的市场环境，实现优胜劣汰，促进生产资源的优化配置。再次，应推进区域间的产业分工合作与产业跨地区转移，优化地区产业结构，消除区域间的低水平恶性竞争。通过产业分工合作及产业关联效应实现产业跨地区转移，促进区域间的产业整合，形成互补型的 FDI 产业地域分布结构。

（5）充分发挥我国区域 FDI 的空间效应。继续提升上海、江苏等长三角区域环对周边区域的辐射效应，扩大广东对广西、湖南、江西等省市区的带动效应，大力发挥北京、天津对山西、内蒙古、辽宁等省市区的辐射效应，重点培育以重庆为中心的经济圈，创造重庆对西藏、青海、甘肃、陕西等省市区的辐射效应。当然，产业选择除了考虑区域的现实比较优势外，也需要考虑潜在比较优势的挖掘和未来竞争优势的培育。西部地区虽然在总体上不具备发展高新技术、形成外资产业聚集的条件，但一些大中城市如成都、重庆、西安、兰州等已具备了较强的科技实力，这些地区应积极利用智力资源的后发优势，强化高新技术密集型产业聚集点的作用，吸引相关产业的跨国加盟。

第七章

国际产业转移背景下我国
产业转型升级战略选择

发展中国家在经济社会发展过程中面临赶超战略与比较优势战略两种战略选择，进而导致两种截然相反的对待国际分工与参与国际产业转移的态度与路径。与上述两种战略不同，本研究根据我国国情，从成长潜力、就业功能、产业关联带动效应、生产率水平及可持续发展等多方面指标，提出了临界产业范畴，作为发展中国家承接国际产业转移和政府扶持的重点产业，认为发展中国家可以选择实施以强化人力资本积累、扶持临界产业、促进产业垂直升级为重点的政府诱导型的比较优势战略。

一 发展中国家的发展战略选择及其对产业升级的影响

一个国家或地区的产业演变是与该地区的经济发展战略密切相关的，经济发展战略选择决定了产业升级模式与产业转移路径。第二次世界大战结束后，由于受到当时外部环境、资源禀赋、经济发展水平、政治制度乃至意识形态等多种条件的限制，世界一些后发国家或地区都面临着两种重要的发展战略选择：赶超战略或者比较优势战略。选择前者的有原苏联、改革开放以前的中国；选择后者的有日本，韩国，新加坡和中国台湾、香港地区。

1. 赶超战略及其产业效应

赶超战略是经济落后国家或地区在政府主导下以赶超先进国家或地区为目标的一种发展规划。赶超战略主张通过政府有形之手，将有限的资源优先配置到工业特别是重工业部门，通过发展资本和技术密集型产业，迅速提高本国产业结构和工业化水平，促进经济超常规发展。

赶超战略的理论基础是后发优势理论。后发优势是指经济落后国家在经济发展中具有的相对优势，经济落后国家可以参照先进国家的工业化方式，进行理性分析和选择，做出适合自己的最优决策；可以有效利用先进国家已有的技术和设备，节约研究开发的成本，加快后进国家的工业化进程，缩小与先进国家的差距；可以学习先进国家的制度安排、经济结构和工业化的成功经验，从而降低试错成本、节约时间和资源。所有这些都使经济落后国家既有必要也有可能实施赶超战略。这种建立在后发优势理论基础上的赶超战略，是一种特殊的经济跳跃式发展战略。

第二次世界大战后，一大批殖民地、半殖民地国家获得了政治上的独立。如何独立自主地发展经济，以便在经济上迅速摆脱贫穷落后的局面，是每一个独立后的发展中国家政府都面临的紧迫任务（Lal，1985）。有鉴于西方发达国家强大的综合实力是建立在资本和技术密集的先进大工业基础上的，它们希望沿着资本密集型的技术发展道路建立起与发达国家类似的工业体系。无论是中国、原苏联和东欧这些实行社会主义制度的国家，还是亚洲和中南美洲的发展中国家，都推行了赶超战略发展经济，希望这种政策能够协助它们的资金密集型产业在极低的起点上发展并在短期内成功飞跃，从而实现现代化抱负。

赶超战略对发展中国家的经济发展和产业升级具有双重影响。赶超战略通过实行计划经济体制，借助政府干预的主导作用，能够快速、广泛地动员社会资源，迅速实现资本形成和资本积累，将资源优先配置到工业部门特别是重工业部门，客观上有利于产业结构的高级化，大大缩短产业结构高级化的进程，能够在一段时期内使社会经济实现跨越式发展。

但是赶超战略主要依靠政府干预手段，抑制市场机制的作用，超越本国资源条件和发展阶段，片面推行重工业优先发展，而具有比较优势的劳动密集型产业发展滞后，大大抑制了对劳动力的吸收，形成资源利用的二元性质，使发展中国家的资源配置严重扭曲，使广大人民不能均等地分享经济发展的好处。原苏联就是一个典型的例子。由于推行重工业优先发展战略，国家用强制性计划手段动员资源，使其军事工业和空间技术产业得到高度发展，在"冷战"期间堪与超级大国美国相媲美，其工业产值与发达经济比较也不算低，但在以人均国民生产总值衡量的综合国力和资源结构水平上，原苏联与美国等发达资本主义国家相比，差距并未缩小。更重要的是，原苏联在民生工业上极端落后，人民生活水平长期得不到改善。同时在当时的历史背景下，这种赶超战略又受到冷战思维的影响，往往人为割裂与世界经济的联系，片面强调自力更生，反对利用外资，主张"进口替代"，反对参与国际分工合作，企图单纯依靠本国资源和本国力量发展经济，追求封闭的、自成体系的、自我均衡的产业结构，这种产业结构是一种没有自生能力的畸形产业结构。

因此，尽管赶超战略在短期可以起到促进经济高速增长和产业结构迅速升级的作用，但由于无法发挥本国资源的比较优势，忽视对国际市场和国际资源的利用，这种拔苗助长的高级产业结构缺乏竞争力，经济的高速增长也缺乏可持续性。

2. 比较优势战略及其产业效应

比较优势战略是充分发挥市场机制的作用，根据资源禀赋和比较优势调整产业结构和发展经济的战略。经济发展实行比较优势战略的前提是，整个经济能够对资源比较优势做出灵敏、正确的反应，这就需要有一个能够反映生产要素相对稀缺性的要素价格结构。而要素相对稀缺性在要素价格结构上的准确反映必定是市场竞争的结果，因此在经济发展调节机制的选择上，比较优势战略必然要求发挥市场调节的主导作用。

比较优势战略源于比较优势理论，最早可追溯到亚当·斯密的国际地域分工理论和 20 世纪赫克歇尔和俄林提出的资源禀赋理论。比较优势理论认为，资源的相对丰富度决定了比较优势的大小，不同国家或地区生产不同产品存在劳动生产率或成本的差异，各个国家应该按照比较优势原则加入国际分工，形成有利于世界经济发展的产业结构。发达国家资本和技术资源丰富，发展中国家劳动力和自然资源丰富，由此形成的贸易格局是：发达国家进口劳动和自然资源密集型产品，出口资本、技术密集型产品；发展中国家进口资本、技术密集型产品，出口劳动密集型产品。由此导致全球的产业分工内容更加精细、空间范围不断扩大：从产业部门间分工发展到产业部门内不同产品的分工、同一产品内不同生产环节的分工，而且地理要素的阻隔作用明显减弱，产业分工深入到世界各个国家或地区的每个角落，主权国家产业体系不断裂变、重构而形成全球性的产业网络。现实中比较优势战略指导下的国际分工格局与发展趋势基本如此。

比较优势战略对发展中国家的产业升级是一把"双刃剑"。按照比较优势建立起来的产业结构内生于要素禀赋结构的升级，符合经济发展的客观规律，因此，随着要素禀赋结构的升级，产业结构会不断升级。比较优势战略通过市场机制的作用，可以使资源配置具有帕累托效率，可以充分发挥国际分工的效应，提升整个经济的活力和竞争力。在这个过程中，资本积累的速度将远远高于劳动力和自然资源增加的速度，要素禀赋结构能够得到较快提升，资本将由相对稀缺逐渐变得相对丰富，资本的价格也会由相对昂贵逐渐变得相对便宜。在市场经济条件下，企业为了降低成本、增加利润，就要根据相对价格信号的变化，调整产业和技术结构。随着要素禀赋结构和比较优势的动态变化，产业结构和技术结构也会实现自然升级，循序渐进地由劳动密集型产业向资本密集型和技术密集型产业转变。而且伴随着全球经济一体化的发展，各个国家或地区不仅在一国范围内，而且会在全球范围内合理配置资源，充分发挥各自的资源禀赋优势、人力资源优势、技术优势和竞争优势，通过国际产业转移，积极参与全球产业分工，不断推进自身产业结构的转型升级。

比较优势是由一国资源禀赋和交易条件所决定的静态优势，作为一种潜在优势，它只有最终转化为竞争优势，才能真正推动产业结构升级。但是比较优势战略难以迅速促进资本的形成和积累，也就不可能迅速提升一国的要素禀赋结构。发展中国家可以凭借资源和劳动力的比较优势在国际分工中占据一席之地，但以劳动力或自然资源为优势的产业，往往是技术含量低、附加值低的产业，这类产业进入壁垒不高，是许多发展中国家优先考虑的产业发展项目，会招致很多竞争者，加剧劳动密集型产品的市场竞争，导致各国比较优势的不断消失，导致发展中国家的产业被锁定在低端环节，造成产业结构趋于低级化，陷入比较优势陷阱（聂建中等，2009）。

3. 赶超战略和比较优势战略的比较分析

从以上对赶超战略和比较优势战略的分析中可以看出，二者的模式是完全不同的，归纳起来主要有以下几点区别。

一是体制区别。赶超战略以实行计划经济体制为主，通过政府干预的主导作用，可以迅速动员国内资源，但容易造成资源配置扭曲；比较优势战略以实行市场经济体制为主，价格信号在社会资源配置中起主导作用，具有帕累托效率。

二是增长速度差别。赶超战略能够迅速发动工业化，在短期之内实现经济跳跃式发展，但从长期考察，经济增长波动较大，生产效率较低；在比较优势战略指导下，社会经济可以渐进式发展，但经济效率较高，比较优势战略显示了其维持持续经济增长的优越性（林毅夫等，1999），但难以迅速赶上或超过发达国家，缩短与发达国家的差距需要缓慢、长期的过程。

三是产业结构差别。赶超战略以重工业优先发展作为首要目标，产业结构畸形发展，往往形成工业与农业、城市与农村的二元结构；比较优势战略能根据资源禀赋结构变化，顺序渐进推进产业结构升级，但是极易受到跨国公司的结构封锁与战略阻隔，长期处于全球价值链低端环节，陷入比较优势陷阱。

四是就业结构差别。赶超战略忽视发展中国家的劳动力优势，片面强调发展资本密集型和技术密集型产业，不利于吸纳广大劳动力，因而实施赶超战略的发展中国家往往具有较高的显性或隐性失业率，导致社会生活水平低下。而比较优势战略系根据国家或地区的资源相对稀缺程度，即生产要素的价格结构，调整和安排产业结构。在经济发展初期，发展中国家往往面临资本与技术资源较稀缺，而劳动力资源相对丰富的局面，于是优先发展劳动密集型产业是比较优势战略的题中应有之义。

五是国际分工结构差别。赶超战略由于过分强调自力更生，忽视利用国际资源和国际市场，忽视利用外资，主张进口替代，导致闭关锁国，无法获取国际分工的比较利益。与此相反，比较优势战略强调按照世界各国的资源比较优势，承接国际产业转移，参与国际分工，主张积极利用国际资源和国际市场，获取比较优势利益。表7-1进一步比较了赶超战略和比较优势的优劣势。

表 7 - 1 赶超战略和比较优势战略的比较

战略类型	优 势	劣 势
赶超战略	能够充分依靠政府，迅速、广泛地动员社会资源，积累资本，发动工业化，短时间内在重化工业等某些领域拉近与世界发达国家的差距	经济增长主要体现在重化工业等某些工业部门，产业结构畸形发展，导致二元经济结构；政府强烈干预经济，使资源配置扭曲；属于内向型经济，无法获取国际分工利益
比较优势战略	能充分发挥市场机制的作用，在生产中充分使用相对丰富、便宜的生产要素，使资源配置具有帕累托效率，产业结构提升内生于要素禀赋结构的升级，符合经济发展的客观规律；属于外向型经济，可以获取国际分工利益	难以迅速发动工业化，容易导致在经济上长期依赖发达国家；以劳动力或自然资源为比较优势的产业，往往是低技术、低附加值产业，使这些国家或地区长期锁定在全球价值链的低端环节，陷入比较优势陷阱

二 我国实施比较优势战略的时代背景与比较优势陷阱

1. 我国实施比较优势战略的时代背景

新中国在成立初期，由于长期遭受落后制度的阻碍和战争的破坏，面对的是千疮百孔、积弱积贫的社会经济状况，人均国民收入亚洲倒数第一，同时又面临以美国为首的西方资本主义国家的封锁与制裁，当时主要是效仿苏联在 1926 年实行赶超战略并很快追上西方发达资本主义国家的成功经验，并结合国内外实际情况，多次提出超常规的跨越发展战略，最为典型的事例是 1958 年提出的在 15 年或更长一点时间内"超英赶美"，为此实行全民动员、大炼钢铁，号召"跑步进入共产主义"。应该承认，在"文化大革命"以前的 30 年中，赶超实践有力地推进了我国独立、完整的工业体系建设，为社会主义现代化建设奠定了一定的物质基础。但是赶超战略并没有达到预期的效果，实现赶上发达国家的目标，反而造成了经济结构失调，居民生活水准增长缓慢，在某些方面与发达国家的差距愈拉愈大。

实际上，发展中国家的比较优势在于劳动密集型产业，而赶超型的发展模式却强调发展资本密集型重化工业（张鹏飞，2011），并不能给发展中国家带来经济的快速增长，反而造成了经济结构的失衡与劳动力资源的闲置；因此应实行比较优势战略，通过发展劳动密集型产业进行资本积累，当资本变得相对丰裕，比较优势转移到资本密集型产业之后，再发展资本密集型产业，这是发展中国家产业升级的必由之路，日本和亚洲"四小龙"经济成功的关键就在于此（林毅夫等，1999）。"文化大革命"结束以后，我国结束了闭关锁国的局面，开始实施对外开放政策，大力发展具有比较优势的劳动密集型产业，其中一个重要方面就是大力承接国际产业转移，积极参与国际分工。

国际产业转移是指处于高产业梯度的国家，由于资源供给或产品需求等条件发生变化，而选择将那些不再具有比较优势的产业向国外转出；处于低产业梯度的国家正好通过以较低成本引进这些产业，调整本国经济结构，缩短本国产业升级时间，加速工业化进程。国际产业转移的基本趋势是从不具备比较优势的地区向具备比较优势的地区转移，以实现利润最大化。承接国际产业转移使发展中国家在较短时间内获得了建立现代产业体系的外部支持，被认为是发展中国家扩大开放的快捷通道，是加快经济社会发展的必然选择。

发展中国家承接国际产业转移有两种方式，一种是外商直接投资的方式，20世纪50年代至90年代，发达国家逐渐形成了将制造业作为转移内容、以对外直接投资为主的转移方式。而许多发展中国家凭借其本土企业在劳动密集型行业的优势，通过外商直接投资的模式承接了该时期的国际产业转移，如日本和亚洲"四小龙"等国家和地区充分抓住这一机遇，迅速完成了出口导向型经济的转变，发展成为世界新兴工业化国家和地区。另外一种是外包方式。跨国公司把非核心的生产、营销、物流、研发乃至非主要框架的设计活动，分别承包给成本低的发展中国家的企业或专业化公司去完成，以减少固定投入成本，充分利用最优资源。而发展中国家在为发达国家提供外包服务的同时，也同样可以把这些活动外包给比自己成本更低的发展中国家去完成，由此衍生出了承接国际产业转移的外包模式。

作为发展中国家，选择何种方式来承接国际产业转移，对于一国经济的发展具有重大意义，它决定了一国的产业分配格局、出口结构、经济发展潜力甚至是一国在全球经济发展中的地位。按照比较优势理论，发展中国家在成本、市场方面的比较优势决定了发展中国家主要采取的是外商直接投资的国际产业转移承接模式。就我国来说，近年来，珠江三角洲和长江三角洲地区很快发展成为世界制造业基地和全球加工工厂，根本原因就是具有更为全面地承接国际产业转移的产业基础和比较优势。这些优势主要体现在以下几个方面。

第一，我国已基本形成完整的产业体系，具备承接国际产业转移的产业基础。改革开放 30 多年来，中国各类产业或从无到有、或从小变大、或由弱到强，目前已基本形成完整的产业体系。在工业方面，我国已形成了轻、重工业共同发展，劳动、资本和技术密集型产业共同发展的格局。钢铁、轻工等传统工业逐步壮大，航空航天、电子等新兴工业也发展迅速。目前，我们已拥有 39 个大类、191 个中类、525 个小类的工业，涵盖了联合国产业分类中所列的全部工业门类。在服务业方面，我国也初步形成了由传统服务业和现代服务业、生产型服务业和生活型服务业共同构成的服务业体系。综合交通运输体系、邮电通信基础网络、金融服务体系和覆盖城乡的商贸服务网络也已初步形成。

第二，我国拥有丰富的自然资源以及大量优质低价的劳动力等生产要素，具备承接国际产业转移的比较成本优势。企业的生产成本主要包括原材料和能源价格、工人工资等内容。中国幅员广阔，地形复杂，气候多样，拥有丰富的自然资源支撑产业的可持续发展。同时，中国拥有巨大的、多层次的、优质的劳动力供给和相对低廉的劳动力价格。中国制造业跟美国相比较，工资水平只是美国的 3％，而劳动生产率则是美国的 14％，也就是说，生产同样的制造业产品，中国大概只需要美国 1/5 的劳动成本就可以完成；而且，中国未来城市化过程中从农村转移到城市的 1.2 亿～1.5 亿人口以及每年上百万的大学生毕业所形成的巨大的劳动力供给市场，都为承接国际产业转移提供了要素成本方面的比较优势。

第三，我国拥有消费各个层次产品的巨大内销市场，这个内销市场也是承接国际产业转移的一个比较优势。对于中国这样一个正处于快速工业化进程中、拥有 13 亿人口的发展中国家，其潜在的庞大消费市场可想而知，即使中国劳动力成本高于周边竞争性国家，满足中国市场需求的生产活动也很难完全转移出去。而且，中国各地区间经济与社会发展水平落差较大，消费层次多样，也为制造业的发展提供了各个层次产品的市场需求，因而中国具有承接国际转移产业在市场上的比较优势。

以上几个方面的分析表明，我国在吸引国际产业转移方面的比较优势还可维持相当长的时期，充分利用外商直接投资、大力发展制造业是我们承接国际产业转移的主要模式，坚持发挥产业、成本、市场上的比较优势是我们承接国际产业转移的基本战略出发点。

2. 承接国际产业转移中的比较优势陷阱

比较优势作为经济学中的一个基本理论对推动经济发展的作用毋庸置疑，然而发展中国家如果一味发挥比较优势，教条式地应用比较优势理论，就势必会掉进"比较优势陷阱"，也会影响经济发展（Kanni Haitani，1968）。

"比较优势陷阱"是指一些国家陶醉于劳动力和自然资源的比较优势中不能自拔、固化于产业链的低端，最终丧失竞争力。在承接国际产业转移的过程中，由于具有传统比较优势的产业进入门槛低，很多发展中国家都选择了进入这样的产业。当越来越多的国家和越来越多的人被这种产业所吸引时，人们紧接着会发现，除了优势不断消失之外，还产生了一系列的消极后果，如环境污染、资源浪费、缺少竞争力和经济主动性等。我国在承接国际产业转移中采取的就是这种发挥比较优势的产业承接战略。在这一战略指导下，我国的产业发展虽然取得了巨大的成就，但随着外商对我国投资的扩大和国际国内经济形势的变化，比较优势战略呈现出不适性。

一是劳动密集型产品的比较优势正在减弱。利用巴拉萨（Balassa）显性比较指数（RCA）来度量一个国家产业的国际竞争力强度。

$$RCA_{ij} = \frac{X_{ij}/X_{it}}{X_{wj}/X_{wt}}$$

RCA_{ij}表示i国第j种商品的显性比较优势指数；X_{ij}表示i国第j种产品的出口值；X_{it}代表i国所有产品的出口总值；X_{wj}代表世界第j种产品的出口值；X_{wt}代表世界所有产品的出口总值。如果$RCA_{ij} > 1$，则说明i国家第j种产品具有显性比较优势；如果$RCA_{ij} < 1$，则说明该国在第j种商品的生产上没有显性比较优势。近年来，我国以饮料为代表的劳动密集型产品显性比较优势不断下降（杨丹萍等，2011），主要原因在于：我国国内劳动生产率提高缓慢，工资增长较快致使单位产品工资成本上升；亚洲金融危机后，东南亚国家货币大幅贬值，人民币汇率坚挺；同

时，近年来人民币不断升值，使我国劳动密集型产品的价格优势消失。有些劳动密集型产品的显性比较优势虽然还比较明显，如表 7-2 的纺织品所示，2000~2009 年，中国的显示性比较优势指数一直接近 3，国际竞争力还比较强。但与其他国家的比较发现，2009 年印度、巴基斯坦、土耳其的纺织品显性比较优势指数均高于中国，巴基斯坦的纺织品显性比较优势指数高达 22.04，可见在纺织品出口市场的竞争中，中国已经受到了其他国家的挑战（郝佳，2012）。

表 7-2　中国、印度、巴基斯坦、土耳其纺织品的显示性比较优势指数

	2001 年	2003 年	2005 年	2007 年	2009 年
中　　国	2.621	2.661	2.762	2.663	2.954
印　　度	5.144	4.532	4.264	3.791	3.276
巴基斯坦	20.300	21.110	22.630	23.970	22.040
土　耳　其	5.325	4.827	4.937	4.834	4.486

资料来源：郝佳：《中国纺织业出口贸易国际竞争力实证研究》，《价格月刊》2012 年第 1 期。

二是过量供给和过度竞争限制了我国比较优势的发挥。我国主要在以制造业为主的劳动密集型产业发挥比较优势、积极承接国际产业的转移，2006 年制造业占全部实际利用外资的 63.59%。由于中国是大国，进出口数量庞大，易引起原材料价格的上涨，同时国际上劳动密集型产品出口竞争日益激烈，再加上我国此类产品生产规模增长过快，引起此类商品价格逐年下降，这两方面的综合作用使我国总的贸易条件趋于恶化。事实上我国目前在国际市场上面临的主要问题已经不是缺乏价格竞争力的问题，而是因价格太低或下降过猛而失去市场的问题。所以任何可能导致出口商品价格大幅度下降的贸易措施发挥作用的余地都将越来越小。更何况 20 世纪 90 年代以来我国与几个大的贸易伙伴之间均存在较明显的贸易顺差，出口商品价格的人为调整可能引致主要贸易伙伴的强烈反应。

三是承接国际产业转移的方向与产业结构的升级之间存在偏差。我国各地都十分注重劳动密集型产业的发展。外资企业大量出口劳动密集型产品占用我国配额，压缩了我国国内企业的出口。另外，外资企业还与我国国内企业争夺国内市场，这与我国提升产业结构的本意有偏差。我国利用

的外资 70% 左右集中在第二产业，第一产业只有 3% 上下，第三产业也只有 27%。同时，外资企业出口的商品和我国大宗商品出口的类型相同，并不是原先承接产业转移时所设想的能够在技术和资本方面体现优势。这主要是由于当前我国依据比较优势战略、体现劳动力比较优势来承接的产业导致了我国劳动密集型产业规模的扩大，却没有发展技术和资金密集型产业带来产业结构升级。

因此，我们必须清醒地认识到，在科学技术迅猛发展的今天，一国传统的、静态的比较优势可能恰恰是劣势，甚至会成为一国经济发展的软肋，囫囵吞枣似地采用比较优势战略最终会导致产业发展遭遇"天花板"效应。

三 诱导型比较优势战略：我国承接国际产业转移的战略转型

在经济发展的最初阶段，我们靠传统的比较优势完成了必要的积累，然而在经济已经有了一定程度发展的今天，传统的比较优势不断显现出不适应性（林建红等，2003）。因此，如何跳出"比较优势陷阱"就成为新形势下我国政府必须解决的难题。王佃凯（2002）等学者强调要将比较优势战略转变为竞争优势战略。那么如何才能获得竞争优势？本书认为我国可以采取诱导型比较优势战略。

1. 政府诱导型比较优势战略的理论依据

在 20 世纪西方经济思潮的变迁过程中，经济自由主义和国家干预主义两大思潮的论争此消彼长，主流与非主流地位相互轮换（刘灿，2009）。两大经济理论及其主导经济政策的长期争论使人们认识到，只有将市场机制和政府宏观调控有机结合起来，才能保障现代市场经济的正常运行。这种认识的深化，促进了新综合市场经济理论思潮的产生。新综合理论意识到，一方面仅凭凯恩斯的国家干预，忽视市场调节的作用，并不能使现代经济很好地运转，解决不了失业、通货膨胀等严峻的问题。另一方面，仅凭新自由市场理论主张，同样也不能完全解决社会收入不公、贫富差别以及经济不稳等问题。他们认为，现代市场经济应是现代市场机制与现代政府调控的有机结合，二者相互配合、相互弥补、相互纠错才能保障经济正常运行。该理论肯定了市场机制在调节现代经济社会结构、维护经济秩序上的基础地位，强调任何人为作用只能在此基础和条件之下行事；但是市场本身缺陷所导致的市场失灵问题，只能由合乎市场内在经济要求的有限政府来弥补，而政府本身也有其作用边界，其本身也存在固有的外部性和缺陷，对政府的有效制约是现代文明社会的基本要求，但其最基本的制约机制也源于市场经济的成熟和发展。因此，要把"看得见的手"和"看不见的手"两者有效地结合起来，实现作用互补，使政府行为与市场机制在运作前提、功能、实现方式上互相补充。在具体政策方面，新综合理论提出宏观经济政策应以实现经济增长为主，同时兼顾充分就业、物价稳定、国际收支平衡等目标，主张补偿性财政政策，逆经济风向行事，财政货币政策并重、松紧搭配及政策微观化，等等。

根据前面所述，赶超战略忽视了经济发展的真正目标和人民生活水平的提高，确立的产业结构不能符合本国的资源禀赋结构即形成了偏"重"的、扭曲的产业结构，既阻碍了市场经济体制的建立，又使企业生产效率低下，缺乏竞争力。而坚持传统比较优势战略，虽能够充分利用各发展阶段的资源优势，使资源配置具有帕累托效率，但在进行劳动密集型产品和资本、技术密集型产品的贸易中，以劳动密集型产品出口为主的国家总是处于不利地位，会陷入"比较优势陷阱"，所以洪银兴（1997）等学者在对传统比较优势提出质疑的基础上，提出了动态比较优势战略，主张采取产业政策培育具有未来比较优势的高附加值产业。对我国来说，面临的紧迫任务是经济发展、提高人民生活水平和缩小与先进国家和发达地区的差距，两者都很重要，但中心则是人民生活水平的提高。为了实现经济发展的目标必须实现产业承接战略的创新，在坚持比较优势战略的基本原则上加入积极的政府干预，充分发挥后进国政府在经济发展中的作用，从而将赶超战略的合理成分与比较优势战略统一起来，即实施政府主导下的诱导型比较优势战略。

由于受主流经济理论的影响，多数学者如张曙光等（2010）认为，政府干预越少越好，政府只需要提供基础设施、安全、法律等服务。这样的观点对发达国家而言是比较适合的，但是对发展中国家而言，政府在经济和社会发展中需要扮演更积极的角色（Kruger，1992）。发达国家未来的技术发展方向是未知的，政府没有办法干预。但是，发展中国家，尤其是像我们这样一个转型国家，如果按照比较优势来发展，其产业发展轨迹是可以预测的。这样的国家，市场体制还不完善，需要政府积极参与。正如诺贝尔经济学奖获得者亚瑟·刘易斯的《经济增长理论》一书所说的：每一个成功的发展中国家背后都有一个非常明智的政府。如何成为明智的政府？本书认为有三点很重要，一要把握好国民经济发展的方向，顺着方向推动可以做到事半功倍；二要理顺市场和政府的关系，最重要的是要按照各地区的比较优势发展，政府尤其要做好服务，把当地具备比较优势的产业发展起来；三要处理好政府与企业的关系。政府的角色是搭台，创造良好的环境，提供必要的条件。在市场经济中，唱戏的主角必须是企业。在基于比较优势的国际产业转移承接中，政府的诱导作用一般包括直接干预与间接干预两种方式，前者包括直接投资和行政干预，后者包括政策诱导和法律规范。

（1）直接投资。主要是指政府作为出资人与外商合资设立合资企业，对产业转移活动构成影响的行为。政府往往还同时在主要合资企业周围通过对能源、交通、水电、邮电等公用事业进行投资来改善产业承接的硬环境，间接地在教育、卫生、科技以及基础设施等领域进行大量投资，这些投资虽然不是直接的生产经营活动，但对区域经济增长具有很强的拉动作用，更为重要的是政府在非经营性领域的投资对于改善区域产业转移承接环境可以发挥重要作用。

（2）行政干预。包括政府以审批制、配额制、许可证制等方式直接干预产业转移和贸易的手段，这些手段会对产业承接产生重大影响。目前，我国政府对外资企业、民营企业进入一些重要行业和领域仍然保持着严格的限制。比如，我国的电信业至今没有对国外资本和民间资本开放市场，外资银行在中国境内开设经营网点需要进行严格的审批。

（3）政策诱导。主要是指政府按照市场经济原则，通过制定科学的发展规划，提供相应的行政指导、信息服务、税收减免、融资支持、财政补贴、出口退税等方式，诱导企业在有利可图的情况下自觉按照政府的目标进行有序的产业承接。比如，为吸引外来投资，各地政府纷纷出台土地出让金、税收减免等优惠的招商引资政策；对高科技企业和外向型企业，我国还实施了出口退税政策。这些政策的实行，对于吸引国外资本、提高区域产业结构起到了重要作用。

（4）法律规范。政府对比较稳定、成熟的产业，通过立法的形式来严格规范企业行为、政策执行机构的工作程序、政策目标与措施等，对产业转移承接构成了重大影响。在实践中，这些法律规制还是政府行政干预和政策诱导的共同依据，具有长期性、稳定性的特点。

2. 临界产业：政府诱导型比较优势战略的实施重点

我国政府诱导型的比较优势战略并不是针对当前我国所有具有比较优势的产业提出来的，而是有其特定的实施对象的。目前，我国把该战略的实施重点定位于临界产业这一特殊的产业，寄希望于其能够更好地指导我国承接国际产业转移。

政府诱导型比较优势战略的产业目标选择是指一国直接参与国际产业联系的重点产业选择。这些产业是国内产业结构对外开放的先头产业，特别是对我国这样的发展中国家，它们不仅在国内产业结构与国际产业结构之间起着中介作用，而且对国内产业结构的优化能产生强力拉动作用。我国产业相对于国外产业而言，大致可分为三类：①具有相对优势的产业，如纺织、服装、鞋帽、玩具等劳动密集型产业；②处于劣势的产业，主要有能源、航空航天、通信计算机网络、环境保护设备等资本、技术密集型产业；③临界产业：在国际市场上已有一定的竞争能力，通过政府政策的诱导与扶持，在未来较短的一段时间内能在国际市场获得比较优势的产业。

临界产业的选择依然来自制造业。早在 2002 年 8 月 16 日的中国经济增长论坛新闻发布会上，中国国家统计局资料就显示中国之前 20 多年的经济增长，主要依靠制造业的成长；目前中国经济的比较优势仍然在制造业，今后在相当长的时间内，中国经济还得靠制造业来牵引。在中国经济的成长过程中，制造业已经成为经济增长的发动机。中国制造业增加值在国内生产总值中所占的比重虽然有一定的起伏，但基本维持在 40% 左右。中国的财政收入一半来自制造业，制造业吸收了一半的城市就业人口和一半的农村剩余劳动力。并且，制造业出口自 20 世纪 90 年代以来一直维持在总出口的 80% 以上，创造了 3/4 的外汇收入。所以对于中国，无论是从制造业占国内生产总值和财政收入的比重，还是从扩大就业、保持社会稳定等方面来讲，至少在 21 世纪的最初 20 年，制造业仍然是我国国民经济增长的主要来源。制造业集中体现了我国的优势所在：中国人口众多，劳动力的无限供给将会在很长时期内存在，并长期抑制中国制造业工资成本的上升。同时信息社会的到来也否定了制造业的存在意义要下降的说法，因此，临界产业的界定应基于制造业的范畴。

依据临界产业的定义，本书把临界产业的特征定位为既能带来经济的快速增长，又能扩大就业和提高收入的产业；既属于劳动密集型产业，又有一定的技术优势，是介于劳动密集型和高资本高技术产业之间的一种产业；并且临界产业是一个关联度较大的产业，在国内具有成为主导产业的潜力，未来可以起到对产业升级的带动作用。本书在借鉴郭克莎（2003）新兴主导产业选择指标的基础上，以产业的增长潜力、就业功能、带动效应、生产率水平、技术密集度及经济效益水平作为临界产业选择的依据。

①增长潜力。产业的增长潜力从根本上取决于产业的需求收入弹性，需求收入弹性高的产业随着人均收入水平的提高，需求的扩张幅度较大，产业的增长因此具有广阔的市场前景；而且收入弹性高的产品在产业结构中的比重将随着人均收入的增加而逐步提高，因此选择这些产业作为重点产业，符合产业结构的变动方向。联合国的一项研究报告指出发展中国家制造业需求收入弹性较高的产业主要有钢铁、有色金属、造纸、机械、纺织和皮革制品等行业（杨治，1985），钱纳里和赛尔奎因通过实证分析指出，在人均收入处于 390～1230 美元时，制造业部门中需求收入弹性高的产业主要是交通运输设备、家具、电器等（世界银行，1984）。这些一般性的研究结果，对于分析我国产业的需求收入弹性具有重要的借鉴意义，但我们必须认识到，不同的人均收入水平和产业结构下，产业的需求收入弹性是不同的，因此上述结论并不一定适合人口规模巨大、工业水平较高和产业结构具有特殊性的我国这样的发展中国家。

与需求收入弹性相关并反映产业增长潜力的另一个指标，是各个产业近年来的增长趋势。因为在市场调节起基础性作用的条件下，产业增长速度基本上表明了市场需求增长的趋势。1998～2010 年，我国制造业平均增长速度最快的前十大产业依次为燃气生产和供应业、有色金属冶炼及压延加工业、木材加工及木竹藤棕草制品业、家具制造业、通用设备制造业、黑色金属冶炼及压延加工业、交通运输设备制造业、石油加工炼焦及核燃料加工业、电气机械及器材制造业、通信设备计算机及其他电子设备制造业等，如表 7－3 所示。

表 7 – 3 中国制造业各行业平均增长速度

单位：亿元,%

行业名称	1998 年工业产值	2010 年工业产值	年均增速
燃气生产和供应业	103.25	2393.42	29.95
有色金属冶炼及压延加工业	1628.73	28119.02	26.79
木材加工及木、竹、藤、棕、草制品业	492.13	7393.18	25.33
家具制造业	294.71	4414.81	25.30
通用设备制造业	2579.80	35132.74	24.31
黑色金属冶炼及压延加工业	3883.19	51833.58	24.10
交通运输设备制造业	4212.01	55452.63	23.96
石油加工、炼焦及核燃料加工业	2329.44	29238.79	23.47
电气机械及器材制造业	3628.58	43344.41	22.96
通信设备、计算机及电子设备制造业	4893.56	54970.67	22.33

资料来源：根据《中国统计年鉴》1999～2011 年数据整理。

同时，我们注意到，十个产业中通信设备、计算机及电子设备制造业，电气机械及器材制造业，交通运输设备制造业以及通用设备制造业四大产业技术相对密集，这种增长趋势和格局表明技术相对密集型产业的市场需求扩张较快，从而具有较强的增长潜力或后劲。此外，在工业化的新时期，我国制造业部门以至整个国民经济正面临着加快技术装备更新改造从而加快技术进步的重要任务，这对我国装备制造业的发展带来了巨大的市场需求，如果国内装备制造业能够尽快提高产品的技术水平和质量，就能够较快改变国内企业技术设备更新升级过度依赖进口的局面，并能极大地促进中小企业的技术改造和技术进步。这将推动装备制造业市场规模的扩大，提高装备制造业的增长潜力。装备制造业主要包括通用设备、专用设备、交通运输设备、电气机械及器材、电子及通信设备、仪器仪表及文化办公用机械等 6 个产业（金属制品业也具有装备产业的功能，但在我国目前的工业发展阶段，其技术装备作用相对较低），这些产业也是技术相对密集的产业。因此，在新的发展时期，这类产业将具有较强的增长潜力。

②就业功能。临界产业在得到未来国家政策倾斜的同时，既要充分发挥我国劳动力资源丰富的比较优势，还要考虑现阶段存在的巨大就业压力以及人民收入水平普遍不高的问题。因此，就业功能就成为衡量一个产业

能否作为临界产业的条件。从产业的要素密集程度看，产业的就业功能依次按劳动密集型产业、劳动—技术密集型产业、资本密集型产业、资本—技术密集型产业递减。但是，各个产业的实际就业功能及其差别，还要取决于产业的发展水平、趋势和特点。近年来，我国制造业中，就业比重最高的前十个产业见表7-4。

表 7 - 4　中国制造业各行业就业比重

单位:%

行业名称	2006 年	2007 年	2008 年	2009 年	2010 年	均值
通信设备、计算机及电子设备制造业	11.22	7.99	7.66	7.51	8.10	8.50
纺织业	5.06	8.51	7.38	6.99	6.78	6.94
电气机械及器材制造业	5.71	6.10	5.97	6.06	6.33	6.04
交通运输设备制造业	6.45	5.55	5.35	5.64	6.01	5.80
非金属矿物制品业	3.60	6.09	5.64	5.76	5.71	5.36
通用设备制造业	4.22	5.72	5.58	5.51	5.65	5.33
化学原料及化学制品制造业	6.47	5.17	4.86	4.99	4.97	5.29
黑色金属冶炼及压延加工业	8.69	4.14	3.55	3.66	3.62	4.73
纺织服装、鞋、帽制造业	1.91	5.63	5.19	5.09	4.68	4.50
电力、热力的生产和供应业	7.31	3.49	2.94	3.14	2.89	3.95

资料来源：根据《中国统计年鉴》2007～2011 年数据整理。

表 7 - 4 表明，目前我国这十大制造业可接纳的劳动力就业人数大概占全部制造业就业人数的 56.45%。但这仅仅是从绝对额上开展分析的，除此之外，我们还要考察产业的就业密度和规模。

产业的就业密度决定了产业的就业规模。一般用每亿元工业增加值和产品销售收入所对应的就业人数这两个指标中的一个指标衡量。亿元增加值对应的就业人数表明一定量产出所使用的就业量，亿元销售收入对应的就业人数表明一定量收益所使用的就业量，后者受市场需求和价格的影响较大。所以本书用前一个指标来表示产业的就业密度，从前一个指标的计算结果看制造业各部门中产业就业密度最高的十个产业依次是：文教体育用品制造业，纺织服装、鞋、帽制造业，皮革、毛皮、羽毛（绒）及其制品业，工艺品及其他制造业，家具制造业，纺织业，水的生产和供应业，木材加工及木、竹、藤、棕、草制品业，印刷业和记录媒介的复制，塑料制品业。这些产业都是劳动密集型产业（见表 7 - 5）。这说明在我国制造业发展的现阶段，劳动密集型产业的产出或收益的就业密度是明显较高的。

表 7 - 5　中国制造业各行业亿元增加值对应的就业人数

单位：人/亿元

行业名称	2006 年	2007 年	均　值
文教体育用品制造业	2460.10	2151.58	2305.84
纺织服装、鞋、帽制造业	2059.05	1828.56	1943.81
皮革、毛皮、羽毛（绒）及其制品业	2094.28	1735.89	1915.09
工艺品及其他制造业	1927.25	1492.34	1709.80
家具制造业	1672.35	1411.65	1542.00
纺织业	1552.94	1274.46	1413.70
水的生产和供应业	1461.57	1130.18	1295.88
木材加工及木、竹、藤、棕、草制品业	1336.41	1030.58	1183.49
印刷业和记录媒介的复制	1236.55	1046.04	1141.30
塑料制品业	1206.86	1048.36	1127.61

资料来源：根据《中国统计年鉴》2007～2008 年数据整理。

另外，还可以根据固定资产与劳动力的比例来分析提供一个就业机会所需要的资本量，该指标反映的是一个就业岗位所对应的生产过程中实际投入的固定资产净值（年平均余额）。而从固定资产与劳动力比例看，提供一个就业岗位需要固定资产最少的十个产业依次为：皮革、毛皮、羽毛（绒）及其制品业，纺织服装、鞋、帽制造业，文教体育用品制造业，工艺品及其他制造业，家具制造业，木材加工及木、竹、藤、棕、草制品业，仪器仪表及文化办公用机械制造业，纺织业，金属制品业，电气机械及器材制造业。由此可以看出，生产过程中提供一个就业岗位需要固定资产最少的产业主要也是劳动密集型产业，同时增加了几个技术密集型产业（见表 7 - 6）。这表明，这些技术密集型产业从其内部构成看更接近于劳动—技术密集型产业。

表 7 - 6   中国制造业各行业固定资产与劳动力比值

单位：万元/人

行业名称	2006 年	2007 年	2008 年	2009 年	2010 年	均值
皮革、毛皮、羽毛（绒）及其制品业	3.34	3.68	4.25	4.89	5.45	4.32
纺织服装、鞋、帽制造业	3.95	4.25	5.06	5.43	6.25	4.99
文教体育用品制造业	4.36	4.79	5.43	6.22	6.47	5.45
工艺品及其他制造业	5.04	5.85	6.97	8.19	9.08	7.03
家具制造业	6.52	7.46	8.01	9.36	10.14	8.30
木材加工及木、竹、藤、棕、草制品业	9.25	9.81	11.22	12.54	14.79	11.52
仪器仪表及文化、办公用机械制造业	9.50	10.05	11.21	13.10	14.87	11.75
纺织业	10.17	11.26	12.71	14.04	15.39	12.72
金属制品业	9.58	10.75	12.64	14.92	16.83	12.95
电气机械及器材制造业	10.54	11.28	13.22	15.37	17.07	13.50

资料来源：根据《中国统计年鉴》2007～2011 年数据整理。

根据以上两个方面的分析，我们可以对制造业部门的就业功能做出综合性的分析判断。每亿元增加值对应的就业人数，一定程度上受到劳动生产率的影响，而提供一个就业岗位需要的资本量，更能反映如何用一定量的资本或投资创造更多的就业机会，其中，流动资产的投入量也受到一些非正常因素的影响，而固定资产与劳动力的比率相对来说能更好地反映产业的就业功能。因此，按照这些指标的重要性来进行综合判断，制造业部门中就业功能强的产业主要是：皮革制品、服装、文教体育用品、家具、纺织、塑料制品、金属制品、仪器仪表及文化办公用机械、木材加工和电气机械及器材等。而电子通信设备及计算机制造业、交通运输设备制造业、黑色金属冶炼及压延加工业和通用设备制造业四个产业在制造业中的就业比重较高，主要是由于产业规模较大，而不是就业密度较高。

③产业关联效应。临界产业不仅自身要有较强的增长趋势或增长潜力，而且必须对其他产业具有较大的带动效应，包括对产出增长和就业扩大的带动作用。而要具有较大的带动效应，一个产业必须具有两个基本特点：一是有较高的产业比重；二是有较高的产业关联度。比重高的产业，每增长 1 个百分点就能带动较大比例的总产出和总就业；关联度高的产业，其增长能影响较多产业增加更多的总产出和总就业。产业关联度在各个产业发展过程的相互影响中表现为产业影响力和产业感应度。

产业影响力是指一个产业影响其他产业的程度，产业感应度是指一个产业受其他产业影响的程度。作为临界产业，其带动效应主要通过影响力表现出来，但由于临界产业与其他产业具有相互影响的关系，因而感应度的大小对于加强带动效应也有重要作用。一个产业的影响力系数或感应度系数大于1，说明该产业对其他产业的影响力或感应度较大（高于全部产业的平均水平）。

表 7 - 7 制造业中主要产业的影响力系数和感应度系数

行 业	增加值比重	就业比重	影响力系数	感应度系数
电子通信设备及计算机制造业	10.36	7.8	1.40	1.16
黑色金属冶炼及压延加工业	9.89	5.7	1.17	1.47
电力、热力的生产和供应业	7.69	7.1	0.87	1.35
交通运输设备制造业	6.49	7.6	1.26	0.99
化学原料及化学制品制造业	4.96	6.4	1.17	1.42
电气机械及器材制造业	4.89	5.3	1.26	1.08
有色金属冶炼及压延加工业	3.57	2.4	1.17	1.47
纺织业	3.45	8.6	1.20	0.92
通用设备制造业	3.27	5.9	1.21	1.00
石油加工、炼焦	3.21	1.7	1.04	1.46

资料来源：《中国统计年鉴（2007）》；中国投入产出学会课题组：《我国目前产业关联度分析》，《统计研究》2006 年第 11 期。

从表 7 - 7 可以看出，除电力、热力的生产和供应业外的其他九个行业的影响力系数都大于1，说明这九个产业对其他产业都有较大的影响力，而交通运输设备制造业、纺织业的感应度系数都小于1，说明这两个行业受其他行业的影响较小。总之，这些产业中具有较强带动效应的产业是电子通信设备及计算机制造业，黑色金属冶炼及压延加工业，电力、热力的生产和供应业，交通运输设备制造业，化学原料及化学制品制造业，电气机械及器材制造业，有色金属冶炼及压延加工业，纺织业，通用设备制造业，石油加工、炼焦及核燃料加工业。

④生产率水平。作为临界产业，应当具有较高的生产率水平，才能有较高的增长效率和发展后劲，并带动整个工业和国民经济增长质量的提高。由于烟草行业的特殊性，所以这个行业除外。我国制造业中有十四个

产业高于全国均值，其中石油加工、炼焦及核燃料加工业，黑色金属冶炼及压延加工业，有色金属冶炼及压延加工业，电力、热力的生产和供应业甚至超出全国均值 1 倍，而这其中石油加工、炼焦及核燃料加工业的生产效率又是最高的，是全国平均水平的 4 倍有余；化学纤维制造业，燃气生产和供应业，化学原料及化学制品制造业，农副食品加工业，交通运输设备制造业，通信设备、计算机及电子设备制造业等六个部门的生产率也均高于均值，其中，通信设备、计算机及电子设备制造业稍高于全国平均值（见表 7 - 8）。目前，这些产业已形成了一定的竞争优势并正处在新兴成长阶段。

表 7 - 8　中国制造业及各产业生产效率

单位：亿/万人

行业名称	2006 年	2007 年	2008 年	2009 年	2010 年	均值
全部制造业	43.02	51.45	57.42	62.09	73.19	57.434
石油加工、炼焦及核燃料加工业	197.28	221.37	263.06	253.00	317.30	250.40
黑色金属冶炼及压延加工业	85.79	110.71	142.67	131.99	149.97	124.23
有色金属冶炼及压延加工业	94.55	115.39	113.13	115.78	146.77	117.12
电力、热力的生产和供应业	83.17	102.98	115.88	120.43	147.12	113.92
化学纤维制造业	73.86	90.97	88.11	92.36	112.77	91.61
燃气生产和供应业	50.35	62.26	82.91	100.01	125.84	84.27
化学原料及化学制品制造业	57.15	70.47	79.03	83.79	101.07	78.30
农副食品加工业	54.37	66.07	75.91	82.81	94.65	74.76
交通运输设备制造业	54.42	66.44	70.58	83.74	96.65	74.37
通信设备、计算机及电子设备制造业	65.49	66.72	64.82	67.15	71.14	67.06

注：烟草行业 2006～2010 年生产效率的均值为 224.40，属于生产效率水平高的十大产业之一，但由于烟草行业的特殊性，这里将其剔除。

资料来源：《中国统计年鉴》（2007～2011）。

⑤技术密集度。与生产率水平相比，将技术密集度作为临界产业的一个选择依据，更具有重要性。首先，产业的生产率水平主要反映了产业的技术进步，而产业的技术进步很大程度上取决于产业的技术密集度，因此，产业的技术密集度对产业生产率水平的提高有根本性和长期性的作用；其次，产业的技术密集度不仅通过影响产业技术进步而影响产业的生产率水平，而且具有提高产业附加值的作用；再次，根据临界产业的特

征，既要有一定的技术优势，又不能过高地依赖技术，属于技术相对密集的产业。因此，从这些方面来考察，技术密集度指标对于我们选择临界产业具有更为重要的意义。

关于产业技术密集度的划分，业界并没有形成一个统一的标准，大多数文献根据研发投入比重来划分产业的技术密集度，郭克莎（2002）据此分析认为，我国电子及通信设备、仪器仪表及文化办公用机械、电气机械及器材、交通运输设备、通用设备和专用设备、医药和化学原料及制品制造业这八大产业，在制造业中的技术密集度明显较高。

⑥经济效益水平。从产业的长期稳定发展看，可持续发展性也应成为选择临界产业的一个依据。制造业产业的可持续发展性，主要表现在资源消耗（物耗和能耗）低和环境污染小两个方面。而这两个方面基本上可以通过产业的经济效益水平来考察，因为物耗和能耗本身就是经济效益的部分内容，而环境污染的大小一般可以通过治理污染的成本反映出来。至于高污染产业有负的外部性，我们可以将这些产业排除在外，主要通过总资产贡献率和工业成本费用利润率两项指标来考察我国制造业中各个产业的经济效益水平。

2006～2010 年我国制造业中总资产贡献率较高的产业除了具有特殊性的烟草产业外，依次为饮料制造业，木材加工及木、竹、藤、棕、草制品业，皮革、毛皮、羽毛（绒）及其制造业，石油加工、炼焦及核燃料加工业，农副食品加工业，食品制造业，医药制造业，纺织服装、鞋、帽制造业，非金属矿物制品业，有色金属冶炼及压延加工业（见表7－9）。

表7－9 中国制造业各产业总资产贡献率

单位：亿/万人

行业名称	2006 年	2007 年	2008 年	2009 年	2010 年	均值
饮料制造业	17.65	19.19	19.58	21.39	22.62	20.09
木材加工及木、竹、藤、棕、草制品业	13.65	17.17	19.52	20.58	23.26	18.84
皮革、毛皮、羽毛（绒）及其制品业	14.55	16.47	19.36	19.99	23.29	18.73
石油加工、炼焦及核燃料加工业	6.20	13.53	2.16	32.68	33.28	17.57
农副食品加工业	13.63	16.08	18.72	17.93	20.85	17.44

行业名称	2006 年	2007 年	2008 年	2009 年	2010 年	均值
食品制造业	13.79	15.84	17.17	18.96	21.33	17.42
医药制造业	11.59	14.59	17.03	17.24	18.45	15.78
纺织服装、鞋、帽制造业	12.47	14.14	15.63	16.98	18.91	15.63
非金属矿物制品业	11.21	14.24	15.65	15.72	17.99	14.96
有色金属冶炼及压延加工业	17.24	17.94	12.96	10.72	13.49	14.47

注：烟草行业 2006~2010 年总资产贡献率的均值为 69.64，属于总资产贡献率高的十大产业之一，但由于烟草行业的特殊性，这里将其剔除。

资料来源：《中国统计年鉴》（2007~2011 年）。

总资产贡献率是利润、税收和利息之和与总资产的比率，属于毛利润率指标；工业成本费用利润率是利润与成本费用的比率，属于净利润率指标；后者比前者更能反映产业的经济效益水平。工业成本费用利润率较高的产业（不包括烟草），依次是医药制造业，饮料制造业，印刷业和记录媒介的复制，燃气生产和供应业，食品制造业，非金属矿物制品业，专用设备制造业，仪器仪表及文化、办公用机械制造业，通用设备制造业，交通运输设备制造业（见表 7-10）。这些产业的总资产贡献率和工业成本费用利润率水平与 2004 年相比都是上升的。

表 7-10　中国制造业各产业工业成本费用利润率

	2006 年	2007 年	2008 年	2009 年	2010 年	均值
医药制造业	8.65	10.93	12.03	12.30	13.15	11.41
饮料制造业	8.80	10.33	10.44	11.23	12.43	10.65
印刷业和记录媒介的复制	7.57	8.36	8.38	9.00	9.78	8.62
燃气生产和供应业	3.40	6.97	8.28	10.12	11.37	8.03
食品制造业	6.42	7.39	7.17	8.89	10.04	7.98
非金属矿物制品业	5.83	7.56	7.95	8.42	10.08	7.97
专用设备制造业	6.63	8.22	7.71	7.77	9.49	7.96
仪器仪表及文化、办公用机械制造业	6.24	7.12	7.18	8.23	9.20	7.59
通用设备制造业	6.76	7.14	7.22	7.24	8.56	7.38
交通运输设备制造业	5.29	6.84	6.94	8.10	9.65	7.36

注：烟草行业 2006~2010 年工业成本费用利润率的均值为 35.89，属于工业成本费用利润率高的十大产业之一，但由于烟草行业的特殊性，这里将其剔除。

资料来源：《中国统计年鉴》（2007~2011 年）。

因此，综合起来看，经济效益水平较高的产业主要是医药制造业，饮料制造业，燃气生产和供应业，印刷业和记录媒介的复制，非金属矿物制品业，专用设备制造业，通用设备制造业，食品制造业，仪器仪表及文化、办公用机械制造业，交通运输设备制造业等产业。这些产业中基本上没有负外部性突出的高污染产业，因而可以看做是制造业中经济效益水平较高的产业。

前面我们按临界产业的选择依据从不同角度确定了一批可供选择的产业，现整理如表 7 – 11。

表 7 – 11　中国制造业前十大产业主要指标分布情况

增长潜力	就业功能	带动效应	生产率水平	技术密集度	经济效益
燃气生产	皮革制品	电子通信	石油加工	电子通信	饮料制造
有色金属	服装	黑色金属	黑色金属	电气机械	医药制造
木材加工	文教体育用品	电力生产	有色金属	仪器仪表	燃气生产
家具制造	塑料制品	运输设备	电力生产	运输设备	印刷业
通用设备	家具制造	化学制品	化学纤维	医药制造	非金属矿物
黑色金属	木材加工	电气机械	燃气生产	通用设备	专用设备
运输设备	仪器仪表	有色金属	化学制品	专用设备	通用设
石油加工	纺织业	纺织业	食品加工	化学制品	食品制造
电气机械	金属制品业	通用设备	运输设备	—	仪器仪表
电子通信	电气机械	石油加工	电子通信	—	运输设备

应当指出的是，上述这些选择的侧重点是不相同的，因此，还需要通过进一步分析这些选择依据的权重，来最终确定我国政府诱导性比较优势战略对于临界产业的选择。如前所述，在 6 项选择依据中，最重要的是产业的增长潜力和带动效应，这两项指标是一个产业能够成为临界产业的基本条件，其次是产业的技术密集度和生产率水平与就业功能的比较和选择，前两者与后者在某种程度上是矛盾的。如果强调临界产业对产业结构升级、比较优势转换和竞争优势成长的作用，则应当重视产业的技术密集度和生产率水平这两项依据；如果强调临界产业对就业增长的作用，则要把产业的就业功能依据放到重要位置。最后是产业的经济效益水平，这个依据包含的内容较为广泛，主要作为临界产业的参考依据。

根据这些权重，兼顾产业升级的基本目标和就业增长的重要目标，我们可以确定，在今后一段时期，我国政府诱导型比较优势战略推进工业化选择的临界产业为：电子及通信设备、电气机械及器材、交通运输设备、纺织和服装、通用设备和专用设备制造业及医药制造业。

3. 政府诱导型比较优势战略与比较优势战略比较

如前所述，长期以来一直指导我国参与国际分工和全球市场经济的比较优势战略极大地推动了我国经济的发展，也使我国的对外贸易取得了巨大成就。但是，应该看到，在当今的国际市场上，具有比较优势的劳动密集型产品并不一定具有国际竞争优势。这主要是因为：劳动密集型产品的国际需求日益减少。国际贸易的主要目的现已不再是互通有无，而是尽可能地占领国际市场，以获取更大的对外贸易利益。为此，国际生产越来越倾向于以需求为导向。而从需求结构看，传统的劳动、资源密集型产品日趋饱和，国际消费需求结构以及相应的投资需求结构已向更高层次转换。我国出口的劳动密集型产品加工程度低、技术含量少、产品质量不高，这种中低档次劳动密集型产品出口面对的只能是日益缩小的国际市场和日益下降的价格水平，与发达国家高新技术产品交换的贸易条件越来越恶化。劳动密集型产品的需求弹性小、附加值低，易出现出口的"贫困化增长"。同时，我国劳动密集型产品的出口市场过于集中，生产地区分布也不均衡，使我国产品极易遭受国际经济波动的影响和冲击。发达国家对发展中国家歧视性的贸易政策，使我国的劳动密集型产品受到了诸多贸易壁垒的阻碍，在国际市场上发展的空间越来越有限。这也使我国以劳动密集型产品为主的出口贸易在国际分工中处于从属和被动的不利地位，极易落入"比较优势陷阱"（马述忠，2002）。政府诱导型比较优势战略超越了比较优势战略，与比较优势战略相比，更符合当代中国承接国际产业转移的实际状况，拥有更多符合当代国际产业承接的新特征：①政府诱导型比较优势战略的实施对象为临界产业，对于临界产业主要以成长潜力、就业能力、带动效应、生产率水平和可持续发展性五个指标加以界定。政府诱导型比较优势战略的产业选择更科学，突破了当前我国劳动密集型产业承接国际产业的单一指标——就业能力，为此，政府诱导型比较优势战略重点发展的产业为电子及通信设备、交通运输设备制造业和纺织业。②政府诱导型比较优势战略是在比较优势战略优点的基础上，融合了赶超战略中政府对经济干预的合理成分及比较优势战略中市场对资源基础性配置作用的优点，并对二者加以改进而成的新型战略。政府诱导型比较优势战略除了考虑现实的利益外，还考虑潜在的利益对比，考虑怎样才能使一国取得或保持比较优势，以便从对外贸易中获取更大的利益。③政府诱导型比较优势战略涉及政府、产业、企业，强调非价格竞争，更注重要素的质量及产品市场的需求档次，更注重长远利益，培育自身的内在竞争力，避免落入"比较优势陷阱"中。通过政府的扶持，临界产业在未来较短的一段时间内能在国际市场上获得比较优势。

四 实施诱导型比较优势战略的产业政策创新

1. 从优惠政策为主转向开放政策为主

改革开放初期，我国处于资金短缺与物质短缺的时期，加上我国吸引外商的投资环境和条件都比较差，因此通过实行优惠政策来吸引外资是完全必要的。但随着我国投资环境的不断改善，特别是加入 WTO 以后随着国民待遇原则的全面实施，我国对外商投资企业所实行的优惠政策要逐步淡化以至最后取消，最终将以中性政策取而代之，营造外资企业、国有企业与民营企业公平、公正的竞争环境。

世界各国利用外资的实践表明，外商直接投资环境是由优惠程度与开放程度这两个变量共同决定的函数，而优惠程度与开放程度之间又是可以相互替代的。如图 7-1，在其他条件不变的情况下，一个国家开放程度越低、越封闭，对外商投资的优惠政策应该越多，其优惠水平也越高；反之随着一个国家开放程度提高，对外商投资的优惠政策可以逐步减少，其优惠水平也可以逐步降低。即 $Y = f(X_1, X_2)$，$\dfrac{dX_1}{dX_2} < 0$，$\dfrac{d^2X_1}{dX_2^2} > 0$，其中 Y 为投资环境，X_1 为优惠程度，X_2 为开放程度。

实际上国外资本在进行投资区位选择时考虑因素是很多的，包括政治因素、经济因素、社会文化因素、自然因素和法律政策因素等等（Cheng and Kwan，2000），而不只是单独考虑税收优惠政策因素。而且各种因素对于不同类型的外资在进行投资区位选择时的影响也是不尽相同的。税收等优惠政策对于一些外资而言可能很有吸引力；而对另一些外资，特别是大型的跨国公司而言，吸引力可能就很小，因为在东道国与母国签订有避

优
惠
程
度

开放程度

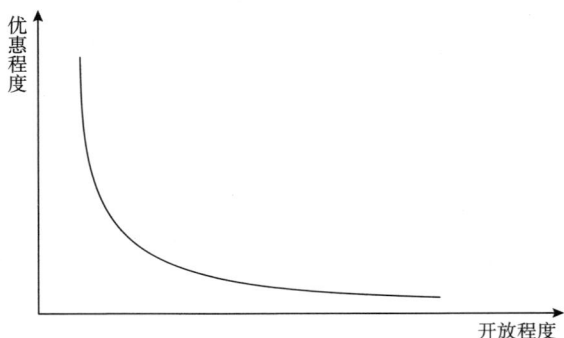

图 7 - 1　优惠程度与开放程度相互关系

免双重征税协定的条件下，跨国公司在东道国减免的税收要在母国予以补缴，跨国公司得不到太大好处。相反东道国的市场规模、增长潜力、劳动力素质、法律法规健全与透明，以及社会经济稳定程度等，更受到跨国公司的青睐。① 总之不能把税收等优惠政策作为吸引外资的唯一手段，为了增强对外资的吸引力，更重要的是要改善东道国的投资环境。

从以优惠政策为主转向以开放政策为主，是当今世界各国吸收和利用外资的总体趋势，具体表现为其吸收海外直接投资的国内立法和政策自由化趋向明显加强，而优惠政策逐步淡化。如表 7 - 12 所示，据联合国跨国公司和投资司统计，1977～1987 年，在各国政府共计 321 项外国直接投资政策调整中，有 70% 计 224 项是趋于自由化的。而在 1991～1999 年，世界各国共有 512 国次进行了 1035 项外国直接投资政策法规调整，其中属于放松管制朝着自由化方向发展的达到 974 项，占 94% 以上。发展中国家和地区所采取的自由化措施，大多数旨在减少外资进入的部门限制，放松或开放原先不准对外国直接投资进入的行业，加强对外国直接投资的保护、促进和自由化政策。其中最为明显的行业是石油、采矿、能源、机场、电信、旅游、电影制作、银行保险、商业零售以及制药业等。虽然同期有约 6% 计 61 项政策法规调整是比以前更具限制性的，但这些政策限制性加强，主要体现在发展中国家由于遵循 WTO 国民待遇原则，而对外国直接投资优惠政策的调整（如逐步减少吸收外资中不必要的、与 WTO 原则有根本

---

① 当然税收优惠政策对跨国公司也并不是没有任何好处，因为减免进口关税等税收优惠政策可以降低跨国公司的生产成本，在一定程度上降低跨国公司在东道国的经营风险。

冲突的优惠成分），因而它并不意味着开放度的降低，而是在本质上体现了对外国直接投资的管理更趋于合理和规范。而对外国直接投资管制的重点则放在反垄断、强化公司治理结构以及对于消费者和环境的保护等方面。可见致力于直接投资政策法规的自由化改革，提升利用外资政策的开放度，已成为当前世界利用外资的潮流。

表 7 - 12　1991～1999 年世界各国吸收国外直接投资政策法规的变化

	1991 年	1992 年	1993 年	1994 年	1995 年	1996 年	1997 年	1998 年	1999 年
国家数	35	43	57	49	64	65	76	60	63
政策法规调整数	82	79	102	110	112	114	151	145	140
更有利于投资数	80	79	101	108	106	98	135	136	131
降低优惠程度数	2	0	1	2	6	16	15	9	9

资料来源：联合国贸发会议：《2000 年世界投资报告》，中国财政经济出版社，2001，第 20 页。

税收等优惠政策虽然是发展中国家吸收境外直接投资的有效手段，但当这些国家经济发展到一定程度以后，即开始淡化优惠政策，采取措施抑制税收等优惠政策的进一步发展。如印度尼西亚 1984 年取消了免税期优惠；马来西亚等一些国家则通过降低所有企业的标准化所得税率，使跨国公司所享有的特殊优惠趋于一般；菲律宾亦正在考虑取消免税期等规定；等等。这表明在发展中国家经济发展到一定阶段以后，过多的优惠政策不仅会影响到东道国的利益分享，而且会造成内资企业与外资企业竞争的不平等，对外资企业的优惠，就是对内资企业的歧视。

从总体上看，今后我国利用外资政策要逐步从以优惠政策为主转向以开放政策为主，即在逐步淡化、取消外资优惠政策的同时，逐步加大对外商直接投资的开放力度，通过全方位、大跨度的开放，营造利用外资的投资环境，增强对外商投资的吸引力。特别是加入 WTO 后，中国利用外资政策将从以税收激励为主的优惠政策转向以公平竞争机制为主的规制政策，即由基于激励型的 FDI 政策转向基于规制型的 FDI 政策。在从减少优惠待遇角度走向国民待遇的同时，中国也将减少对外国投资者的市场准入限制（除特定行业外）和非国民待遇，改善综合投资环境，促进市场公平竞争，从另一个角度走向对外商投资的国民待遇。

一是逐步降低利用外资优惠政策的优惠程度，直至最终取消优惠政策。在实际操作中，这种政策调整可以有以下几种方式。

①降低外资企业优惠政策的"绝对优惠水平"。1994年中国税制改革统一了内外资企业的流转税，但内外资企业的实际税率并不相等，外资企业仍然享有较大的所得税优惠，直到2008年才实现了内外资企业税负的平等，对内外资企业的政策一视同仁。然而，对外资企业的显性优惠政策虽然已经逐步取消，但隐性优惠政策还是名目繁多，主要表现为：地方政府违规减免税收；地方政府在推动产业升级、发展高科技产业的借口下直接对外商进行财政补贴；对外资企业廉价批地；放松对外资企业的环境管制，从而使企业成本降低；对外资企业的劳动力工资和工作环境缺乏有效管制，造成外资企业成本优势（陈柳，2006）。对此，中央政府应该采取相应措施，约束地方政府引进外资过程中的各种违规做法。

②降低外资企业优惠政策的"相对优惠水平"，如逐步扩大内资企业在进出口贸易和外汇管理方面的各种权利和自主空间；产业倾斜政策和地区倾斜政策应逐步对内外资企业一视同仁，税收政策的调整应同产业倾斜政策的实施相结合，对国家重点鼓励发展的行业和项目应在一定时期内给予一定的税收优惠。

③降低外资企业优惠政策的"绝对优惠水平"与"相对优惠水平"同时并举，使外资企业与内资企业所享有的政策逐步趋于相同。

二是取消对外商投资企业的歧视性要求，包括强制性外汇平衡要求、限制出资比例要求、当地成分要求和强制性出口比例要求等。从一些大型跨国公司决策者的反映看，他们十分重视东道国的宏观经济政策与投资环境的稳定与完善，对投资的税收优惠等并不十分在意，而对所谓"歧视性与限制性问题"则十分敏感。可见，取消歧视、减少限制是我国吸引大中型高技术含量的外资项目和提高利用外资水平的迫切需要。

同时逐步将对外商投资企业的"特定国民待遇"向"全面国民待遇标准"调整。所谓的"特定国民待遇"是指只采用列举方式规定实行国民待遇的范围、领域和环节，非列举的范围、领域或环节则不享受国民待遇，在政策和有关立法中不笼统全面地承诺；而"全面国民待遇标准"则恰恰相反，它通过列举的方式表明国民待遇的例外，而非列举的领域、范围和环节则一概施行国民待遇。我国目前实行的是特定国民待遇，具有很强的随意性和可塑性，可以很容易地根据实际需要，通过追加或修改有关条款，对外资政策进行调整，因而也就具有非常明显的过渡性。因此随着对外开放不断扩大，我国利用外资立法模式，从"特定国民待遇标准"向"全面国民待遇标准"的转化是一个必然的选择。

三是放松直至取消外商投资的产业限制和地区限制。中国入世以后已经承诺了较大幅度下调关税和减少非关税壁垒，承诺服务业进一步对外资开放，承诺贸易政策的公开和透明。这些变化表明中国对外开放已经从政策性开放阶段转向制度性开放阶段，从政府主导型的开放转变为市场导向型的开放。《外资企业法实施细则》中把诸多行业列为禁止或限制外资进入的领域，这种状况显然与我国入世谈判所做的进一步扩大外资进入领域的承诺不一致，应予以调整，要有步骤地扩大在电信、金融、外贸、商业、旅游以及会计师事务所、律师事务所等服务业经营领域的开放范围和开放地域；某些行业部门提供服务时，有关收费的歧视性规定应予以纠正，以免因为个别部门的利益而影响我国整体的投资环境。

2. 从以产业结构政策为主转向产业结构政策与产业组织政策并重

目前，我国对外商直接投资的产业政策主要是以产业结构政策为主，国家通过制定《外商投资产业指导目录》，引导外商直接投资的产业投向。外商投资分为鼓励类、允许类、限制类和禁止类。我国对外商直接投资的产业政策已实施多年，它对引导外资发展我国亟需发展的一些瓶颈产业和高技术产业，保护国内涉及经济、政治安全的产业方面，均起着一定的积极作用。但是在实际运作中也出现了一些问题与偏差，主要表现为以下两个方面。

一是我国以制定《外商投资产业指导目录》为主的利用外资产业结构政策主要是鼓励外商投资企业发展我国的"瓶颈"产业和高新技术产业。但是各个产业都是由环环相扣的产业链构成的，而不同环节的技术含量和附加值是不同的。因此总体上属于高新技术的产业，可能含有低技术生产环节；而在总体上属于传统的、技术含量较低的产业，可能含有高技术的生产环节。如在电子、机械等行业中，研发环节的技术含量和附加值最高，制造环节次之，组装环节的技术含量和附加值最低。而我国目前大力发展的电子信息产业中，多数属于劳动密集的加工、组装环节，关键技术和关键零部件还是靠进口，只能是为国外大公司打工，赚些微薄的打工钱。

二是一些政策上鼓励、允许外商的产业部门,内资企业的市场份额急剧萎缩,外资企业的市场份额急剧膨胀,在某些行业(如微电子、移动通信设备、轿车、制药、洗涤剂、工程机械等)的外资企业国内市场集中度已经达到较高程度;加上跨国公司凭借其先进技术优势和规模优势,构筑起较高的进入壁垒,因此跨国公司垄断行为的发生已经具备了一定的结构性前提,不仅损害企业效率和公平竞争环境,人为造成社会福利损失,而且也对我国的经济安全构成严重威胁。

可见,在我国短缺经济向过剩经济转化,特别是在我国加入 WTO 的条件下,开放市场将使越来越多的国际大型跨国公司进入中国并有可能滥用其市场支配力。因此为了限制跨国公司滥用市场支配力量,构成对本土企业的垄断威胁,今后我国利用外资的产业政策要从以产业结构政策为主逐步转向以产业技术政策和产业组织政策为主,要以制定反垄断法、反不正当竞争法为核心,构建相对稳定的规范跨国公司竞争行为的制度体系,主要有以下几个要点。

①建立完善的市场结构和市场行为的信息监测系统,跟踪了解行业市场集中度指数(最好以 HHI 指数计量)与大公司、大企业的市场竞争行为,以供实施反垄断政策和合理引进外资政策作参考。同时国家应该从三个层次即全国市场、行业市场和主要外商投资企业所在的产品市场上,对外商投资企业的市场份额最高上限做出明确的规定,以防止外商投资企业对我国市场的垄断,损害社会福利和公众利益。特别是在跨国公司与国内企业的合资及购并中,国家有关部门要综合考虑该项并购或合资可能产生的反竞争后果及其效率因素,以决定是否给予批准或规定在一定附加条件下予以批准。另外中国"入世"以后来华的境外独资企业将会增加,我国政府将会面临新的问题,即外商投资企业的转移价格等利润操纵行为,政府必须建立和完善与国际接轨的外商投资监管体系,加强日常的监督与控制,防止利润转移,以及不公平竞争等。

②放松企业进入管制。在引进跨国公司过程中,同时要放松对国内企业(特别是对民营企业)的进入门槛,实行国民待遇,在内资企业与外资企业之间、外资企业与外资企业之间营造公平竞争的市场环境,提高竞争强度,使外资企业迫于竞争压力,动态地转让先进生产技术和管理组织技术,形成外资企业转让技术的挤压效应。同时要积极推动我国企业之间跨

行业、跨地区和跨所有制的资产重组和联合，培育能与外资企业相抗衡的大企业和大集团，增强其技术实力和资金实力，使之能在更大规模上与跨国公司进行竞争，并在与跨国公司的谈判中获得对等地位，有利于合资过程中新技术的引进。

在外资企业市场占有率较高而在短期内国内企业又无法形成较强竞争力的行业中，要引进多家跨国公司，形成竞争性的市场结构，以防止跨国公司行使市场势力，降低跨国公司之间串谋，获取垄断利润的可能性。① 要通过全方位地引进多家外商投资企业，形成竞争或寡头竞争的格局，更容易地促进跨国公司向我国转让先进技术，提高技术的扩散效应和溢出效应，进而减少国内企业同跨国公司之间的技术差距，降低行业进入壁垒，促进国内竞争者的产生，形成"鲶鱼效应"，促进市场竞争。一个明显的例子是汽车行业。自从德国大众公司 1991 年进入中国生产 20 世纪 80 年代的车型——普通桑塔纳以来，几年内车型几乎没有什么变化，但是随着一汽捷达、二汽富康市场占有率的提高，特别是随着上海汽车有限公司与美国通用汽车合资生产别克轿车，以及广州本田汽车的下线和投放市场，德国大众改变态度，于 1997 年将先进的 AUDI A6 引入一汽大众，并在上海大众推出 B5 车型的帕萨特，使原先 B2 车型的桑塔纳跃升了三个等级。

另外，由于长期计划经济体制的影响，我国一些基础设施和社会公共服务部门形成了大量垄断，大大提高了社会成本，对整体经济效率的提高形成制约。随着中国加入 WTO 和市场经济体制改革的深化，垄断部门的市场化改革成为今后经济体制改革的一项重要内容。为了适应对外开放和经济结构调整的需要，应当逐步减少垄断行业的市场准入限制，允许外商投资金融、保险、证券、旅游、能源生产与供应、交通设施建设、环保等领域。这样可以充分利用国外资金发展基础产业和社会基础设施，提高产业和经济发展的配套和服务能力。在一些基础设施和领域可以更多通过 BOT 等项目融资方式或者其他一些金融创新手段筹集资金，在提高社会基础设施供给能力的同时，确保投资者和消费者的利益取得最大均衡。

---

① 中国经验表明，在经济全球化条件下，东道国政府对国内产业实施较高的保护措施和限制外国投资者数量，实际上是保护了现有投资者的利益，使其在东道国市场上的垄断能力比在母国市场上更强。参见江小涓（2002）。

③对于跨国公司的不同垄断行为，应采取不同的法律裁定手段。跨国公司就市场价格进行串谋或划分市场势力范围，以及维持转售价格等行为具有明显的危害性，应以本身违法原则加以裁定，一般不考虑其他因素；非价格纵向控制、高集中度行业的投资与并购、价格歧视以及价格交叉补贴等行为，由于其可能具有相当的效率因素，应当以合理原则加以裁定；而对于跨国公司提高进入壁垒的技术创新、巨额广告投入、产品差异化行为，一般属于企业正当的竞争战略，应以本身的合法原则加以对待。因此在某些场合中，市场操纵可能是策略性行为，但在另一场合中可能是正常的市场竞争行为；在某些场合中，策略性行为可能会损害社会福利，但在另一场合中可能它们又会增进社会福利，有益于社会。由于存在以上的诸多原因，在对跨国公司的垄断行为进行法律性质界定时，应十分谨慎，不能过于简单武断。

④发挥产业组织政策的导向作用，促进跨国公司与本地企业之间的联系。企业在一定生产链条中的角色分工反映了不同企业资源的组织和配置要求。目前的国际投资活动中，跨国公司出于自身的利益热衷于建立与当地供货厂家的联系，而东道国政府在促进联系中同样能够发挥重要作用，可以通过促进本地企业与跨国公司之间的联系，为本地企业提供更多的市场机会，并通过与跨国公司的联系从中汲取和掌握新技术、新工艺。促进联系的具体措施包括：提供信息、牵线搭桥、鼓励外资企业参与旨在提升国内厂家技术能力的解决方案、与外资企业合作制定国内供货厂家的培训计划以及便于国内供货厂家获取资金的各项方案等。新加坡、马来西亚等国家已经建立起促进联系的综合方案，有选择地针对一些行业或者企业采取不同的配套政策方案，并取得了巨大的成功。这些国家的经验表明，政府常常有针对性地介入有益于联系的增加，有利于跨国公司向东道国富有活力的企业部门传授知识。促进联系方案越是能与中小企业发展和有针对性的外资政策紧密配合，成功的可能性就越大。从中国目前的情况来看，关于民营企业市场准入方面的种种限制，企业购并、产权交易等方面法律法规制度的不健全以及传统体制造成的地区分割、行业分割等弊端都是影响这种联系的主要负面因素。有必要参考新加坡等国家的成功经验，将促进联系作为产业组织政策的重要一环、作为新的市场条件下政府服务功能的具体体现。其中，建立政府主

管部门与大型跨国公司之间的定期对话、协商机制，沟通当地企业与跨国公司之间的合作关系就是促进联系的有效途径之一。通过这样的机制可以听取外商投资企业关于政府产业政策制定和执行的意见与看法，宣传政府的产业政策，向跨国公司推荐当地的供货企业和服务商，为中小企业创造能够接受大型跨国公司技术、质量管理和经营能力培训，并成为这些大型公司供货企业的机会。此外，还可以通过建立中介机构等方式为供需双方提供信息和咨询服务等。

3. 从国内协调型产业政策转向国内协调与国际协调并重的产业政策

传统产业政策是封闭型产业政策，其基本特征是国内协调型的，其主要特征：一是以一国范围的产业为对象，其视野主要局限于本国市场范围，解决国内市场经济中资源在部门间和部门内配置和产业结构非均衡问题，强调以一国市场为界限建立"大而全""小而全"的生产体系；二是着重保护本国消费者和生产者的利益，侧重对国内幼稚产业和劣势产业实施政策保护；三是在对外经济关系中，主要争取产品出口和利用外资，最大限度地利用国际市场和国际资源。

封闭型产业政策是与封闭型经济形态相联系的。在封闭型经济中，高耸的关税壁垒和非关税壁垒造成一国与他国之间商品、资金和信息流动的障碍，一国产业结构的成长基本上是独立演进的。传统产业政策的这一根本特征还与政府传统的宏观调控理念有关。按照传统理念，政府干预经济主要是为了弥补国内市场机制自发调节的缺陷。相应地，政府在引导产业结构合理化和协调产业内垄断与竞争关系而实施产业政策时，目标往往是实现一国内资源在部门间和部门内的最佳配置。

20世纪90年代以来，随着经济全球化进程的显著加快，国际贸易规模越来越大，国际直接投资日趋活跃，生产要素的跨国界流动以及产业的国际转移，形成了全球产业网和国际产业链，产业结构在全球范围内演变、调整和升级。越来越多国家的产业结构运行呈二元化、跨国界变动，既有国内部分，又有延伸到国外的部分。一国的产业结构体系已不再纯粹是国内产业，而是转变为国际产业结构体系的组成部分。伴随当代市场竞争格局的全球化，某一产业部门的市场结构和主要厂商间的市场竞争格局不再以一国或一个地区为限而是早已跨越国界，行业的生产体系被越来越多的国外厂商所突破。因此一国产业结构的变动不仅受到国内各种变量因素的影响，而且与世界其他国家的产业结构连为一体、相互波及、互动演进，使整个世界经济的竞争与分工格局发生了根本性的变化。各个民族国家产业结构体系的演进既置于本区域内部分工中，又置于全球国际分工体系中。一国产业结构变动既深受国际分工变动的影响，也影响其他相关国家的结构变动，并且迅速波及全球其他区域。因此从全球范围来看，各区域各个国家之间产业结构体系的相互依存、互动作用日益明显和加深，各国之间的产业结构已是一个深度开放的产业结构。

在这种情况下，一国产业政策的制定必将对其他国家尤其是对区域周边国家的结构演进带来影响，他国的政策出台也会对本国的结构大调整和升级带来波及性影响。在经济全球化条件下，一国产业政策已经由国内协调型转向国际协调型。这种国际协调型产业政策具有如下特征。

一是在产业政策的目标上，以全球经济为平台，解决国内资源配置和产业结构升级问题。为此必须摒弃在封闭经济条件下追求"完整产业体系"的产业目标和"全面赶超"的产业发展战略，转向注重发挥动态比较优势和大国经济效应，在动态发展中创造自己比较优势的发展战略，特别是在知识、技术、人力资源等非自然禀赋要素上创造人为比较优势，培育具有国际竞争优势、能够抢占国际产业制高点的战略产业和主导产业，以跨越式重点发展取代等距离全面赶超。

同时要积极参与国际分工，并逐步提升国际分工位次。拥有自然资源和廉价劳动力比较优势，参与垂直分工一般是发展中国家经济全球化的起点。所谓垂直分工包括产业间的垂直分工和产业内部的垂直分工。前者是指劳动密集型轻纺工业、资金密集型重化工业和技术密集型工业之间的分工；后者是指在同一产业内部不同工序之间的分工，如研发、中间制成品和组装产品的分工。在目前的国际分工格局中，发达国家之间的分工，一般是以同一产业内部产品差异化的水平分工为主；而发达国家和发展中国家的分工则以垂直分工为主，尽管近年来产业内部工序分工有所扩大，但仍由发达国家垄断核心环节和核心技术，发展中国家的经济增长局限在低水平、低层次的产业结构上，使全球日益分裂为"头脑国家"和"躯干国家"。在国际分工中，发展中国家所能获得的利益，主要取决于它们在国际垂直分工中所处的环节，越是接近核心技术和核心产品，所获得产品、技术的附加值就越高，其比较利益也就越大；

反之越是远离核心产品和核心技术，参与国际分工的利益也就越小。因此在经济全球化不断发展、国际分工日益深化的形势下，要注重同一产业内部技术的纵向升级，在加入国际分工以及与跨国公司的合作中，要充分注重提升我国在国际垂直分工中的环节，不断由低技术的低端组装环节向技术含量较高的中端制造环节和高端研发环节发展延伸，以获取较大的国际分工比较收益。

二是在产业政策的调节方式上，实行产业政策和竞争政策①的有机配合。在市场经济条件下，产业政策的目标主要是弥补市场竞争机制的不足和解决市场功能的失效。因此需要政府产业政策加以保护和扶持的重点领域，除了具有明显外部经济效应的公共产品领域之外，应限于以下三个方面。

①幼稚民族工业保护。世界各国的经验表明，一国放弃贸易保护主义的前提，是国内至少有相当一部分产业的效率和技术水平与国际先进水平的差距不大，产业成本低于或接近进口产品的成本；如果差距过大，取消贸易保护就会把国内的幼稚产业扼杀于摇篮之中，只会使本国的产业结构升级无法进行，损害长期发展的潜力。因此 WTO 也专门列出了幼稚产业的保护条款。发展中国家要充分利用幼稚产业的保护条款，发展新兴产业，采用后发优势，促进新兴产业从幼稚走向成熟。

②先导产业培育。先导产业作为一种新兴产业，代表着新的社会需求，代表着未来产业结构转换的新方向，但是萌芽阶段往往不易为一般人所觉察，因此在进入市场时，必须由政府予以扶持，以发挥对社会资本的示范带头作用。另外先导产业又具有创新性特点，必须有大量科研开发的投入，在市场经济条件下，单靠市场机制分配资源常常难以满足技术开发的需要。这是因为：首先技术具有公共产品的特征，技术成果在消费上具有非排他性，一个企业开发成功，其他企业能够无偿使用，无法保证发明者独占其成果所产生的利益，会影响技术开发的积极性；其次技术开发又是高投入、高风险行为，不仅需要耗费大量的财力、物力和时间，而且存在着市场与技术的两重风险，这种风险一般难以成为民间保险的对象，民

---

① 所谓的竞争政策是指政府为保护和促进市场竞争而制定的法律法规以及各种行动措施的总和。

间资本往往没有能力也不愿投向这些部门。但是这些科研开发的投入对带动产业成长与升级，又具有巨大的现实意义，理应成为政府扶持的重点。因此 WTO 的《补贴与反补贴措施协议》也把为资助企业的研发活动、促进落后地区发展、资助企业现有设施的改造作为不可申诉补贴，只要符合协议规定的条件，成员方可以自由使用，不受限制。

③为了反垄断的需要而对新兴企业进入市场的扶持。为了反对垄断，实行有效竞争，目前按国际惯例有两种做法：① 第一，对垄断企业实行强制分立，以形成两个或两个以上的竞争性企业；第二，在垄断行业中扶持新企业的进入。新企业的进入会导致竞争加剧，迫使企业提供多种新的服务、降低收费标准、促进收费体制的多样化和技术进步等以增强企业的竞争力。但是在垄断市场中，新企业单凭自身力量打破垄断，往往是十分困难的。因为市场现有的垄断者不仅具有垄断地位，而且还有学习优势、信息优势、市场优势等，相比之下新进入者往往显得十分软弱，仅仅依靠本身的努力很难改变"不对称竞争"的局面。针对这种"不对称竞争"，在反垄断中政府必须对新进入企业予以适当的政策扶持。在中国电信业由独家经营到引入竞争（主要是联通公司的成立）的演变过程中，我国政府就采取过这种进入扶持政策。

当然在市场经济中，产业政策不可能成为资源分配的主导性机制，有效的市场竞争才是社会资源配置的基础。任何一种产业的发展（包括新兴产业的发展），最终取决于市场运作机制，取决于产业发展潜质和企业本身素质，而不是产业政策。产业政策（包括进入扶持政策）对绝大多数产业（包括先导产业）的发展而言，首先都是一种外部变量，只有当产业政策对产业内部的技术、资金、人才等生产要素的投入和运作发生积极的影响时，产业政策才能更好地发挥作用，否则进入扶持将只能造成社会资源的无谓浪费，诱发创租、寻租等不当行为。

---

① 当然我国的情况可能有所不同。中国已经实行了几十年的计划经济。计划经济的基本特征就是垄断，几乎所有的行业，从市场进入到产量价格的制定都是由政府垄断的。1978年以后，政府逐步放松了管制，大部分行业出现了竞争的局面。但是一方面政府对一些仍然处于垄断地位（自然垄断或法定垄断）的企业没有按照市场经济的规则加以管制，而是听任政企不分的垄断者自行其是，损害消费者利益；另一方面各级政府部门又常常以行业管理和维护市场秩序为名，通过法令、政策、行政等手段从事各种各样的反竞争活动。因此中国目前反垄断的首要任务是反政府的行政垄断。

因此，政府在产业政策的调节方式上，必须实行产业政策和竞争政策的有机配合，以竞争政策为主，辅以必要的产业政策。政府在做出进入扶持决策时必须慎重，这种扶持仅局限于市场失效领域，不能从主观偏好出发随意扩大范围，扶持那些应该由市场推动、政府完全不必干预的产业或企业。在产业成长中，可以以市场推动为主的，就必须以市场推动为主，政府不必干预太多；确实必须由政府介入的产业，采取间接诱导型支持政策就能解决问题的，就不必采取直接干预型支持政策；即使确定应该由政府直接进行扶持的产业，也要有一个明确的"断奶期"，一旦能够自立，就必须及时撤销扶持、保护。否则会严重干扰市场机制正常发挥作用，使企业产生对政府优惠政策的依赖性，感受不到市场竞争的压力，缺乏改进、提高效率的动力。我国不少国有企业曾长期受到政府的扶持与保护，养成了对政府的高度依赖，在市场环境中竞争力较差，离开了政府的保护就不能生存，就是一个很好的反面证例。

三是在产业政策手段的选择上，必须符合国际惯例和国际规则。主要体现在以下几个方面。

①在参与国际分工和国际竞争中，政府应积极参与全球或区域各种"游戏规则"的制定，特别是要争取参加新的国际贸易和国际投资规则的制定，以便能更多地反映发展中国家的声音和利益。

②产业预警机制与产业安全保护的前置化。传统产业政策体系包含着保护性产业政策的内容，即采用各种政策工具，保护本国弱势产业。为适应经济全球化和 WTO 基本规则的要求，这些政策工具的作用方式也随当代产业政策的转型而发生了重大变化，表现在当今很多国家通过建立产业预警机制和将产业安全保护工作前置化，来夺得在全球竞争中的先机。如在国内建立进出口商品市场预警机制，监测国内外市场的销售、价格、数量等信息，运用技术壁垒、绿色壁垒等工具，建立不违反 WTO 规则的保护措施；利用本国的驻外机构和跨国公司在国外建立政策预警机制，把政府产业政策的作用延伸到追踪外国的经贸政策，从而在第一时间把握有关国家的政策变动，以便迅速进行协调和制定对策，使产业安全保护措施前置化；对重点产业逐步改变支持方式，变简单补贴或保护方式为 WTO 法律框架所允许的适当方式，如把以往的以价格补贴、出口奖励、亏损补贴和出口退税等为重点的"后期保护"，转变为以研究

开发资助、挤出设施建设、技术改造补贴、环境保护等为重点的"前期支持"。

③按照 WTO 原则，加大法律、法规的调整力度，以增加对跨国公司投资的吸引力。根据加入 WTO 有关国家的经验，实施 WTO 原则有两种适用方法：一是转换适用，即通过增补或修订国内现行的法律、政策，把 WTO 原则转化吸收为国内立法；二是直接适用，即一旦批准 WTO 有关协议，就可以直接适用，不必转化为国内立法。但考虑到 WTO 的有关协议或有些条款具有浓厚的政治色彩，不宜直接援引国际条约。因此对于我国来说，采用转换适用比较适宜。为此必须对地方法规政策加以全面清理，参照 WTO 法律文件，及时废止那些不符合 WTO 法律框架的政策规定。同时要在此基础上，根据 WTO 精神，制定和增补新的政策规定，以健全法规体系，使之更加规范、完善，如制定地方和行业标准、政府采购法规、环保标准、价格管理和反垄断法规、专利和知识产权保护规定等。

中国现有的外商投资法律有 4 部，即《中外合资经营企业法》《中外合作经营企业法》《外资企业法》和《外商投资企业与外国企业所得税法》，外商投资方面的行政法规、部门规章以及其他规范性文件有近 200 个。对于上述法律法规，应在分类清理的基础上该保留的保留，该合并的合并，该调整撤销的调整撤销，该修改充实的修改充实，该新定的新定。通过调整，要使外资立法符合 WTO 规则和中国对外所做出的承诺，增强外资法规的透明度、规范性和完备性；要逐步改变外资立法政出多门和交叉重复等问题，要使三资企业各部法律之间、三资企业法与《公司法》之间、地方立法与中央立法之间实现一致；要简化外资审批制度，凡属于鼓励类行业的项目和金额较小的项目不再进行审批，而实行直接登记制；要加强与外资有关的知识产权保护方面的立法和执法力度，切实改善投资软环境；要逐步改变外商投资方面的涉外法规与国内的其他法规分别存在的状况，为最终实现两套法规的完全统一创造条件。调整外资法规的最终目的是建立和完善统一公平的市场竞争法律环境，保护国内外投资各方的利益，促进和保护合理竞争，为国内外企业创造一个可以按照国际惯例进行投资、经营并获利的良好环境。

遵照上述原则，我国加入 WTO10 多年来，已经 3 次大规模清理与世贸组织规则不相符的法律法规，相继修改、制定实施了《公司法》《物权法》《反垄断法》《企业所得税法》《行政许可法》等一大批法律法规，依法规范政府、企业、中介组织的权利，保障市场主体的合法权利，社会主义市场经济法律体系进一步完善。与此同时，国有企业改革、改组和改造不断加强，财税体制改革、金融体制改革日益深入，行政管理体制改革迅速推进。公开、透明、非歧视、公平竞争、法制精神等世贸组织倡导的原则理念日益深入人心。目前，《中外合作经营企业法》和《外资企业法》的修订工作已经完成，《中外合资经营企业法》等法律的修订工作也即将开始，国内法规政策与 WTO 原则接轨的步伐不断加快。

4. 从区域非均衡发展产业政策转向区域协调发展产业政策

改革开放之初，我国面临经济上迅速摆脱贫穷落后面貌的紧迫任务，但我国这样一个发展中大国，在地区间自然条件、要素禀赋和产业基础等方面存在很大差异，产业发展和区域协调发展的双重任务往往是一个两难困境。既不能各地区都不发展，也不能东中西部地区齐头并进，现实的选择只能是区域优先，即东部沿海地区利用自身优势，率先加入 GVC 获得发展，并成为中国经济增长的主要引擎。这种政策选择在发展的早期阶段是必要的，也是必然的选择。改革开放的实践也证明，这种发展战略基本上是成功的（张少军，2009）。

但本书前面章节的分析表明，东部沿海地区在发展态势呈现出极化效应的基础上，并没能逐步获取极化后的扩散效应，从而带动中西部地区的发展。我国东部地区经济发展的外向型特征明显，与中西部的区域关联却主要体现在将其压制在原材料和劳动力等低端要素市场上（刘志彪等，2008），这造成了区域经济发展的失衡和地区收入差距的扩大。而区域经济发展的失衡和地区收入差距的扩大，不仅违背了改革开放的初衷，而且限制了国内市场规模的扩张，使通过分工和专业化程度深化来实现技术进步和经济增长的动态过程受阻，甚至中断。东部地区被锁定在全球价值链的低附加值环节，陷入贫困式增长的困境（张少军等，2010）。尤其是随着东部地区要素成本上升、人民币升值、更多生产成本更低国家参与国际竞争，如果无法发挥东部扩散效应以带动中西部，实现区域协调发展，则将面临东部产业升级空间小，中西部产业发展受困的局面。因此，在新的国内外环境条件下，我国需要从区域优先的产业政策转向区域协调发展的产业政策。为此，需要侧重从以下几个方面着手。

一是完善区域经济布局。继 20 世纪 80 年代实施沿海发展战略后，我国政府于 20 世纪 90 年代末开始了西部大开发战略和振兴东北地区等老工业基地等战略，鼓励东部地区加快发展，实行东西部互动，带动中部，促进区域经济协调发展。但从实际发展情况来看，区域经济布局还是不均衡。决定产业布局的主要因素是商务成本的结构。商务成本是指企业在生产经营期间所支出的各种费用的总和，一般可分为要素成本和交易成本两大类。要素成本主要是指劳动力、土地和资源等要素的价格水平；交易成本主要是与制度相关的成本，与市场化程度、产业配套环境、政府效率和税费等有密切的联系。可以说，东部地区之所以能够吸引大量国内外资本进入，从而成为世界加工厂，不仅仅是依靠廉价的劳动力等要素成本优势，更重要的是在产业配套、物流成本和地方政府效率等方面形成的优势。与东部地区相比，中西部地区在要素成本方面更有优势，但交易成本很高，使总的商务成本超过了东部地区，很难吸引产业进来。因此，中西部地区必须通过不断优化投资环境，降低高额的交易成本。为此，一方面中西部地方政府要着力提高市场化程度和政府服务水平；另一方面，中央政府需要给予相应的政策扶持。因为从整体上来说，中西部地区的产业配套环境比较差，而产业配套环境的改善需要较长的时间，因此，需要给予中西部地区相应的税收优惠等政策倾斜来拉动产业配套和市场化水平提高。同时，东部地区可以利用自己在全球价值链中积累的高级生产要素集聚企业总部，同时将部分制造业逐步转移到中西部，充分利用不同区域之间在商务成本结构上的差异，实现产业的梯度转移和协同发展，降低整个链条的成本，打造新的国际国内经济循环的路径和网络。这可以通过增强不同区域间的产业关联度和技术经济联系来推动东部地区产业升级，并带动中西部地区产业发展。如随着商务成本的上升，上海将部分技术含量低的劳动密集型制造业产业转移到周边的江、浙等省市，同时集中资源生产自己最具优势的产品，与周边地区实现有效的专业化分工协作，不仅强化了上海在资金、技术密集型产业方面的实力，优化了产业结构，而且提高了江、浙等地在劳动密集型产业或环节的生产制造水平，同时也缓解了区域竞争程度。这种大协作、大分工的产业格局，最终使交易成本得以降低，整个区域的核心竞争力得以增强（李廉水等，2007）。另外，在政府政策引导下，企业也会根据不同地区的竞争优势和成本优势布局产业。如目前在整个长江三角洲范围内逐渐形成了一种"错位发展"的新型产业分工格局，即外商投资企业和民营企业日益把企业总部、研发和销售机构建在上海中心城区，而把加工制造环节扩散到近远郊、苏南乃至其他地区。如何在东中西部更大的区域范围内引导企业形成这种"错位发展"的新型产业分工格局，既需要东部地区实施不断转移临界产业的发展模式，也需要中西部地区通过各种措施提高承接产业转移的能力，还需要中央政府给予相应的平台。

二是加强中央政府在区域协调发展中的协调和扶持作用。为此，首先必须建立基本一致的公共服务体系。政府财政转移支付一直以来都是解决中西部地区发展的重要手段，这种区域政策手段覆盖面大，方式简单，但缺少一定的针对性（孙久文等，2011）。因此，转移支付政策方式需要与具体的项目相结合，以增强针对性。需要把与建立公共服务体系项目相结合放在比较重要的地位。不同区域之间基本一致的公共服务体系是自由流通和协作的基础。但中西部地区的公共服务体系非常落后，造成这些地区的交易成本非常高，降低了招商引资的吸引力。为此，需要通过适当的财政转移支付制度的设计，缩小区域之间的财政支付能力，确保建立基础公共服务的全国最低标准，从而促进要素流动，形成统一和开放的国内大市场。其次要注重缩小地区间交通基础设施的差距。刘生龙等（2010）利用中国28个省份1987~2007年面板数据的实证分析结果表明，交通基础设施对中国的经济增长有着显著的正向促进作用；不同的地理位置和交通基础设施条件在我国区域经济发展差距中的确扮演了重要的角色。因此他认为，加强各省份尤其是交通基础设施比较落后的西部地区和北部地区交通基础设施的投资，有利于促进我国的经济增长和区域经济均衡发展。从我国实际情况来看，中西部地区的交通基础设施的确要比东部地区落后，因此，除了中西部地区自身要致力于改善交通基础设施，考虑到交通基础设施投资大而这些地区的经济实力相对比较弱，中央政府需要加大对这些地区交通基础设施的投资。尤其中部地区是承接东西部地区的重要空间地带，交通基础设施的建设不但关系到东部向中西部地区的产业转移，也关系到中西部地区资源的开发与对外开放，因此，政府更应该着力改善中部地区的交通基础设施。最后还要给予中西部地区更多的政策倾斜。我国东部沿海地区的发展，除了凭借区位优势和自身的产业基础外，政策优势也发挥了重要作用。因此，基于地区差距，应该给中西部地区更多的政策扶持，比如，允许设立区域发展基金等民间金融手段，通过金融等市场性措施为中西部地区的发展筹集更多资金；增加中西部地区，特别是边疆地区经济特区、综合试验区的数量，促进这些地区经济主体的创造热情，更好地带动区域发展；在现行的税收优惠政策体系下，增加中西部地区税收返还的激励性作用，以增强这些地区招商引资的吸引力。

三是要积极推动东部地区产业升级。从区域优先的产业政策转向区域协调发展的产业政策，并不意味着要放缓东部地区经济发展而全力扶持中西部地区。改革开放 30 多年来，东部地区凭借自身的区域优势和产业基础、政策优势已经发展成为中国经济发展的引擎和经济增长极，只有推动东部地区产业升级，才能为中西部地区的产业发展提供更大的空间和拉力。而现有的困境是：各地政府出于自身利益考虑，一般都不愿意进行产业转移而影响当地的 GDP。这一方面使东部地区在被俘获的价值链中实现了一定程度的工艺升级和产品升级，但是并没有完成更高级的功能升级和部门间升级；另一方面由于竞争效应和资源挤出效应而制约了中西部地区的发展。东部地区形成了以国际代工为主的生产模式，这种"两头在外"的模式，使东部沿海地区的企业对中西部地区的技术关联和产业关联大大降低，削弱了东中西三大地带协调联动的效应。东部地区不愿意向中西部地区转移产业，最主要的原因之一是，东部地区缺乏升级的主要和关键的资源，而且在国内市场开放过早、开放幅度过大的情况下，东部地区升级企业可能面对强大的外国竞争对手的市场争夺，从而有可能发生挤出效应，这些都阻碍了东部地区的产业升级，因而如果把劳动密集型产业转移出去，就没有足够的资本和技术密集型产业来继续发展。为此，需要通过构建区域价值链（Regional Value Chains，RVC）和国内价值链（National Value Chains，NVC）等从战略上进行突破，另外则需要借鉴国际经验，加快东部地区生产者服务业的发展，增强生产者服务功能，通过高级生产要素的投入，实现东部制造业发展向高端路线（high - road）的转型（刘志彪，2011）。

　　要克服国际代工这种"两头在外"的生产模式对区域间技术关联和产业关联效应的削弱,除了需要东部地区致力于产业升级,实现从国际代工者角色向老板角色转变外,还需要依托本国市场,依托本国中等收入阶层的文化和市场,培育本国的世界品牌,培育国内价值链的链主。此外,还需要中央政府规范地方政府的竞争行为,避免各地方政府以GDP增长作为"政绩晋升"的竞争手段,直接形成区域市场的进入壁垒,或对招商引资的外资或本国企业实施各种"隐形"补贴,提高市场整合成本,严重阻碍制造企业利用本国市场空间来构建NVC的发展空间。

参考文献

［1］ A. Losh, *Global Transfer: the Internationalization of Economic Activity*. 2nd. New York: Guilford Press, 1940.

［2］ Aitken B. J., Harrison, A. E., Do Domestic Firms Benefit from Direct Foreign Investment? − Evidence from Venezuela. *American Economic Review*, 1999 (89): 605 − 618.

［3］ Allen J. Economics of Power and Space. Lee R., *Geographies of Economics*. London: Arnold, 1997.

［4］ Alonso W., *Location and Land Use: toward a General Theory of Land Rent*. Cambridge, Mass: Harvard University Press, 1964.

［5］ Anselin, L., A. Bera, R. Florax, and M. Yoon, Simple Diagnostic Tests for Spatial Dependence. *Regional Science and Urban Economics*, 1996, 26 (1): 77 − 104.

［6］ Anselin, L., Spatial Econometrics in RSUE: Retrospect and Prospect. *Regional Science and Urban Economics*. 2007, 37 (4): 450 − 456.

［7］ Anselin, L., Space and Applied Econometrics : Introduction. *Regional Science and Urban Economics*, 1996, 26 (1): 77 − 104.

［8］ Balasubramanyam, V., M. Salisu, and D. Sapsford, "Foreign Direct Investment and Growth in EP and IS Countries: New Hypotheses and Evidence", *Economic Journal*, 1996, 106 (434).

［9］ Baltagi, B. H., Egger, P., Pfaffermayr, M., Estimating Models of Complex FDI: Are There Third − country Effects? . *Journal of Econometrics*, 2007 (140): 260 − 281.

［10］ Barro, R. and X. Sala－I－Martin. Convergence Across States and Regions. Brookings Papers on Economic Activity, 1991, (1): 107－158.

［11］ Baumont, B. , Ertur, C. and Gallo, J. L. , Exploratory Spatial Data Analysis of the Distribution of Regional Per Capital GDP in Europe, 1980－1995. Papers in Regional Science, 2003, (82): 175－201.

［12］ Bazan L. and Navas－Aleman, L. , The Underground Revolution in the Sinos Valley: A Comparison of Global and National Value Chains, paper presented at Workshop on Local Upgrading in Global Chains Brighton Institue of Development Studies, 2001.

［13］ Birkinshaw, J. , Regional Clusters and Multinational Enterprises, Independence, Dependence, Independence, or Interdependence, *International Studies of Management and Organization*, 2000 (30), pp. 25－114.

［14］ Blalock G. , Gertler P. J. , Welfare Gains from Foreign Direct Investment through Technology Transfer to Local Suppliers. *Journal of International Economics*, 2008 (74).

［15］ Blomström A. K. , Mario Zejan, *Foreign Direct Investment: Firm and Host Country Strategies.* Macmillan, London. 2000.

［16］ Blonigen, Bruce A. , Ronald B. Davies, Glen R. , Waddell and Helen Naughton, FDI in Space: Spatial Autoregressive Lags in ForeignDirect Investment. NBER Working Paper, 2004, 10939.

［17］ Blonigen, Bruce A. , Ronald B. Davies, Glen R. , Waddell and Helen Naughton, Spacey Parents: Spatial Autoregressive Patterns in Inbound FDI. NBER Working Paper 2005, (1): 466.

［18］ Buekley, Peter. and Mark C. Casson. *The Future of the Multinational Enterprise.* Lndon, Maemillan. 1976.

［19］ Casson, M. and Singh, S. , Corporate Research and Development Strategies. The Infiuence of Firm, Industry and Country Factors on the Deentralization of R ＆ D, *R ＆ D Management*, 1993 (23): 291.

［20］ Cave, R. E. , International Corporations: The Industrial Economics of Foreign Investment. *Economica*, February, 1971.

［21］ Caves R. E. , Multinational Firms, Competition, and Productivity in

Host – Country Markets. *Economica*, 1974 (14).

[22] Chandler A. D. , *Scale and Scope*. Cambirdge, MA: Harvard University Press, 1990.

[23] Chen, Echnology Adoption and Technical Efficiency in Taiwan. *Economic Efficiency and Productivity Growth in the Asia Pacific Region*, 1999.

[24] Ching – Chiang Yeh and Pao – Long Chang, TheTaiwan System of Innovation in the Tool Machine Industry: A Case Study, *Journal of Engineering and Technology Management*, 2003, (20).

[25] Coe D. , Helpman E. . International R & D Spillovers. *European Economic Review*, 1995 (39).

[26] Coughlin, C. C. , Segev, E. . Foreign Direct Investment inChina: Aspatial Econometric study. *The World Economy*, 2000 (23): 1 – 23.

[27] Crossman G. , Helpman E. , *Innovation and Growth in the World Economy*. Cambridge MA: MIT Press, 1991.

[28] Damijan J. P. , Knell M. S. , Majcen B. , Rojec M. , Technology Transfer through FDI in Top – 10 Transition Countries: How Important are Direct Effects, Horizontal and Vertical Spillovers? . Institute for Economic Research, Working Paper, 2003.

[29] Dunning J H. , The Paradigm of international production. *Journal of International Business Studies*, 1988, 1 – 31.

[30] Dunning, J. , *Multinational Enterprises and the Global Economy*. New York : Addison Wesley Publishing Ltd. 1993.

[31] Feenstra R. C. , Integration of Trade and Disintegration of Production in the Global Economy. *The Journal of Economic Perspectives*, 2004 (12).

[32] Fujita M. , Krugman P. , Mori T. , On the Evolution of Hierarchical Urban Systems. *European Economic Review*, 1999, 43: 209 – 251.

[33] Fujita M. , Krugman P. , The New Economic Geography: Past, Present and the Future. *Regional Science*, 2004, 83: 139 – 164.

[34] Fujita M. , Krugman P. , Venables J. , *The Spatial Economy: Cities, Regions and International Trade*, Cambridge, Mass, , MIT Press, 1999.

[35] Fujita, M. , J. F. Thisse, Economics of Agglomeration. *Journal of the Japa-*

nese and International Economics, 1996 (10): 339 – 378.

[36] Galor, Oded. Convergence? Inferences from Theoretical Models. *The E-conomic Journal*, 1996 (106): 1056 – 1069.

[37] Gereffi G. , International Trade and Industrial Upgrading in the Apparel Commodity Chain, *Journal of International Economics*, 1999, (48).

[38] Gereffi, G. , A Commodity Chains Framework for Analyzing Global Industries. Working Paper for IDS, 1999a.

[39] Giuliani, E. , Pietrobelli, C. , Rabellotti, R. , Upgrading in Global Value Chains: Lessons from Latin American Clusters. *World Development*, 33 (2005), pp. 549 – 573.

[40] Glass A. J. , Saggi K. , International Technology Transfer and The Technology Gap. *Journal of Development Economics*, 1998 (55).

[41] Greenaway D. , Sousa N. , Wakelin K. , Do Domestic Firms Learn to Export from Multinationals? . *European Journal of Political Economy*, 2004 (20).

[42] Haddad M. and Harrison, Are There Spillovers from Direct Foreign Investment: Evidence from Panel Data for Morocco, *Journal of Developrent Economics*, 1993. 42. 51 – 74.

[43] Hakura D. , Jaumotte F. , The Role of Inter – and Intra industry Trade in Technology Diffusion. IMF Working Paper, 1999.

[44] Helene, K. , Midelfart – Knarvik, "Comparative Advantage and Economic Geography: Estimating the Location of Production in the EU", CEPR Discussion Paper, No. 2618, 2000.

[45] Helpman. E. , A Simple Theory of International Trade with Multinational Corporations. *Journal of Political Economy*, 1984 (92): 451 – 472.

[46] Hobday, M. , *Innovation in East Asia: The Challenge to Japan*. Cheltenham Edward Elgar Publishing Limited, 1995: 22 – 59.

[47] Hummels David, Jun Ishii, Kei MuYi, The Nature and Growth of Vertical Specialization in World Trade. *Journal of International Economics*, 2001, 54: 75 – 96.

[48] Hummels, David. , Rapeport, Dana. and Yi, Kei – Mu. Vertical Spe-

cialization and the Changing Nature of World Trade. *Federal Reserve Bank of New York Economic Policy Review*, 1998, 4 (2): 79 – 99.

[49] Humphrey J. , Schmitz H. , Governance in Global Value Chains. *IDS Bulletin*, 2001, 32 (3): 19 – 29.

[50] Humphrey J. , Upgrading in Global Value Chains. International Labour Office working paper, No. 28, 2004, No. 28.

[51] Humphrey J. and Schmitz H. , Governance in Global Value Chains, in H. Schmitz (ed.), *Local Enterprises in the Global Economy*, Cheltenham, Edward Elgar, 2004.

[52] Humphrey, J. , Schmitz, H. , How does Insertion in Global Value Chains Affect Upgrading in Industrial Cluslter, Working Paper for IDS and INEF, 2002.

[53] Hunya G. , Restructuring through FDI in Romanian Manufacturing. *Economic Systems*, 2002 (26).

[54] Hymer, S. H. , *International Operations of Nationals Firms: A Study of Direct Foreign Investment.* MIT Press, 1976.

[55] Isaksen A. and Kalsaas Bo T. , Suppliers and Strategies for Upgrading in Global Production Networks: The Case of a Supplier to the Global Automotive Industry in a High – cost Location, *European Planning Studies*, 2009, (17).

[56] Javorcik B. , S. , Does Foreign Direct Investment Increase the Productivity of Domestic Firms? In Search of Spillovers through Backward Linkages [J] . *The American Economic Review*, 2004 (94).

[57] Kaplinsky R. , Globalization and Unequalisation: What can be Learned from Value Chain Analysis?, *Journal of Development Studies*, 2000, (7).

[58] Kaplinsky, R. , Morris, M. , A Handbook for Value Chain Research. Paper for IDRC 2002.

[59] Kimura, F. , and M. Ando. , Two – dimensional Fragmentationin East Asia: Conceptual Framework and Empirical, *International Review of Eeonomies & Finanee*, 2005, 14 (3).

[60] Koen S. , Bartoldus van der Tol, The Porductivity Effect of Foreign

Ownership on Domestic Firms in Hungary. Paper Presented at the International Atlantic Economic Conference in Philadelphia, 2001.

[61] Kogut B., Designing Global Strategies: Comparative and Competitive Value – added Chains. *Sloan Management Review*, 1985, (26).

[62] Kojima K., Reorganizational of North—South : Trade: Japan's Foreign Economic Policy for the 1970's. *Hitotsubashi Journal of Economics*, 13: 2, 1973.

[63] Koopman, R., Wang Z. and Wei S. J., How Much of Chinese Exports is Really Made in China. NBER Working Paper, 2008.

[64] Krugman P., *Development, Geography and Economic Theory.* Cambridge: MA, Press, 1995.

[65] Krugman P., *Geography and trade.* Cambridge: Mass, M IT Press, 1991.

[66] Krugman P., Increasing returns and economic geography. *Journal of Political Economy*, 1991 (99), pp. 483 – 499.

[67] Krugman P., Scale Economics, Product Differentiation and Pattern of Trade. *American Economic Review*, 1980, 70: 950 – 959.

[68] Krugman P., What's New about the New Economic Geography? . *Oxford Review of Economic Policy*, 1998, 14 (2): 7 – 17.

[69] Kugler M., The Diffusion of Externalities from Foreign Direct Investment: Theory Ahead of Measurement. Discussion Papers in Economics and Econometrics, University of Southampton, UK, 2000.

[70] L. SCHA. *The Economics of Location.* Jena: Fischer Verlag, 1940.

[71] Ledyaeva, Svetlana. Spatial Econometric Analysis of Determinants and Strategies of FDI in Russian Regions in pre – and post – 1998 Financial Crisis Periods. BOFIT Discussion Papers15/2007.

[72] Lemoine F., Unal – Kesenci D., Assembly Trade and Technology Transfer: The Case of China. *World Development*, 2004 (32).

[73] Lucas, R.. On the Mechanics of Economic Development. *Journal of Monetary Economics*, 1988, 22 (1): 3 – 42.

[74] Luger and Shetty, Determinants of Foreign Plant Start – up s in the United States: Lessons for Policy Makers in the Southeast, *Vanderbilt Journal of*

Transnational law, 1985, Spring: 223 – 245.

[75] Markusen A. , (1996) "Sticky Places in Slippeyr Space: A Typology of Industrial Distriets", *Eeonomic Geography*, (72): 293 – 313.

[76] McFadden, D. , Conditional Logit Analysis of Qualitative Choice Behavior, Paul, Z. (ed.), *Frontiers in Econometrics.* New York : Academic Press, 1974.

[77] Messner D. , Regions in the "World Economic Triangle", in Schmitz, H. (ed.), *Local Enterprises in the Global Economy: Issues of Governance and Upgrading*, Cheltenham: Edward Elgar, 2004.

[78] Moran, P. , Notes on Continuous Stochastic Phenomena. *Biometrika*, 1950, 37 (1/2): 17 – 23.

[79] Mundell, R. A. , "Internationl Trade and Facter Mobility", *American Economic Review*, June, 1957, pp. 321 – 335.

[80] Paul C. , Cheshire Edward J. , Malecki. Growth, Development and Innovation: a Look Backward and Forward. *Regional Science*, 2004, 83: 249 – 267.

[81] Porter M. . (1998) "Clusters and the New Economics of Competition", *Harvard Business Review*, vol. 76, 77 – 90.

[82] Porter, Michael, *The Competitive Advantage of Nations.* New York: Basic Books. 1990.

[83] Porter, M. , *Competitive Advantage: Creating and Sustaining Superior Performance.* Net York: The Free Press, 1985.

[84] R. J. Barro, Economic Growth in a Cross Section of Countries, *The Quarterly Journal of Economics*, Vol. 106, No. 2, 1991, pp. 407 – 443.

[85] R. J. Barro and X. Sala – I – Martin, "Convergence Across States and Regions", *Brookings Papers on Economic Activity*, Vol. 22, No. 1, 1991, pp. 107 – 182.

[86] Ramasamy B. and Viana V. T. ASEAN, S Foreign Direct Investment into The People's Republic of China. Discussion Paper, Bienial Conference of the Chinese Studies Association of Australia. 1995 (7).

[87] Raul Prebisch, "The Economic Development of Latin America and its

Principal Problems". *Economic Bulletin for Latin America*, Vol. 7, Fabruary, 1962.

[88] Raymond Vernon, International Investment and International Trade in the Product Cycle. *Quarterly Journal of Economics*, 1966, 5.

[89] Rodriguez – Clare, Andres. Multinationals, Linkages and Economic Development. *American Economic Review*, 1996, 88 (5): 1290 – 1310.

[90] Romer, P., 1990, "Endogenous Technological Change", *Journal of Political Economy*, 98, s71 – s102.

[91] Romer, P. M., Increasing Returns and Long – Run Growth. *Journal of Political Economy*. 1986 (94): 1002 – 1037.

[92] Sala – I – Martin, Xavier, Cross – sectional Regressions and the Empirics of Economic Growth. *European Economic Review*, 1994 (38): 739 – 747.

[93] Sammarra, A., Relocation and the International Fragmentation of Industrial Districts Value Chain: Matching Local and Global Perspectives, in Belussi, F., and Sammarra, A. (eds), *Industrial Districts, Relocation and the Governance of the Global Value Chain*, Padua: Cleup, 2005: 61 – 70.

[94] Schmitz H., Global Competition and Local Cooperation: Success and Failure in the Sinos Valley Brazil, *World Development*, 1999, (9).

[95] Schmitz, H., Local Upgrading in Global Chains: Recent Findings, Paper to be Presented at the DRUID Symmer Conference, 2004.

[96] Schmitz, H., Reducing Complexity in the Industrial Policy Debate. *Development Policy Review*, 2007, (25).

[97] Schroath, F. W., Hu, M. Y. and Chen H.. Country – of – Origin Effects of Foreign Investments in the People's Republic of China. *Journal of International Business Studies*, 1993, 24 (2): 277 – 90.

[98] *Science and Urban Economics*, 1992, 22 (3): 307 – 316.

[99] Shane S. and Venkataraman S., The Promise of Enterpreneurship as A Field of Research. *Academic Management Review*, 2000, (25).

[100] Shorrocks, A. F., Inequality Decomposition by population Subgroups. *Econometrica*, 1984, (52): 6.

[101] Solow, R. M., A Contribution to the Theory of Economic Growth.

Quarterly Journal of Economics, 1956 (70).

［102］ Steven Brakman, Harry Garretsen, Rethinking the "New" Geograph-ical Economics. *Regional Studies*, 2003, 37 (6 – 7): 637 – 648.

［103］ Sun Qian, Tong Wilson and Yu Qiao, Determinants of Foreign Direct Investment across China. *Journal of International Money and Finance*, 2002 (21): 79 – 113.

［104］ Swan, T. W. , Economic Growth and Capital Accumulation. *Economic Record*, 1956, 32 (2).

［105］ Tabuchi, T. , 1998, "Urban Agglomeration and Disperson: A Synthe-sis of Alonso and Krugman," *Journal of Urban Economics*, 1998 (44): pp. 333 – 351.

［106］ Theil, H. , *Economics and Informatioan Theory*, Rand McNally and company, Chicgao, 1967.

［107］ UNCTAD, *Handbook of Statistics*, 2004, pp. 42.

［108］ Vernon, R. , International Investment and International Trade in the Product Cycle. *Quarterly Journal of Economics*, 1966, 80.

［109］ Yeaple, Stephen R. , The Complex Integration Strategies of multinationals and Cross Country Dependencies in the Structure of Foreign Direct Invest-ment. *Journal of International Economics*, 2003, 60 (2): 293 – 314.

［110］ 〔美〕阿瑟·刘易斯:《国际经济秩序的演变》,商务印书馆,1984。

［111］ 〔美〕保罗·克鲁格曼等:《国际经济学》,中国人民大学出版社,1998。

［112］ 巴拉萨:《半工业化经济的发展战略》,中国财政经济出版社,1988。

［113］ 陈建军、黄洁、陈国亮:《产业集聚、产业分工和地区竞争优势》,《中国工业经济》2009 年第 3 期。

［114］ 陈明森、陈爱贞、赵福战:《国际产业转移对我国产业波及效应研究——基于开放度视角的投入产出分析》,《经济管理》2011 年第 6 期。

［115］ 陈明森、陈爱贞、张文刚:《升级预期、决策偏好与产业垂直升

级——基于我国制造业上市公司实证分析》，《中国工业经济》
2012 年第 2 期。

[116] 陈明森：《产业升级外向推动与利用外资战略调整》，科学出版
社，2004。

[117] 陈明森：《论市场进入壁垒与进入壁垒政策选择》，《经济研究》
1993 年第 1 期。

[118] 陈明森：《市场进入退出与企业竞争战略》，中国经济出版
社，2001。

[119] 陈晓枫、陈筱铁：《论我国制造业的廉价劳动力与比较优势陷阱》，
《福州大学学报》（哲学社会科学版）2005 年第 2 期。

[120] 代谦、别朝霞：《FDI、人力资本积累与经济增长》，《经济研究》
2006 年第 4 期。

[121] 范文祥：《国际产业转移对我国产业结构升级的阶段性影响分析》，
《经济地理》2010 年第 4 期。

[122] 方勇、张二震：《长江三角洲跨国公司主导型产业集聚研究》，《世
界经济研究》2006 年第 10 期。

[123] 符正平、曾素英：《集群产业转移中的转移模式与行动特征》，《管
理世界》2008 年第 1 期。

[124] 付晓平：《我国劳动密集型产业如何跳出比较优势陷阱》，《管理科
学》2008 年第 4 期。

[125] 高鸿业：《比较优势说不应该构成我国对外贸易发展战略的理论基
础》，《经济研究参考资料》1982 年第 44 期。

[126] 郭克莎：《工业化新时期新兴主导产业的选择》，《中国工业经济》
2003 年第 2 期。

[127] 郭利平、沈玉芳：《新经济地理学的进展与评价》，《学术研究》
2003 年第 7 期。

[128] 国家发展和改革委员会：《纺织工业"十一五"发展纲要》，《中国
纺织报》2006 年第 6 期。

[129] 韩彩珍：《外商投资政策与法律环境》，中国轻工出版社，2000。

[130] 韩树明：《赶超战略与比较优势战略：比较与思考》，《当代经济研
究》2003 年第 4 期。

［131］韩媛媛、赵金亮、聂元贞：《比较优势与比较优势陷阱论》，《首都经济贸易大学》2008 年第 2 期。

［132］洪银兴：《从比较优势到竞争优势——兼论国际贸易的比较利益理论的缺陷》，《经济研究》1997 年第 6 期。

［133］黄卫平、朱文晖、温特制：《美国新经济与全球产业重组的微观基础》，《美国研究》2004 年第 2 期。

［134］江宏飞、周伟：《比较优势陷阱：我国纺织业面临的挑战及对策》，《当代经济管理》2007 年第 10 期。

［135］江小涓：《中国的外资经济——对增长、结构升级和竞争力的贡献》，中国人民大学出版社，1999。

［136］库兹涅茨：《各国的经济增长》，商务印书馆，1985 年中文版。

［137］李成、杨文：《试析政府宏观调控中的政策效应递减问题》，《工会论坛》2003 年第 5 期。

［138］李辉文：《现代比较优势理论的动态性质——兼评"比较优势陷阱"》，《经济评论》2004 年第 1 期。

［139］李廉水、周彩虹：《区域分工与中国制造业发展：基于长三角协整与脉冲响应函数的实证分析》，《管理世界》2007 年第 10 期。

［140］林毅夫、蔡昉、李周：《中国的奇迹：发展战略与经济改革》，上海人民出版社，1994。

［141］林毅夫、蔡舫、李周：《比较优势与发展战略——对"东亚奇迹"的再解释》，《中国社会科学》1999 年第 5 期。

［142］林毅夫、李永军：《比较优势、竞争优势与发展中国家的经济发展》，《管理世界》2003 年第 7 期。

［143］林毅夫：《发展战略、自生能力和经济收敛》，《经济学季刊》2002 年第 1 期。

［144］刘海霞：《比较优势陷阱与中国贸易战略选择——兼论我国实施竞争优势战略》，重庆大学硕士学位论文，2004 年 6 月。

［145］刘培林：《地方保护和市场分割的损失》，《中国工业经济》2005 年第 4 期。

［146］娄晓黎：《产业转移与欠发达区域经济现代化》，东北师范大学博士论文，2004 年 5 月。

［147］鲁明泓：《90 年代中期中国不同地质投资环境评估》，《经济研究》1997 年第 12 期。

［148］罗建华、邱先裕：《国际产业转移与中国区域经济的发展》，《发展战略》2005 年第 1 期。

［149］罗斯托：《从起飞进入维持增长的经济学》，四川人民出版社，1988。

［150］吕政：《国际产业转移与中国制造业发展》，经济科学出版社，2006。

［151］钱纳里：《工业化和经济增长的比较研究》，上海三联书店，1989。

［152］沈桂龙、于曹：《比较优势与发展中赶超》，《世界经济研究》2007 年第 9 期。

［153］宋德勇、胡宝珠：《克鲁格曼新经济地理模型评析》，《经济地理》2005 年第 7 期。

［154］覃成林等：《空间外溢与区域经济增长趋同》，《中国社会科学》2012 年第 5 期。

［155］唐志红：《基于全球视角下的产业结构开放与互动》，《财经科学》2004 年第 3 期。

［156］王剑：《外国直接投资区域分布的决定因素——基于空间计量学的实证研究》，《经济科学》2004 年第 5 期。

［157］王益民、宋琰纹：《全球生产网络效应、集群封闭性及其升级悖论》，《中国工业经济》2007 年第 4 期。

［158］文明：《论 21 世纪各国产业政策的新走势》，《当代财经》1999 年第 9 期。

［159］夏帆：《基于中国 FDI 的空间计量分析》，《商业经济与管理》2007 年第 9 期。

［160］夏颖莹：《对中国比较优势产业转型的研究》，大连海事大学硕士学位论文，2005 年 12 月。

［161］徐承彦：《贸易发展战略的新角度思考》，《财贸研究》1997 年第 5 期。

［162］徐康宁、王剑：《美国对华直接投资决定性因素分析（1983 – 2000）》，《中国社会科学》2002 年第 5 期。

［163］徐元康、林建红：《比较优势战略在我国经济发展中的不适应性研究》，《国际贸易问题》2003 年第 10 期。

［164］许玉龙、秦援晋：《国内外产业政策研究的状况》，《世界经济研究》2002 年第 9 期。

［165］鄢泽星：《试论比较优势战略和赶超战略》，《江南社会学院学报》2002 年第 4 期。

［166］杨沐：《各国产业政策的比较研究》，《管理科学》2004 年第 3 期。

［167］于立新：《利用外资和国际产业转移》，《银行家》2005 年第 4 期。

［168］张海洋：《影响我国 FDI 区域分布因素变迁的实证分析》，《当代财经》2003 年第 6 期。

［169］张立、龚玉池：《FDI 在中国省际分布的决定因素》，《天津大学学报》（社会科学版）2002 年第 2 期。

［170］张琴、蒋瑛：《韩国承接国际产业转移的经验及启示》，《经济纵横》2009 年第 8 期。

［171］张少军、刘志彪：《全球价值链模式的产业转移》，《中国工业经济》2009 年第 11 期。

［172］张亚斌：《内生比较优势理论与中国贸易结构转换》，中国经济出版社，2006。

［173］邹璇：《要素流动、产业转移与经济增长：空间经济学框架下的理论探索》，经济科学出版社，2011。

后　记

　　本专著是国家社会科学基金项目《国际产业转移的结构传导与区域互动》的最终成果。由福建省委党校产业与企业发展研究院陈明森教授提出全书写作框架、研究路径以及主要观点和基本假说，并负责整个研究的组织工作和全书定稿工作。书稿撰写由陈明森教授、厦门大学经济学院副教授陈爱贞博士，以及福州大学管理学院研究生赵福战、刘艳生、张桂兰和张文刚共同完成。具体分工如下：第一章，陈爱贞、陈明森；第二章，陈明森、陈爱贞；第三章，陈明森、陈爱贞、赵福战；第四章，陈明森、陈爱贞、张文刚；第五章，陈明森、陈爱贞；第六章，陈明森、张桂兰；第七章，陈明森、刘艳生。在全书统稿过程中厦门国家会计学院副教授曹艳杰博士给予了帮助。社会科学文献出版社赵慧英编辑为本书出版做了大量工作。在书稿即将付梓之际，谨对他（她）们一一表示衷心的感谢。

陈明森

2012.11.1

图书在版编目（CIP）数据

国际产业转移的结构传导与区域互动：基于中国承接国际
产业转移的实证分析／陈明森等著 . -- 北京：社会科学文献
出版社，2012.12（2019.6 重印）
（海西求是文库）
ISBN 978 - 7 - 5097 - 4186 - 3

Ⅰ．①国… Ⅱ.①陈… Ⅲ.①世界经济 – 产业转移 – 研究
②产业转移 – 研究 – 中国 Ⅳ.①F113.1 ②F127

中国版本图书馆 CIP 数据核字（2012）第 316028 号

·海西求是文库·

国际产业转移的结构传导与区域互动
—— 基于中国承接国际产业转移的实证分析

著　　者／陈明森 等

出 版 人／谢寿光
项目统筹／王　绯
责任编辑／赵慧英　关晶焱

出　　版／社会科学文献出版社 · 社会政法分社（010）59367156
　　　　　地址：北京市北三环中路甲 29 号院华龙大厦　邮编：100029
　　　　　网址：www.ssap.com.cn
发　　行／市场营销中心（010）59367081　59367083
印　　装／三河市龙林印务有限公司

规　　格／开　本：787mm × 1092mm　1/16
　　　　　印　张：15.75　字　数：259 千字
版　　次／2012 年 12 月第 1 版　2019 年 6 月第 4 次印刷
书　　号／ISBN 978 - 7 - 5097 - 4186 - 3
定　　价／59.00 元

本书如有印装质量问题，请与读者服务中心（010 –59367028）联系